M000120794

LES COLLECTIONS DU KYOTO COSTUME INSTITUTE

FASHION

Une histoire de la mode
du XVIIIe au XXe siècle

LES COLLECTIONS DU KYOTO COSTUME INSTITUTE

FASHION

Une histoire de la mode
du XVIIIᵉ au XXᵉ siècle

TASCHEN
Bibliotheca Universalis

SOMMAIRE

AVANT-PROPOS

Akiko Fukai, directrice/conservatrice en chef,
Kyoto Costume Institute

Ce livre présente 500 photographies de vêtements sélectionnés dans les riches collections du Kyoto Costume Institute (KCI). Depuis sa création en 1978, le KCI expose ses collections dans le monde entier afin d'encourager la recherche sur la mode occidentale. Ses expositions et les catalogues qui les accompagnent reçoivent toujours un accueil très flatteur auprès d'un large public international comme parmi les grands créateurs du monde entier.

La réputation du KCI repose en partie sur sa politique de présentation, qui procède d'une démarche à la fois savante et proche des réalités quotidiennes. En d'autres termes, les vêtements ne sont pas exposés comme de simples artefacts historiques, mais plutôt comme des éléments vivants de la mode. Ils retrouvent toute leur élégance et leur fraîcheur initiales, comme s'ils se réveillaient après un très long sommeil. Le KCI espère que cet ouvrage, qui présente une sélection de vêtements et d'accessoires allant du XVIIIᵉ au XXᵉ siècle, ouvrira le monde merveilleux et enchanteur de la mode à un public encore plus large.

Le Kyoto Costume Institute

Le Kyoto Costume Institute a été fondé en 1978, après la venue au Japon d'une grande exposition du Metropolitan Museum of Art de New York intitulée « Inventive Clothes, 1909–1939 ». La manifestation eut un retentissement considérable, car jamais auparavant les Japonais n'avaient pu admirer une collection de mode d'une telle richesse. Koichi Tsukamoto, président de Wacoal Holdings Corporation (l'un des plus grands fabricants de lingerie japonais), alors vice-président de la Chambre de commerce et d'industrie de Kyoto, fut si impressionné qu'il forma le projet de créer une institution japonaise vouée à la collecte, à l'étude et à l'exposition des joyaux de la mode occidentale. Le Kyoto Costume Institute naquit en avril 1978, dans le cadre d'une charte de l'Agence gouvernementale japonaise aux affaires culturelles.

Le Kyoto Costume Institute entend explorer au plus près l'essence du vêtement et mettre au point une méthode pour prédire l'évolution de la mode. Car si le vêtement est toujours l'expression de sentiments humains élémentaires, il les traduit différemment selon les lieux et les époques, dans une sorte de continuum. C'est donc tout naturellement que Yoshikata Tsukamoto, actuel P.-D.G. de Wacoal Holdings Corporation et président du KCI a repris le flambeau après son père pour veiller aux destinées de l'institut.

Depuis sa création, le KCI ne cesse d'enrichir ses superbes collections de costumes et d'organiser des expositions qui les prolongent ou les mettent en valeur. Il possède aujourd'hui plus de 12 000 pièces et plus de 20 000 étoffes imprimées. Il s'agit essentiellement de tenues occidentales, vêtements de dessous, articles de lingerie et accessoires. La collection de sous-vêtements est particulièrement riche, car la lingerie est un élément essentiel – sinon la clé de voûte – de la tradition vestimentaire de l'Occident. La bibliothèque de l'institut très documentée sur ce thème permet des études sur l'histoire politique, économique et sociale de la civilisation occidentale.

Le fonds contient de véritables trésors datant du début du XVIIe siècle à nos jours, comme ce corset en fer à corsage brodé porté à l'époque élisabéthaine et plus tard. Le XVIIIe siècle est représenté par toute une série de vêtements masculins et féminins, mais en ce qui concerne les XIXe et XXe siècles, la collection privilégie les tenues féminines – plus représentatives de l'idéal de beauté de leur époque. La partie contemporaine de la collection rend hommage aux stars internationales telles que Paul Poiret, Madeleine Vionnet, Gabrielle Chanel, Cristobal Balenciaga, Christian Dior et Yves Saint Laurent, ainsi qu'aux couturiers japonais en activité depuis les années 1970, notamment Comme des Garçons (qui a fait don de plus de 2 000 pièces), Issey Miyake, Yohji Yamamoto, mais aussi à la génération montante.

Le Kyoto Costume Institute a prêté ses collections à des musées prestigieux – Metropolitan Museum of Art (New York) et musée des Arts de la mode et du textile (Paris), notamment. Il a également bénéficié de généreuses donations de la part de collectionneurs privés et de couturiers du monde entier, notamment Chanel, Christian Lacroix, Helmut Lang, Louis Vuitton, Dries Van Noten, Victor & Rolf et de nombreux créateurs japonais. Ses collections sont conservées dans des conditions de température et d'hygrométrie rigoureusement contrôlées qui les préservent de toute détérioration. Par ailleurs, les pièces ne sont restaurées qu'en cas d'absolue nécessité, et toujours avec le plus grand souci du détail.

Mode de presentation de la collection

Ce souci permanent de la qualité et la richesse des collections explique le succès des expositions du KCI. Contrairement à une tendance générale constatée depuis une vingtaine d'années, l'institut ne privilégie pas le béton au détriment de ses collections. Bien qu'il monte des expositions de tout premier plan tous les quatre ou cinq

ans, souvent avec le National Museum of Modern Art de Kyoto, il ne dispose pas encore de véritables espaces de présentation.

La première grande exposition du Kyoto Costume Institute, «The Evolution of Fashion 1835–1895» (Évolution de la mode de 1835 à 1895), a eu lieu au National Museum of Modern Art de Kyoto en 1980. Comme toutes les autres depuis lors, elle voulait montrer pourquoi la mode occidentale, si belle et si intéressante, fait partie du patrimoine de l'humanité. De nombreuses expositions – on songe à «Revolution in Fashion 1715–1815» (Révolution de la mode de 1715 à 1815), «Japonism in Fashion» (Japonisme et mode), ou «Fashion in Colors» (La mode en couleurs) ou « Future Beauty » (Beauté future) – sont allées à Paris, New York et Londres, où elles ont été plébiscitées pour la qualité de leur présentation et de leurs catalogues.

La présentation d'un vêtement n'obéit pas aux mêmes règles que l'accrochage d'un tableau. Par exemple, la mise en valeur optimale de la pièce exige en général un mannequin – accessoire muséal que peu de musées aujourd'hui jugeraient superflu. Or, si la forme des vêtements a évolué au fil des siècles, la morphologie du corps, en particulier féminin, a changé davantage encore. Le KCI prend donc bien soin de créer ses propres mannequins en fonction des différentes expositions.

C'est lui qui a fabriqué les mannequins de sa première exposition, «The Evolution of Fashion 1835–1895», présentée en collaboration avec l'Institut du Costume du Metropolitan Museum of Art. Comme la silhouette des mannequins actuels ne correspond plus au corps idéal du XIXᵉ siècle, les spécialistes du KCI ont mesuré tous les costumes de la collection, calculé un gabarit moyen, puis construit des mannequins parfaitement adaptés aux vêtements de l'époque et équipés d'articulations spéciales qui permettent de varier les poses à l'infini, d'où un naturel et un réalisme assez remarquables.

Le Kyoto Costume Institute possède maintenant cinq séries de mannequins «d'époque», une innovation saluée dans le monde entier. Il les a déjà prêtées à 66 musées dans onze pays, notamment au musée de la Mode et du Costume de Paris (Palais Galliera), au Metropolitan Museum of Art de New York et au Los Angeles County Museum of Art. Tous les costumes antérieurs au XIXᵉ siècle choisis pour le présent ouvrage sont présentés sur des mannequins du KCI. L'habillage des mannequins est un élément crucial de la présentation des costumes. Il doit être réalisé avec le plus grand soin pour reproduire fidèlement la silhouette particulière de l'époque. Le même souci d'exactitude historique guide le choix des accessoires – chapeaux, gants et souliers – qui fait toujours l'objet d'une étude très minutieuse des gravures de mode, magazines, tableaux et photographies. Ainsi parés, les mannequins sont d'un naturel extraordinaire et d'un réalisme presque poignant.

Des expositions de costumes pour le monde

L'exposition «The Evolution of Fashion 1835–1895» a montré que la métamorphose du vêtement occidental au XIXᵉ siècle reflétait un certain nombre d'évolutions historiques telles que l'émergence des classes moyennes, la découverte d'autres cultures, la révolution industrielle. Le Kyoto Costume Institute, premier institut japonais de recherche sur la mode occidentale, tenait à consacrer sa première exposition à cette période, car c'est au XIXᵉ siècle justement que les Japonais ont commencé à s'habiller à l'occidentale.

En 1989, à l'occasion du bicentenaire de la Révolution française, le KCI a monté au National Museum of Modern Art de Kyoto l'exposition «Revolution in Fashion 1715–1815» consacrée à cette grande transformation du style vestimentaire en France. Les pièces présentées allaient de la somptueuse mode de cour rococo à la simple robe en coton de l'époque post-révolutionnaire. L'onde de choc de la Révolution se manifeste notamment dans cette transition dynamique entre un style rococo flamboyant nourri de la culture de cour et la simplicité du style néoclassique de l'après-Révolution.

L'exposition a connu une affluence record et tout à fait méritée. Elle a été reprise au Fashion Institute of Technology fin 1989 sous le titre «Ancien Régime», et au musée des Arts de la mode et du textile du Louvre en 1990, sous le nom «Élégance et modes en France au XVIIIᵉ siècle». Le journal *Libération* lui a consacré un article flatteur, écrivant en substance qu'elle avait restitué avec réalisme la beauté sensuelle des vêtements du XVIIIᵉ siècle. Pareil jugement à propos d'une exposition du KCI dans la capitale mondiale de l'élégance montre bien l'estime dont bénéficie l'institut.

L'exposition «Japonism in Fashion», montée au National Museum of Modern Art de Kyoto, montrait l'influence du Japon sur la mode parisienne entre la fin du XIXᵉ siècle et le début du XXᵉ siècle, et notamment l'importance du kimono. Le thème n'était pas neuf, mais n'avait jamais été traité de manière rigoureuse, et le Kyoto Costume Institute souhaitait l'approfondir. Grâce à la coopération de nombreuses institutions, en particulier les musées et le célèbre International Research Center of Japanese Studies de Kyoto, l'exposition a été une incontestable réussite. Elle est partie pour une tournée internationale de six ans ponctuée par cinq grandes escales : le musée de la Mode et du Costume de Paris, le Los Angeles County Museum of Art et le Brooklyn Museum of Art de New York, entre autres.

Nous avons réexaminé l'histoire de la mode à travers les expositions que nous avons organisées et nos activités ont à leur tour stimulé la créativité de la mode contemporaine. En 1999 a eu lieu l'exposition «Visions of the Body» au National Museum of Modern Art de Kyoto puis au Museum of Contemporary Art de Tokyo. Nous y avons présenté l'œuvre des artistes et créateurs du XXᵉ siècle qui ont voulu réinterpréter le rapport du vêtement au corps. Consacrée à l'utilisation de la couleur dans la mode du XVIIe siècle à nos jours, l'exposition « Fashion in Colors » rendait parfaitement compte du pouvoir d'attraction, du côté ludique et de la force de la couleur dans les vêtements. Elle a été présentée au National Museum of Modern Art de Kyoto, au Mori Art Museum de Tokyo et au Cooper-Hewitt National Design Museum de New York.

Abordant la mode sous l'angle du luxe, l'exposition « Luxury in Fashion Reconsidered » (Un nouveau regard sur le luxe dans la mode) étudiait la relation entre le luxe et la mode dans différentes sociétés et époques. Elle a été présentée au National Museum of Modern Art de Kyoto, ainsi qu'au Museum of Contemporary Art de Tokyo.

« Future Beauty » (Beauté future), notre exposition la plus récente, a été la première à étudier de manière complète la mode avant-gardiste japonaise du début des années 1980 à nos jours. Après une présentation à la Barbican Art Gallery de Londres et à la Haus der Kunst de Munich, elle s'est installée au Museum of Contemporary Art de Tokyo en 2012. Elle explorait la sensibilité propre à la création japonaise et la façon dont son intellect s'incarne dans la mode. Le KCI s'est toujours intéressé au travail des créateurs japonais les plus novateurs. « Future Beauty » est le fruit de ces inlassables recherches et de l'enrichissement continu de nos collections.

Un hommage à l'humanité, qui inventa le vêtement

Que sera la mode au XXIe siècle ? À la fin du XIXe siècle, on avait peine à imaginer que les femmes seraient un jour libérées du corset et porteraient des minijupes. Mais l'histoire nous a appris que la mode ne s'arrête jamais. Très bientôt, nous allons donc découvrir de nouveaux vêtements, plus inédits, plus étonnants que jamais. En embrassant du regard toute la mode des siècles passés et son contexte historique, on entre-aperçoit ce que sera la mode de demain.

Le Kyoto Costume Institute veut réévaluer notre passé en étudiant la mode occidentale, le rapport entre mode et vêtement, la signification du port de tel ou tel vêtement, l'avenir de cet art magnifique. Le vêtement n'est-il pas, aujourd'hui comme hier, l'expression fondamentale de notre personnalité profonde ?

Le Kyoto Costume Institute a voulu rendre hommage au sens de la beauté et au savoir-faire des artisans et des créateurs à qui nous devons les étoffes et les vêtements magnifiquement photographiés qui illustrent le présent ouvrage. Il s'est donné pour mission de faire largement connaître cette collection, qu'il considère comme le patrimoine commun des peuples du monde entier.

Je tiens à remercier sincèrement toutes celles et tous ceux qui ont généreusement consacré de longues heures de travail à la réalisation de cet ouvrage.

DU ROCOCO À LA RÉVOLUTION
La mode au XVIIIe siècle

Après la mort de Louis XIV et le couronnement de Louis XV en 1715, un nouveau style chic et raffiné fait son apparition : le « rococo ». Bien que le mot rococo ait pris au XIXe siècle un sens péjoratif d'excès et de frivolité, il désigne aujourd'hui un mouvement artistique emblématique de l'harmonie française. Le style rococo est celui d'une société avide de plaisirs de toutes sortes – dont celui du vêtement, rapidement hissé au rang des beaux-arts. Si la France de Louis XIV était déjà réputée pour son élégance, l'époque rococo confirme sa réputation de Mecque de la mode féminine.

Après les premiers succès du rococo, la mode évolue dans deux directions diamétralement opposées : l'artifice revendiqué et le retour à la nature. La Révolution de 1789 vient bouleverser l'ordre social, et le rococo décoratif est délaissé au profit d'un style néoclassique nettement plus sobre. Ce changement radical du style vestimentaire, phénomène sans précédent dans l'histoire du costume, traduit une véritable mutation des moeurs.

Les femmes et la mode rococo

Pour les femmes, le rococo est synonyme d'élégance, de raffinement et d'orne-mentation, mais aussi de caprice, d'extravagance et de coquetterie. Après la dignité compassée du XVIIe siècle, la robe du XVIIIe siècle s'émancipe. Les dames de la Cour se mettent à porter des tenues d'une élégance qui rivalise désormais avec celle de l'habit masculin. Mais en même temps elles aspirent à une vie plus intime et passent de longues heures dans de douillets boudoirs décorés de bibelots et de meubles précieux. Le style vestimentaire évolue en conséquence.

L'une des tenues les plus prisées au début du siècle est la « robe volante » dérivée du déshabillé porté vers la fin du règne de Louis XIV, robe composée d'un corsage à plis larges tombant des épaules jusqu'au sol et d'un jupon rond. Bien que le corsage soit étroitement moulé par le corset, elle semble confortable et agréable à porter. La « robe volante » fait place à la « robe à la française », vêtement typique du rococo et portée à la Cour jusqu'à la Révolution.

La tenue féminine de l'époque se compose d'une robe, d'une jupe (sorte de jupon apparent) et d'une pièce d'estomac triangulaire portée sur le thorax et l'abdomen, sous l'ouverture frontale de la robe, portés sur un corset et un panier définissant la silhouette (au XVIIIe siècle, on ne parlait pas de « corset » mais de « corps » ou « corps à baleines » pour désigner ce sous-vêtement rigidifié par des baleines). Hormis quelques variations de détails, elle restera inchangée pratiquement jusqu'à la Révolution.

Les peintres Jean-Antoine Watteau, Nicolas Lancret et Jean-François de Troy ont dépeint ces magnifiques robes avec un luxe de détails – du moindre point de dentelle à la pointe des souliers. Dans *L'Enseigne de Gersaint* (1720, Schloss Charlottenburg, Berlin ; ill. p. 29), Watteau a rendu avec brio la délicatesse de la robe volante, l'éclat de la soie, la douceur du satin. Les plis creux dans le dos de la robe sont appelés « plis Watteau » (mais le peintre n'en est pas l'inventeur). Après la robe volante, la toilette rococo typique est la « robe à la française », costume de cour par excellence jusqu'à la Révolution.

Les somptueuses soieries lyonnaises sont inséparables du style rococo. Dès le XVIIe siècle, l'État français prend des mesures d'aide en faveur des soyeux lyonnais, qui perfectionnent leurs métiers à tisser et inventent de nouvelles méthodes de teinture. Les soieries françaises acquièrent une solide réputation de qualité et commencent à supplanter les produits italiens.

Au milieu du XVIIIe siècle, c'est l'apogée du rococo. La favorite de Louis XV, Madame de Pompadour, ne porte que des robes de ce style. Son portrait par François Boucher (*Madame de Pompadour*, 1759, The Wallace Collection, Londres ; ill. p. 44), la montre vêtue d'une robe à la française, ouverte sur le devant et portée sur un corsage très ajusté.

On distingue sous la robe le jupon et la pièce d'estomac triangulaire. Richement décorée d'une échelle de rubans, la pièce d'estomac souligne la rondeur des seins, remontés et audacieusement moulés par le corset. Des engageantes de la plus belle dentelle ornent les poignets de la robe.

Volants, dentelles, rubans et fleurs artificielles concourent à la beauté de l'ensemble. Tout cela peut paraître bien excessif, mais il s'en dégage une incontestable harmonie qui résume bien la sophistication et la délicatesse du rococo.

Parallèlement, les aristocrates en quête de simplicité commencent à s'inspirer du style vestimentaire des roturiers. Dans l'intimité, les dames de la Cour por-tent volontiers des toilettes champêtres vaguement inspirées des tenues des femmes du peuple. La veste courte et pratique appelée « casaquin » ou « caraco » est adoptée pour tous les jours et la robe devient plus simple.

La pièce d'estomac est remplacée par des « compères », deux rabats de tissu un peu moins contraignants attachés par des boutons ou des agrafes à l'ouverture frontale de la robe.

Le succès croissant de ces robes assez simples et fonctionnelles s'explique en partie par la vague d'anglomanie qui s'empare de la France à l'époque. Car l'Angleterre exerce alors une véritable fascination. Les premiers signes de cet engouement apparaissent dans l'habit masculin dans les dernières années du règne de Louis XIV, puis dans les toilettes féminines après 1770.

Le goût très anglais pour la promenade champêtre inspire la « robe retroussée dans les poches » – les pans de la jupe étant relevés dans les poches latérales de la robe, puis drapés dans le dos pour donner une plus grande liberté de mouvement – directement copiée sur la tenue des femmes du peuple qui, elles, devaient travailler et se déplacer à pied. À cette mode succède celle de la « robe à la polonaise » : l'arrière de la jupe est remonté à l'aide de cordons, puis divisé en trois parties drapées.

Ce nom serait une allusion à la première division de la Pologne en trois royaumes en 1772. Quand les plis du centre du dos de la robe sont cousus jusqu'à la taille, on parle de « robe à l'anglaise ». La robe à l'anglaise se compose d'une robe fermée sur le devant et d'une jupe montée par fronçage puis couture au corsage suivant une ligne qui remonte sur les hanches vers la taille. Son corsage ajusté se termine par une pointe au bas du dos. Elle est parfois portée sans panier, et ce sont ses drapés qui lui donnent alors sa forme ronde. Pendant la Révolution, la pièce d'estomac et la jupe ne font plus qu'un. C'est ce qu'on appelle la *round gown*.

L'élégance dans la mode masculine

La mode masculine, dont l'ornementation raffinée et colorée n'a cessé d'évoluer tout au long du XVIIe siècle, change moins vite et se fait plus discrète au XVIIIe siècle. L'« habit à la française » se compose d'une veste (l'« habit », appelé « justaucorps » au XVIIe siècle) dont la forme s'ajustera progressivement, ainsi que d'un gilet et de culottes. Une chemise blanche, un jabot, une cravate et des bas de soie viennent compléter cette tenue.

L'habit rococo du gentilhomme est un costume aux couleurs vives luxueusement brodé (de nombreux ateliers de fabrication de broderies se trouvaient à Paris), orné de boutons fantaisies et de jabots au cou, sur le torse et aux poignets. L'habit et le gilet sont richement brodés de fils d'or, d'argent et multicolores, de sequins et de bijoux. Les étoffes sont souvent brodées avant d'être coupées pour que les clients puissent choisir leurs motifs préférés avant de passer commande.

L'influence anglaise reste omniprésente. La redingote anglaise à col devient une tenue de ville au même titre que la veste française (l'« habit »). Le frac anglais arrive sur le continent dans la seconde moitié du XVIIIᵉ siècle. Il s'agit d'une veste à col à revers, généralement taillée dans un tissu de couleur unie. À la veille de la Révolution, la mode est aux rayures et la broderie devient moins courante sur les vêtements masculins. Le frac restera un vêtement standard jusqu'au XIXᵉ siècle, à l'instar du pantalon, qui finit par remplacer les culottes.

L'exotisme: chinoiseries et indiennes

Les Européens sont depuis longtemps très curieux de toutes sortes d'articles importés d'Orient. Au XVIIᵉ siècle, les Européens découvrent les objets décoratifs chinois et se prennent de passion pour les « chinoiseries ». L'esthétique orientale inspire des peintres comme Watteau et Boucher, qui sont séduits par l'exotisme des paysages et des moeurs de la Chine. Le salon des résidences aristocratiques est souvent décoré de meubles chinois et de porcelaines rares; les jardins s'agrémentent de pagodes.

Les vêtements reflètent cette influence chinoise. Les textiles aux motifs asymétriques et aux associations de couleur insolites sont en effet très prisés à cette époque. Le goût du pittoresque et de l'exotisme met à la mode la soie dite « bizarre », la broderie « ungen », les rayures « pékin » et le « nankin » (tissu de coton jaune provenant de la ville chinoise du même nom). Les éventails venus d'Orient, accessoires incontournables dans la mode européenne depuis le XVIᵉ siècle, sont désormais utilisés pour compléter l'ensemble « chinois ».

Les Européens n'accordent pas de véritable identité culturelle au Japon avant la seconde partie du XIXᵉ siècle, lorsque le japonisme s'empare de l'Europe. Pourtant, dès le XVIIᵉ siècle, la Compagnie des Indes orientales hollandaise importe des kimonos japonais que les Européens portent en robes de chambre. Les importations de kimonos japonais authentiques étant limitées, les robes de chambre orientales en « indienne » semblent satisfaire la demande. Celles-ci sont appelées « Japonsche rocken » (robes japonaises) en Hollande, « robes de chambre d'indienne » en France et « banyans » (marchand indien) en Angleterre. Exotiques et relativement rares, elles deviennent un signe extérieur de richesse.

Au XVIIᵉ siècle, les Européens s'amourachent de l'indienne, toile de coton peinte ou imprimée fabriquée en Inde. Le succès est tel que les autorités sont contraintes, pour préserver l'industrie textile française, d'en interdire l'importation et la production jusqu'en 1759. Une fois cette interdiction levée, l'industrie de l'impression sur coton se développe très rapidement. La toile de Jouy est sans doute la plus célèbre des étoffes imprimées. Christophe P. Oberkampf, fondateur de la manufacture de Jouy aux environs de Versailles, met à profit les progrès de la physique et de la chimie. Grâce à une innovation technique, il invente un nouveau système d'impression pour remplacer la méthode traditionnelle de la teinture avec réserve et adopte les dernières techniques d'impression venues d'Angleterre.

La mode est aux cotons imprimés, non seulement dans l'habillement, mais aussi pour la décoration intérieure ; ces simples étoffes aux motifs multicolores et exotiques sont en effet très jolies et moins coûteuses que la soie. Une fois l'interdiction de l'indienne levée en Angleterre, des manufactures d'impression sur tissu fleurissent dans toute l'Europe. Alors qu'elles se contentaient au départ d'imiter l'indienne, les manufactures européennes favorisent les innovations techniques comme la machine à imprimer à planche de cuivre, qui permet la production en grande série. La popularité du coton à cette époque contribue à faire évoluer la mode, qui privilégiera le coton par rapport à la soie pendant la Révolution.

L'artifice et le retour à la nature

C'est au moment où l'Ancien Régime vacille sur ses bases que le rococo classique commence à décliner. Dans les années 1770, le costume de cour féminin se compose d'une grande jupe relevée des deux côtés par un large panier et d'une haute coiffure qui veut exalter la beauté de l'artifice. Les robes des femmes sont moins des vêtements que des architectures textiles. Le raffinement et la légèreté du rococo disparaissent sous l'ombre portée de la Révolution.

Les coiffures gigantesques, perruques hautes et coiffes extravagantes prennent des allures sinistres et monstrueuses. Perdus dans ces masses, les visages des femmes semblent minuscules. Ces coiffures sont assez vastes pour accueillir toutes sortes de miniatures – carrosses, paysages, corbeilles de fruits et autres fantaisies. Les coiffeurs déploient des trésors d'habileté pour réaliser ces extraordinaires pièces montées, qui doivent rivaliser d'éclat avec le reste de la toilette.

Le marchand des modes devient un précieux allié pour les élégantes vers le milieu du XVIIIe siècle. Il fabrique mille petites choses charmantes et originales pour agrémenter les vêtements confectionnés par les tailleurs et les couturières et c'est lui qui lance les dernières modes.

Il faut parler ici du rôle dès cette époque des revues de mode, dont on connaît l'importance aujourd'hui. Un premier titre avait paru à Paris au XVIIe siècle, et d'autres suivent un peu avant la Révolution: *Le Journal du goût* (1768–1770), *Le Cabinet des modes* (1785–1786) et *La Galerie des modes et du costume français* (1778–1788). Après 1850, avec l'invention de nouveaux procédés d'impression et le développement du rail, les revues de mode deviennent des moyens de diffusion irremplaçables pour les professionnels et ceux qui font et défont la mode parisienne.

À l'exact opposé des costumes de cour, les vêtements de tous les jours sont relativement simples et confortables. Les fouilles des ruines d'Herculanum en 1738 inspirent un style néoclassique se revendiquant de l'Antiquité. Avec le retour à la nature prôné par Jean-Jacques Rousseau, la Grèce et la Rome antiques deviennent les thèmes de prédilection d'une société européenne en pleine mutation. Ils domineront les arts et le goût en Europe de la deuxième moitié du XVIIIe siècle au début du siècle suivant.

Pionnière de cette mode, Marie-Antoinette adopte un style influencé par l'anglomanie. Pour échapper aux contraintes de la vie de cour, la jeune reine aime se vêtir d'une simple robe en coton accompagnée d'un large chapeau de paille et jouer à la bergère dans le Hameau de la Reine du Petit Trianon de Versailles. Elle apprécie particulièrement la chemise en mousseline blanche, un style baptisé « chemise à la reine » en 1775. En termes d'étoffe et de coupe, la chemise à la reine marque une transition vers la robe à taille haute du Directoire. En conséquence, la demande en toile de coton augmente en Europe. Le succès des cotons de la Compagnie des Indes stimule la révolution industrielle, surtout dans le textile. Les nouveaux procédés de tissage permettent de fabriquer des cotons plus légers et plus blancs qui s'imposent alors comme l'étoffe de l'âge nouveau.

Le corset et le panier

Tout au long du XVIIIe siècle, la forme des robes est dessinée par les vêtements de dessous – corset et panier. À l'époque rococo, le haut du corset est replié de manière à découvrir la naissance des seins. Le corset ne comprime plus tout le thorax mais remonte seulement le buste, laissant deviner la poitrine à travers une délicate bordure de dentelle. Les premiers paniers sont en forme de cloche puis, quand les jupes s'élargissent vers le milieu du siècle, ils se divisent en deux parties, droite et gauche. Immense et encombrant, le panier fait la joie des caricaturistes, mais les femmes l'adorent. Il devient même quasiment obligatoire à la Cour.

Ces dessous sont généralement confectionnés par des hommes. En vertu de la guilde des tailleurs, fondée au Moyen-Âge, chaque métier du secteur de la confection est strictement réglementé. Malgré la création des « maîtresses couturières », dans la seconde moitié du XVIIᵉ siècle, les costumes de cour au XVIIIᵉ siècle sont presque tous confectionnés par des tailleurs, qui fabriquent également les corsets, car il faut avoir des mains solides pour coudre les baleines sur le tissu rigide.

La mode sous la Révolution

La Révolution de 1789 entraîne un profond changement de l'esthétique de la mode. L'étoffe de prédilection n'est plus la soie, mais les simples étoffes de coton. La Révolution est provoquée par la conjonction d'un certain nombre de facteurs : crise économique, tensions croissantes entre la noblesse et l'entourage du roi, mécontentement des gens du peuple face à l'arrogance des privilégiés, disette prolongée. Quand éclatent les premiers troubles, le vêtement devient un signe de ralliement et les révolutionnaires affichent leurs idées en portant les vêtements du peuple. Les gentilshommes qui s'entêtent à porter d'éclatants habits de soie sont considérés comme des contre-révolutionnaires. À la place des culottes et des bas de soie, attributs de la noblesse, les révolutionnaires, ou « sans-culottes », arborent des pantalons. Ils portent aussi une veste appelée « carmagnole », un bonnet phrygien, une cocarde tricolore et des sabots. Le style inspiré de la mode anglaise donnera plus tard le frac et le pantalon de l'homme du XIXᵉ siècle.

Mais 1789 n'a pas tout changé. Si les modes vont et viennent au gré des vicissitudes de la vie politique, le classique habit à la française reste de rigueur dans les grandes occasions. L'ancien et le nouveau se mélangent et coexistent sans heurt.

Mais le chaos social ambiant favorise la naissance de modes extrêmes. Les jeunes élégants se pavanent dans des tenues excentriques et frivoles. Sous la Terreur, les contre-révolutionnaires, baptisés « Muscadins », protestent contre le nouvel ordre en arborant des vestes (« habits ») noires à larges revers et des lavallières. Dans une veine tout aussi insolite, le petit-maître, ou « Incroyable », du Directoire porte une redingote à col très montant se terminant par de larges revers rabattus, un gilet bariolé, une lavallière, une culotte et un bicorne sur ses cheveux courts. Sa compagne, la dénommée « Merveilleuse », porte une robe diaphane, sans corset ni panier. On voit souvent dans la *Gallery of Fashion* de Nicolaus von Heideloff (1794–1802, Londres) des gravures représentant des *round gowns*, robes à taille rehaussée juste sous la poitrine, ainsi que des corsages et des jupes d'une seule pièce. La *round gown* deviendra la robe-chemise en coton et connaîtra un grand succès au début du XIXe siècle.

Tandis qu'en Angleterre, la révolution industrielle a déjà commencé, la France prend pied dans la modernité avec la fin de l'époque rococo et les bouleversements d'une révolution politique. L'Europe se prépare à entrer dans une longue phase de turbulences sociales et politiques dont sortira la société nouvelle, et la mode va refléter fidèlement ce long cheminement vers les temps modernes.

Tamami Suoh, conservatrice au Kyoto Costume Institute

◄ **Robe à la française**
(Détail pages 22/23)
Vers 1760 ; tissu vers 1750
France
Brocart de soie de Lyon orange
à motifs végétaux, bordures ;
manches pagode à double
volant ; pièce d'estomac, jupe
en tissu assorti ; engageantes en
ouvrage de lin à fils tirés ; rabats
de coiffe en dentelle de Malines.

► **Robe à la française**
(Détail pages 26/27)
Vers 1760 ; tissu vers 1735
Angleterre
Brocart de soie de Spitalfields
couleur ivoire avec motifs de
fleurs et de fruits ; manches
pagode à double volant ; jupe
assortie ; engageantes en lin
brodé blanc sur blanc ; fichu
en ouvrage de coton à fils tirés.

Soulier
Vers 1740–1750, Angleterre
Soie damassée vert et ivoire
avec talons «Louis» en bois.

Pendant toute l'époque rococo, le costume
féminin se compose de trois pièces : une robe,
une jupe (sorte de jupon apparent) et une
pièce d'estomac triangulaire. Ces vêtements se
portent par-dessus un panier et un corset (le
terme « corset » ne fait son apparition qu'au
XIX⁰ siècle). Tout au long du XVIIIᵉ siècle, ces
éléments forment la base du costume féminin.
Ces robes ouvertes sur le devant, étroitement
ajustées le long du torse et présentant des plis
dans le dos sont appelées « robes à la française ».
Typiques du style rococo, elles constituent la
tenue de cour jusqu'à la Révolution française,
qui devait non seulement profondément
bouleverser la société, mais également
déclencher une véritable révolution dans
l'histoire du vêtement.

Jean-François de Troy
La Déclaration d'amour, 1731
Schloss Charlottenburg, Berlin

26

Au début du XVIIIᵉ siècle, la mode
est à la «robe volante», dérivée du
déshabillé porté pendant les dernières
années du règne de Louis XIV. La robe
volante doit son nom au large volant
qui la caractérise, tombant des épaules
jusqu'au sol et formé de façon à se
déployer souplement sur la jupe. Bien
que le corset soit étroitement lacé
en dessous, cette robe ample donne
l'impression d'être confortable et
agréable à porter.

◄ **Robe volante**
Vers 1720
Taffetas de soie rayé moiré
jaune et rouge avec manches en
raquette; plis larges sur l'avant
et dans le dos.

► **Jean-Antoine Watteau**
L'Enseigne de Gersaint (détail),
1720
Schloss Charlottenburg, Berlin

La dentelle, confectionnée à la main grâce aux techniques artisanales les plus délicates, joue un rôle important dans l'ornementation des garde-robes masculines et féminines. La dentelle à l'aiguille, basée sur des techniques de broderie, et la dentelle aux fuseaux, issue des techniques de tressage, se développent toutes deux en Europe vers la fin du XVIe siècle. La confection de dentelle prospère dans certaines régions d'Italie, de France et de Belgique. Ces différents types de dentelle doivent leur nom à leur région de fabrication. Sur la page de gauche, les quilles qui s'étendent de l'encolure jusqu'au bas de l'ouverture de la robe, les rabats de la coiffe et les engageantes des manches sont en dentelle et confèrent à la robe un style encore plus luxueux. La dentelle étant l'ornementation la plus onéreuse, le type de dentelle utilisé pour les engageantes peut varier d'un simple ouvrage de coton à fils tirés peu coûteux à plusieurs couches de dentelle de qualité supérieure. Le tablier en dentelle décoratif est l'une des pièces les plus prisées des garde-robes féminines au XVIIIe siècle.

◄ Robe à la française
Vers 1760 / Taffetas de soie à carreaux blancs et roses ; manches pagode à double volant ; pièce d'estomac avec échelle de rubans ; engageantes, quilles et rabats de coiffe en dentelle d'Argençon.

► Robe à la française
Années 1760 ; tissu vers 1755
France / Soie damassée rose à motifs floraux, manches à double volant ; jupe assortie ; pièce d'estomac avec bouillonné en satin de soie décoré de fleurs et de broderies chenille ; engageantes faites de trois épaisseurs d'ouvrage en coton à fils tirés.

►► Robe à la française
Vers 1760 ; tissu vers 1755
France / Brocart de soie de Lyon blanc avec ruban floral rouge et vert et motifs de plumes de paon, orné d'une bordure, d'une tresse et d'une frange du même tissu ; manches pagode à double volant ; jupe assortie ; engageantes, fichu et tablier en ouvrage de lin à fils tirés.

François-Hubert Drouais
La marquise d'Aiguirandes
(détail), 1759
The Cleveland Museum
of Art, Cleveland

Pièce d'estomac
Années 1760
Suisse
Bouillonné en satin de soie
blanc, décoré de soie façonnée
polychrome, de fils chenille
et de fleurs effrangées.

Avec son ouverture frontale en
V, la robe à la française se porte
avec une pièce d'estomac, sorte
de plastron triangulaire en forme
de V ou de U qui recouvre le
devant du corsage. La pièce
d'estomac comporte parfois
une petite poche intérieure.
Pour dissimuler la partie trop
profonde du décolleté, la pièce
d'estomac est recouverte de
décorations extravagantes de
broderies, de dentelle, de nœuds
de ruban habilement disposés
qu'on appelle « échelles », et
parfois de bijoux. Comme il
faut chaque fois épingler la pièce
d'estomac à la robe, les femmes
mettent beaucoup de temps à
s'habiller.

1. Pièce d'estomac
Années 1740
Soie jaune décorée de fils d'or
et de sequins.

2. Pièce d'estomac
Années 1740
Taffetas de soie orange broché
de motifs floraux polychromes ;
forme tridimensionnelle maintenue par un fond rigide et
des baleines.

3. Pièce d'estomac
Années 1740
Fond argenté et bordures métalliques bleu clair avec motif floral
rose tissé ; tresses argentées pour
soutenir les superpositions de
soie bleu clair ; bouton et gland
en fils d'argent au centre, gansé
d'une tresse argentée.

4. Pièce d'estomac
Années 1740
Taffetas de soie ivoire broché de
motifs floraux en soie façonnée
polychrome et de fils d'argent ;
forme tridimensionnelle maintenue par des baleines ; bords
décorés d'un ruban de soie à
motifs floraux.

5. Pièce d'estomac
Années 1740
Fond en soie beige broché de
volutes et de motifs floraux en
fils d'argent côtelés ; pattes de
fixation des deux côtés.

6. Pièce d'estomac
Années 1740
Brocart de soie couleur ivoire
à pois et broderie florale polychrome, cordonnet, dentelle en
fils de soie et d'argent, frange,
nœud du même tissu.

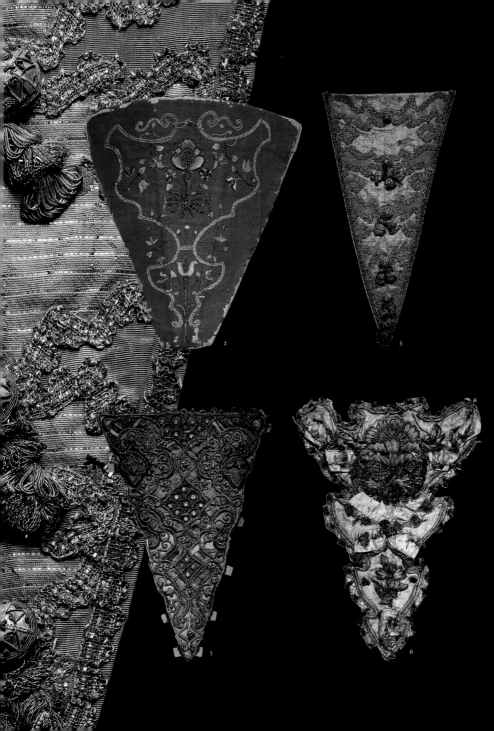

Pages 36/37
On commence à cette époque à vouloir des vêtements plus confortables. Le style très simple des corsages et jupes portés par les femmes du peuple influence les costumes des aristocrates, qui vont progressivement gagner en simplicité. Des vestes courtes et pratiques, le «casaquin» et le «caraco», apparaissent sous diverses formes et portent toutes un nom différent. C'est le cas de la veste illustrée ici : le «pet-en-l'air». C'est au XVIIIe siècle que les mitaines, ou gants sans doigts, deviennent à la mode. Les plus courantes sont celles où le pouce est séparé des quatre autres doigts et où le dos de la main est recouvert d'un rabat triangulaire. Ces mitaines décoratives seront encore portées au XIXe siècle.

Page 36
Robe à la française
Vers 1765
Angleterre
Satin de soie rose avec décorations du même tissu ; manches pagode à triple volant ; jupe et pièce d'estomac assorties.

Page 37
Pet-en-l'air et jupe
Fin années 1760
Pet-en-l'air en satin de soie avec manches pagode à double volant, décorations du même tissu ; corset en soie damassée décoré de torsades en fils de soie ; jupe en satin de soie matelassé ; mitaines en brocart de soie (France).

Jean-Étienne Liotard
Madame d'Épinay (détail), vers 1769
Musée d'Art et d'Histoire, Genève

Au XVIIIe siècle, le décolleté
des robes est large et ouvert.
Un fichu triangulaire drapé sur
les épaules et attaché à la pièce
d'estomac permet de le recouvrir.
Comme on le voit sur cette robe,
la façon dont les deux extrémités
du fichu se croisent sur la pièce
d'estomac ressemble au style
illustré dans le tableau *Madame
d'Épinay* de Jean-Étienne
Liotard.

Robe à la française
Vers 1760
Angleterre
Taffetas de soie jaune (moiré),
bordure coordonnée ; manches
pagode à double volant ; jupe
assortie ; pièce d'estomac en lin
avec rubans, broderie en soie
à motifs végétaux ; aumônière
en tricot de coton.

Alors que le costume masculin du XVIIe siècle se caractérise par son extravagance, celui du siècle suivant est plus subtil et plus raffiné. La veste masculine du XVIIe siècle, appelée «justaucorps», est remplacée dans la deuxième moitié du XVIIIe siècle, par l'«habit», qui se porte avec un gilet et des culottes.

◄◄◄ Habit, gilet, culottes
Vers 1740
Angleterre
Laine couleur lie-de-vin; habit et gilet décorés d'une tresse dorée et de boutons revêtus de fils d'or; gilet à manches; jabot en dentelle de Valenciennes; volants des manches en dentelle de Binche.

◄◄ Habit, gilet, culottes
Vers 1765
France
Velours jaune foncé tissé de petits motifs floraux et de cartouches; boutons revêtus de fils d'argent; gilet sans manches; jabot et volants de manches en dentelle aux fuseaux.

◄ Habit, gilet, culottes
Vers 1760
Ensemble en brocart de soie parme avec motifs de feuillage; larges revers de manches repliés; gilet avec manches de différents tissus; jabot et volants des manches en dentelle de Bruxelles à motifs floraux.

41

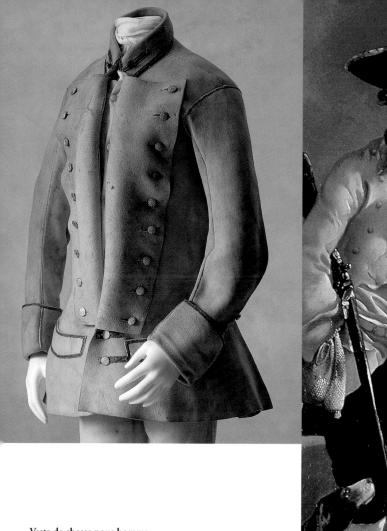

Veste de chasse pour homme
Milieu XVIIIe siècle
France
Peau de chamois jaune clair ; à gauche,
boutons à carreaux en métal ; à droite,
boutons de remplacement (XXe siècle).

Cette élégante veste de chasse est
coupée dans une peau de chamois
souple et résistante. Les rabats peuvent
être rabattus pour former des revers
(voir ci-dessus), ou croisés et attachés
(voir p. 43).

Thomas Gainsborough
Mr. & Mrs. Andrews (détail), 1748
National Gallery, Londres

Le tissu à motifs mouchetés est appelé «chiné à la branche». À l'instar du tissage japonais *hogushi,* le motif est imprimé sur la chaîne avant le tissage. En Europe, la technique du chiné est extrêmement difficile à maîtriser et la France est alors la seule à produire de grands motifs chinés. Ils sont généralement appliqués sur des tissus fins tels que le taffetas de soie. Le chiné se caractérise par ses couleurs pastel claires et sa texture duveteuse. Vers le milieu du siècle, le chiné est particulièrement à la mode dans les toilettes estivales les plus onéreuses. Comme Madame de Pompadour préfère porter des robes en chiné, ce tissu est souvent appelé «taffetas Pompadour».

▶ **Robe à la française**
Vers 1765
France
Chiné de soie de Lyon bleu clair avec motifs floraux entourés d'un cartouche; bordure du même tissu; poignets à double volant; pièce d'estomac et jupe assorties; engageantes en dentelle d'Alençon; bonnet et rabats en dentelle d'Argençon.

François Boucher
Madame de Pompadour (détail), 1759
The Wallace Collection, Londres

Les somptueuses soies fabriquées à Lyon sont indissociables de la mode rococo. Avec l'aide du gouvernement français, les industriels lyonnais réalisent de grands progrès sur le plan technique. Désormais, les tissus s'ornent de motifs de toutes sortes – guirlandes, rubans et dentelle – aux lignes fines, sinueuses et décoratives. La soie de Lyon devient l'un des articles de prestige de l'Europe. La robe présentée à la page 46 est coupée dans une superbe soie façonnée polychrome aux motifs de dentelle blanche et de bouquets floraux. La page 47 montre le détail d'une robe matelassée à l'anglaise. Bien que les jupes matelassées aient été assez courantes au XVIIIᵉ siècle, une robe entièrement matelassée telle que celle-ci est très rare et d'une valeur inestimable.

◄◄ **Robe à la française**
Années 1760–1770 ;
Tissu : années 1750–1760
Brocart de soie bleu à motifs de dentelle et de fleurs, bordure du même tissu et frange ornementale ; manches pagode ; jupe assortie.

◄ **Robe à la française**
Vers 1750–1755
Angleterre
Satin de soie jaune matelassé avec motifs géométriques et végétaux ; jupe assortie.

À partir des années 1770, la mode des rayures se répand dans toutes les classes sociales. *Le Magasin des Modes,* magazine de mode publié vers 1780 juste avant la Révolution française, présente fréquemment des tenues masculines et féminines à rayures verticales et bicolores. La mode des rayures durera pendant toute l'époque révolutionnaire.

Robes à la française
(Détail pages 48/49)
Vers 1770–1775
France
◄◄◄ Brocart de soie de Lyon rose rayé à motifs floraux, bordure et frange du même tissu ; manches pagode à un seul volant ; jupe assortie.
◄◄ Brocart de soie de Lyon jaune à rayures florales blanches ; compères boutonnés ; manches pagode à double volant ; jupe assortie.
◄ Cannelé de soie de Lyon bleu rayé avec motifs de ruban floral ; compères boutonnés ; manches pagode à double volant ; jupe assortie.

Vers le milieu du XVIIIe siècle, des éléments fonctionnels font leur apparition dans la mode féminine. Sur cette robe, les « compères », deux rabats de tissu boutonnés, recouvrent le devant du corsage. Fixés à l'ouverture frontale de la robe à l'aide de crochets ou de boutons, ils rendent superflu le port d'une pièce d'estomac. En effet, les compères sont plus simples et plus pratiques que la pièce d'estomac, qui doit être épinglée à la robe à chaque habillage.

► Robe à la française
Années 1770
Chintz de lin blanc à motifs végétaux bleus ; compères boutonnés ; jupe assortie.

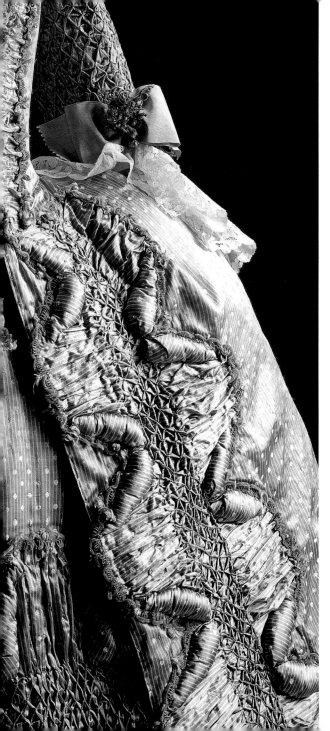

Volants, franges, fleurs artificielles, rubans et broderies chenille sont autant d'ornements essentiels à la mode rococo. Cette robe est agrémentée d'une frange délicate, de broderies chenille et d'un bouillonné rembourré de coton qui lui donne son aspect tridimensionnel. Bien que ces décorations surchargent la robe, elles s'harmonisent parfaitement les unes aux autres et incarnent toute la sophistication et l'extrême raffinement de l'esprit rococo.

Robe à la française
Vers 1775
Satin de soie beige à rayures fines et à pois ; compères sur le devant ; jupe assortie ; décoration matelassée tridimensionnelle à smocks ; frange et broderies chenille sur le devant.

La vague d'anglomanie qui déferle dans la seconde
moitié du XVIIIe siècle sur l'Europe impose un style
empreint de simplicité pour les tenues de tous les
jours. En revanche, les vêtements de cour donnent
aux femmes une silhouette aux lignes exagérées –
corsage très ajusté sur un corset serré et ample jupe
relevée de chaque côté par un panier. Ces robes
largement déployées et les coiffures très échafaudées,
qui incarnent la suprême beauté de l'artifice,
resteront de rigueur pour les tenues de cour
jusqu'à la Révolution.

▶ **Robe à la française**
Vers 1760
Angleterre
Brocart de soie de Spitalfields couleur ivoire broché
de fils d'or, d'argent et polychromes avec motifs
floraux, dentelle de fils d'or et gaze couleur argent ;
manches pagode à double volant ; jupe assortie ;
pièce d'estomac en dentelle or et argent avec frange ;
engageantes en dentelle de Bruxelles.

▼ **Robe à la française**
1775–1779 ; tissu années 1750–1760
France
Brocart de soie rayé couleur ivoire avec broderies
chenille et motifs floraux, bordure du même tissu ;
jupe assortie ; pièce d'estomac du même tissu
avec ornementations florales en broderie chenille ;
manches en sabot.

Le costume masculin type du XVIIIᵉ siècle, appelé « habit à la française », se compose d'un habit, d'un gilet et de culottes. Il s'accompagne d'une paire de bas en soie, d'un jabot, d'une chemise en lin ou en coton aux poignets ouvragés ainsi que d'une cravate. Pendant la seconde partie du XVIIIᵉ siècle, il s'oriente toutefois vers un style plus fonctionnel. L'habit devient plus ajusté ; le gilet est plus court, il n'a plus de manches et le bas est coupé à l'horizontale. Les couleurs vives, les broderies somptueuses, la dentelle sophistiquée des jabots et des poignets comme les boutons décoratifs restent cependant des éléments essentiels de la tenue rococo du gentilhomme.

▼ **Robe à la française**
Vers 1775, Angleterre
Cannelé de soie de Spitalfields blanc rayé avec motifs
floraux et bordure de dentelle en fils métalliques ;
manches pagode à double volant ; engageantes en
dentelle de Bruxelles à triple volant ; tablier en gaze
de soie avec frange et broderies chenille.

▲ **Habit à la française**
Vers 1770–1780
France
Ensemble habit, gilet et culottes en taffetas de soie
rayé bleu clair avec bordure florale tissée ; volants
des manches en dentelle à l'aiguille.

Au XVIIIᵉ siècle, l'élégance de la broderie est surtout mise en valeur dans les tenues masculines. L'habit et le gilet, plus particulièrement, sont magnifiquement brodés de fils de soie polychrome, de fils d'argent et d'or, de sequins et de bijoux fantaisie. À cette époque, Paris compte de nombreux ateliers de broderie que Diderot décrit dans son *Encyclopédie*. Sur place, le client sélectionne un tissu déjà brodé qui est ensuite coupé et cousu à ses mesures. Cette méthode de coupe est baptisée «à la disposition». Le costume masculin du XVIIIᵉ siècle com-porte par ailleurs de nombreux boutons décoratifs. De facture artistique, les boutons en por-celaine, en broderie, en métal et en verre sont des éléments d'une élégance propre à la mode masculine.

◄ **Habit à la française**
Vers 1780
France
Ensemble trois-pièces avec habit, gilet et culottes; habit et culottes en brocart de soie de Lyon rayé et broché de sequins et de perles-miroir; gilet en cannelé de soie, boutons revêtus du même tissu.

► **Habit à la française**
Vers 1770
France
Ensemble trois-pièces avec habit, gilet et culottes; habit et culottes en satin de soie bleu; gilet en taffetas de soie blanc; broderie au point de Beauvais; boutons revêtus du même tissu.

Habit à la française
Vers 1790
France
Ensemble trois-pièces avec habit,
gilet et culottes ; habit et culottes
en velours bouclé rayé bleu,
avec sequins et bijoux en verre ;
broderie de fils métalliques,
boutons revêtus du même tissu ;
gilet en soie façonnée blanche.

**Illustration de boutons
pour homme**
Magasin des Modes,
10 juin 1788

Habit à la française
Vers 1810
France
Ensemble trois-pièces avec
habit, gilet et culottes ; habit et
culottes en broadcloth de laine
noir brodé de fils colorés ; col
montant ; boutons revêtus du
même tissu ; gilet en satin de soie
blanc avec broderie polychrome.

Habit à la française
Vers 1790
France
Habit et culottes en velours
coupé vert avec broderie
florale polychrome en soie ;
col montant ; boutons revêtus
de tissu.

Pages 62/63

Les vêtements fonctionnels influencés par l'anglo-manie font leur apparition dans la mode féminine française à partir des années 1770. La robe « retroussée dans les poches » est très appréciée pour la liberté de mouvement qu'elle offre, car elle permet aux femmes de se promener dans la campagne pour profiter du grand air. Ici, les pans de la jupe sont relevés dans les ouvertures de poche de la robe, puis drapés dans le dos. Ce style s'inspire des tenues de travail et de ville des classes populaires. Plus tard, il évoluera vers la « robe à la polonaise », où la jupe est relevée au moyen de cordons.

Robe retroussée dans les poches
Vers 1780
France
Faille de soie à rayures pékin blanches et rouges avec effet de moiré ; frange du même tissu ; jupe assortie ; fichu en ouvrage de coton à fils tirés ; porte-lettres en taffetas de soie avec broderie florale, gansé d'une tresse ; chaussures en satin de soie à talons hauts.

Les années 1770 voient arriver la mode de la « robe à la polonaise ». Ici, la jupe est relevée au moyen de cordons de suspension, puis divisée en trois pans au drapé volumineux retombant sur la jupe. On dit que la robe à la polonaise doit son nom à la première partition de la Pologne, qui fut divisée entre trois pays en 1772 : l'Autriche, la Prusse et la Russie.

▶ **Robe à la polonaise**
Vers 1780
France
Taffetas de soie à rayures jaunes ; fermeture à crochets sur le devant ; boutons de bâti de la robe ; jupe coordonnée.

Jean-Baptiste Siméon Chardin
La Toilette du matin, dit aussi
Le Négligé, 1741
Nationalmuseet, Stockholm

▶ **Robe à la polonaise, 1779**
Gravure de mode de la *Galerie des Modes et du Costume Français*

▲ Robe à la polonaise
Vers 1780, France
Taffetas de soie vert à motifs orientaux ; cinq baleines au dos du corsage, compères sur le devant ; bordure en gaze de soie et taffetas ; jupe en satin de soie matelassé (Angleterre).

◀ Robe à l'anglaise
Vers 1780, Angleterre
Soie damassée de Spitalfields bleue et blanche à motifs floraux et rayures ; manches en sabot ; compères sur le devant ; jupe en satin de soie matelassé ; fichu et tablier en mousseline brodée blanc sur blanc.

▼ Robe à la polonaise
Vers 1780, France
Brocart de coton rayé rose et blanc avec impression florale de Jouy ; bordures en bouillonné du même tissu ; jupe assortie ; châle à capuche en lin à bordure plissée.

Suivant la tendance à la simplicité, les costumes féminins s'épurent (à l'exception des tenues de cour) dans les années 1770. La mode est à la « robe à l'anglaise » : ici, les plis flottants qui tombent depuis le milieu du dos de la robe sont regroupés à la taille. La robe est ouverte sur le devant et la jupe fixée au dos du corsage se porte sans panier.

▸ **Jean-Étienne Liotard**
La Belle Chocolatière (détail), 1744–1745
Gemäldegalerie Alte Meister, Dresde

◂ **Veste et jupe**
Vers 1780
Moire de soie jaune foncée avec col châle ; fermeture frontale à boutons (France) ; jupe en soie damassée noire ; fichu et tablier en mousseline brodée blanc sur blanc.

Les Européens sont depuis longtemps très curieux de toutes sortes d'articles importés d'Orient. Au XVIIᵉ siècle, l'importation de remarquables œuvres d'art décoratif chinois apporte une nouvelle forme d'exotisme et engendre la vogue des « chinoiseries ». Ces objets sont d'abord prisés pour leur rareté, mais aussi pour leurs aspects exotiques, comme ces courbes savantes basées sur l'esthétique et la sensibilité orientales, et enfin parce qu'ils ne peuvent être jugés selon les normes occidentales. L'association de tous ces éléments inspire une nouvelle vague de créativité. De plus, la vogue des étoffes orientales multicolores ornées de motifs asymétriques transparaît dans l'utilisation de termes orientaux pour désigner les motifs et les techniques, tels que la soie dite « bizarre », la broderie « Ungen », les rayures « pékin » et le « nankin ».

Robe à la polonaise
(Détail pages 68/69)
Vers 1780
France
Taffetas de soie vert à motifs orientaux ; cinq baleines au dos du corsage ; compères sur le devant ; bordure en gaze de soie et taffetas ; jupe en satin de soie matelassé (Angleterre).

▲ *Jumps* **et jupe**
Milieu XVIIIᵉ siècle
Angleterre
Jumps en soie bleu pâle avec matelassé en forme de
diamants ; fermeture frontale boutonnée ; cordonnet
de laçage dans le dos ; huit pattes peplum ; jupe en
satin de soie matelassé ; poche en lin brodé.

◄ **Robe d'enfant**
Milieu XVIIIᵉ siècle
Angleterre
Taffetas de soie jaune avec broderie florale ; tablier
en taffetas de soie assorti avec broderie florale.

La façon de transporter les effets personnels a évolué
avec la forme de la robe. Les pochettes en forme de
sac sont particulièrement adaptées aux superpositions
de vêtements typiques du style rococo. Elles se
portent séparément, par-dessus la jupe. Cependant,
un petit sac à main appelé « réticule » remplacera
les poches vers la fin du siècle, avec l'arrivée d'un
nouveau style de robe.

William Hogarth
The Graham Children, 1742
National Gallery, Londres

**Jean-Baptiste
Siméon Chardin**
La Gouvernante, 1738
National Gallery of Canada,
Ottawa

Jean-Baptiste Mauzaisse
La Princesse Adélaïde d'Orléans
prenant une leçon de harpe avec
Mme de Genlis, vers 1789
Musée national du Château
de Versailles

Au XVIIIe siècle, le fichu sert
à recouvrir négligemment le
corsage. Il est souvent fait de fine
mousseline blanche ou de lin
brodé blanc sur blanc. Dans les
années 1780, le fichu s'élargit et,
comme le montre l'illustration,
il est le plus souvent porté croisé
sur le devant puis noué dans
le dos.

Robe à l'anglaise
Vers 1780, France
Satin de soie de Lyon rayé rose
et vert ; manches en sabot ;
fermeture à crochets sur le devant
dans le style compères ; baleinée
au milieu du dos ; fichu en
mousseline de lin brodée blanc
sur blanc ; calèche (chapeau) en
taffetas de soie avec rubans.

Le terme *jumps* désigne un corsage souple et non baleiné qui se porte sous le corset ou sans corset. Le *jumps* se porte comme vêtement d'intérieur avec une veste et une jupe.

François Boucher
La Toilette, 1742
Museo Thyssen-Bornemisza, Madrid

◀◀ *Jumps* **et jupe**
Début XVIIIᵉ siècle
Angleterre
Jumps en lin blanc cassé matelassé à motifs végétaux, noué sur le devant par des rubans en taffetas de soie ; jupe en satin de soie matelassé à festons et motifs floraux ; tablier en taffetas de soie avec broderie florale ; bas en tricot de soie à motifs géométriques.

◀ **Veste et jupe**
Début XVIIIᵉ siècle
Angleterre
Veste en satin de soie blanc cassé avec matelassé en forme de diamants ; jupe en satin de soie rouge brodé de chinoiseries.

◄◄ Robe à l'anglaise et pèlerine
Vers 1770 ; tissu vers 1740
Angleterre
Soie damassée de Spitalfields blanche à motifs floraux ; manches pagode à double volant ; compères sur le devant ; pèlerine en ottoman de soie brodé de chinoiseries, motifs architecturaux et fleurs.

◄ Robe à l'anglaise
(Détail page 81)
Vers 1770 ; tissu vers 1740
Angleterre
Brocart de soie jaune de Spitalfields décoré de fleurs, arbres et motifs grecs ; manches à revers ; fichu en lin et broderie de Dresde à motifs végétaux.

► Caraco (pet-en-l'air) et jupe
(Détail page 80)
Vers 1775 et vers 1720
Pet-en-l'air en taffetas de soie rayé rose, compères, bordure tressée, manches en sabot avec bouillonné (France, vers 1775) ; jupe en taffetas de soie vert avec application de chinoiseries brodées, fleurs, oiseaux et insectes (Angleterre, vers 1720) ; souliers brodés en laine sur toile de lin, talons hauts.

Manchon
XVIIIᵉ siècle
Pongé de soie blanc avec broderie de soie façonnée polychrome, paillettes décoratives.

Importé par la Compagnie anglaise des Indes orientales, le kimono japonais est porté comme robe d'intérieur masculine en Europe. Comme les importations de kimonos sont insuffisantes, des robes de chambre orientales en « indienne » font leur apparition pour répondre à la demande. Baptisées « robes de chambre d'indienne » en France, elles sont appelées « Japonsche rocken » (robes japonaises) en Hollande et « banyans » (marchand indien) en Angleterre. En raison de leur exotisme et de leur rareté, elles deviennent des signes extérieurs de richesse. Les hommes les portent chez eux, par-dessus une chemise et des culottes, un chapeau remplaçant la perruque. On porte également volontiers un kimono pour recevoir des proches chez soi ou pour les promenades matinales.

François Boucher
Audience de l'Empereur de Chine, 1742
Musée des Beaux-Arts et d'Archéologie, Besançon

▶ **Caraco et jupe**
Vers 1780
Caraco en taffetas de soie bleu avec manches en sabot, fermeture frontale à crochets (Suisse) ; jupe en faille de soie brodée de chinoiseries florales ; fichu et tablier en mousseline brodée blanc sur blanc.

▶▶ **Robe à l'anglaise**
(Détail page 84)
Vers 1785 ; tissu années 1760
Soie de Chine blanche avec peinture polychrome de motifs végétaux ; compères sur le devant ; baleinée au milieu du dos ; jupe assortie.

▶▶ **Robe de chambre
d'indienne pour homme
et culottes**
Vers 1785
Angleterre
Soie de Chine damassée
rouge avec volutes de motifs
végétaux; doublure verte;
culottes en velours; chapeau
en coton façonné avec
broderies orientales.

Les soies unies et peintes sont originaires de Chine ; d'abord importées, elles seront plus tard reproduites en Europe. L'unes de ces soies chinoises peintes est représentée dans le portrait de Madame de Pompadour.

◄ **Poupée**
Début XVIIIe siècle
Angleterre
Corps en bois avec robe et chaussures en brocart de soie blanc, chemise, corset, jupe, bas et poche sous la robe, utilisée en tant que jouet.

► **François-Hubert Drouais**
Madame de Pompadour, 1763–1764
National Gallery, Londres

L'indienne, étoffe de coton peinte ou imprimée fabriquée en Inde, est déjà bien connue en Europe au XVIIe siècle ; en raison de sa grande popularité auprès des Européens, l'importation et la production d'indienne est interdite. Une fois cette interdiction levée en 1759, l'industrie de l'impression de tissu d'Angleterre et de France se développe très rapidement. Les tissus de coton imprimés deviennent à la mode, non seulement pour la décoration d'intérieur, mais également pour l'habillement, car l'exotisme et le raffinement de leurs motifs polychromes sont très appréciés. On les appelle « indienne » ou « toile peinte » en France et « chintz » en Angleterre (dérivé de « chint », un terme indien signifiant toile de coton peinte aux couleurs vives).

◄ **Robe à l'anglaise**
Années 1780 ; tissu années 1740
Angleterre
Indienne blanche avec impressions de fleurs indiennes polychromes ; compères avec cordonnet de laçage sur le devant ; bordure de tissu imprimé sur l'ouverture frontale, l'ourlet et les poignets.

Robe
Vers 1790
Angleterre
Robe en coton blanc avec impression florale à
la planche ; jupe en coton brodé blanc sur blanc ;
fichu en coton rayé avec broderie couleur argent.

Robe
Vers 1795 ; tissu vers 1770
Angleterre
Robe en toile de lin blanc avec impressions de rubans
et de motifs floraux ; baleinée au milieu du dos ; jupe
en mousseline blanche.

Aux côtés de Londres et de Jouy, petite ville des environs de Versailles, Mulhouse s'impose comme un centre européen majeur de l'industrie de l'impression de tissus du XVIIIᵉ siècle. Relancées par l'indienne, les manufactures d'impression d'Europe réalisent de grands progrès techniques, notamment avec l'invention de la machine à imprimer à planche de cuivre qui permet la production en masse de tissus imprimés. Sur cette cape, les motifs floraux à l'indienne sont imprimés sur un fond brun foncé appelé « ramoneur », très à la mode à l'époque.

◄◄ Cape et jupe
Vers 1790–1795
France
Cape en indienne d'Alsace brun foncé avec motifs de fleurs indiennes ; bordure plissée ; doublure en coton à petites impressions florales ; jupe en satin de soie matelassé.

◄ Robe à l'anglaise
Vers 1790–1795
Angleterre
Robe en toile de coton brun avec impressions florales à la planche ; baleinée au milieu du dos ; jupe en coton brodé blanc sur blanc entièrement recouverte de motifs de feuillage ; fichu en coton brodé blanc sur blanc.

L'éventail pliant est originaire du Japon. Après l'introduction en Chine de l'éventail pliant en *hinoki* (cyprès japonais) vers la fin de la période Heian (au XIIᵉ siècle), les Chinois commencent à produire leurs propres éventails pliants, en bois de santal ou en ivoire, décorés d'or et d'argent. Les éventails orientaux sont importés en Europe aux XVᵉ et XVIᵉ siècles. C'est en 1549 que le premier éventail pliant fait son apparition à la Cour de France. Au XVIIᵉ siècle, la France commence à fabriquer des éventails, principalement à Paris, et le succès des éventails français atteint son apogée au milieu du XVIIIᵉ siècle. Symboles de l'artisanat le plus raffiné, les élégants éventails français sont faits dans des matériaux aussi variés que l'écaille, l'ivoire et la nacre, avec des applications de laque et des gravures.

1. Éventail
Vers 1740–1750
Cartouches de chasse, scènes de la vie quotidienne et fleurs, motifs de bois peint à la main sur ivoire.

2. Éventail
Vers 1800
Chine (?)
Grappes de raisin et médaillon hexagonal, laqué à la main brun et or; motif de vigne également dans trois médaillons; éventail brisé.

3. Éventail
Vers 1760
Hollande (?)
Feuille bicolore peinte à la main avec dessins de bateaux, scènes de bord de mer et fruits; brins ajourés en ivoire.

4. Éventail
Vers 1800
Chine
Éventail brisé en ivoire ajouré.

5. Éventail
Vers 1760–1770
Hollande
Feuille peinte à la main avec jardins, fruits et personnages; brins en ivoire ajourés et incrustés d'or et d'argent.

Dans les années 1770, la mode de cour exige pour les femmes le port d'une grande jupe élargie et relevée de chaque côté par un panier, accompagnée d'une très haute coiffure. Cette mode exprime l'apogée de la beauté artificielle, sublimée par les quasi-constructions architecturales que sont devenues les robes. À cette époque, la légèreté raffinée de la période rococo a disparu et les nuages de la Révolution assombrissent les garde-robes.

Les coiffures et perruques gigantesques ne font qu'écraser davantage encore le costume. Les coiffeurs qui créent ces extraordinaires échafaudages se détournent des paysages pittoresques et des parterres de fleurs. En 1778, la victoire de la frégate française *La Belle Poule* inspire de nouvelles coiffures dites «à la Belle Poule», «à l'Indépendante» et «à la Junon», sur lesquelles sont posés des navires de guerre miniature. Le style fait rapidement fureur.

◄ **Jean-Michel Moreau le Jeune**
Les Adieux
Gravé par Robert de Launay (1749–1814)
Stapleton Collection, Royaume-Uni

Pages 94/95
Robe à la française
Vers 1780, France
Taffetas de soie rose avec peinture de guirlandes; pièce d'estomac et jupe assorties; engageantes en dentelle Chantilly.

Pendant tout le XVIIIᵉ siècle, c'est surtout l'élément décoratif qui détermine le choix des garde-robes. Dans les années 1770 notamment, on accomplit des prodiges dans la confection de ces ornements que les «marchands de mode» s'emploient activement à populariser. Les marchands fabriquent et vendent des décorations pour toutes les pièces de la garde-robe, y compris les perruques. Ils arrangent ainsi les vêtements à leur goût, créent des coiffures, lancent des styles et finissent par dicter la mode.

► **Robe à l'anglaise**
Vers 1785 ; tissu milieu XVIIIᵉ siècle
Angleterre
Soie de Chine blanche peinte à la main ; robe baleinée au milieu du dos ; compères sur le devant ; jupe assortie ; pèlerine en taffetas de soie bleu avec pli et frange ; fichu en dentelle aux fuseaux ; souliers en satin de soie brodé de motifs de fleurs et de rubans, talons hauts.

►► **Robe à l'anglaise**
(Détail pages 98/99)
Vers 1785
Taffetas de soie rose rayé ; compères sur le devant ; robe baleiné au milieu du dos ; jupe en soie de Chine peinte à la main ; châle en mousseline brodée blanc sur blanc ; sac en taffetas de soie brodé de motifs floraux, de papillons et d'oiseaux ; souliers en maroquin, talons hauts.

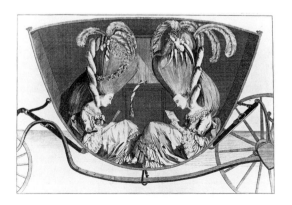

▼ Illustration de la *Galerie des Modes et du Costume Français*, 1778–1781

◄ Caricature allemande, 1775–1785

La passion des Anglais pour la
vie champêtre et la chasse fait
entrer la redingote et la veste
à la hussarde (des vêtements
jusqu'alors exclusivement
masculins) dans la mode
féminine. Sur l'ensemble
présenté à gauche, les boutons
alignés sur le devant du gilet
témoignent de l'influence
de la mode masculine.

 Veste et gilet
Vers 1790
France
Veste en taffetas de soie bleu
brodé de motifs floraux en fils
de soie et de sequins ; boutons
sur le devant du gilet ; cordonnet
de laçage dans le dos.

▶▶ **Veste**
Vers 1790
France
Taffetas de soie rose ; cordon
de serrage à l'encolure ; ceinture
avec cordonnet de laçage ; veste
baleinée au milieu du dos.

Vers la fin des années 1780, à la veille de la Révolution, les rayures sont à la mode et se substituent aux broderies extravagantes des tenues masculines. L'habit à rayures présente un col rabattu et il est désormais plus court.

Habit, gilet, culottes
Vers 1790
France
Habit en taffetas de soie et satin rayé bleu et vert; col montant rabattu; ourlet frontal en jaquette; gilet en faille de soie avec broderie d'arc romain et de scènes champêtres; col cassé; culottes en satin de soie.

Illustration du *Magasin des Modes*, 10 décembre 1787

Juste avant la Révolution, les vêtements de tous les jours, simples et confortables, contrastent avec l'extravagance des tenues d'apparat. En 1738, les fouilles des anciennes ruines romaines d'Herculanum avaient mis le néoclassicisme au goût du jour. Avec le « retour à la nature » prôné par Jean-Jacques Rousseau, cette vénération de l'Antiquité devient un thème central dans une société européenne en pleine mutation et domine les arts et les styles de vie en général dans la seconde moitié du XVIIIᵉ siècle et au début du XIXᵉ. Le « pierrot » (à droite), veste courte et ajustée à petites basques, est à la mode entre le milieu des années 1780 et les années 1790.

1. Robe à l'anglaise
Vers 1785, France
Soie rayée bleue ; compères sur le devant ; jupe coordonnée ; fichu en mousseline brodée blanc sur blanc.

2. Habit, gilet, culottes
Vers 1790, France
Habit en droguet de soie à motifs de diamants ; haut col montant ; dos en jaquette ; gilet en taffetas de soie et satin rayé ; ourlet droit ; revers ; culottes en satin de soie.

3. Habit, gilet, culottes
(Voir pages 102/103)
Vers 1790, France

4. Pierrot et jupe
(Détail page 105)
Vers 1790, France
Pierrot en taffetas de soie et satin rayé vert et jaune avec frange ; jupe en linon avec broderie florale en soie façonnée polychrome.

Galerie des Modes, 30 août 1787

La Révolution française encourage une nouvelle esthétique de la mode qui délaisse les soies raffinées au profit de simples étoffes de coton. Cette veste et cette jupe sont un parfait exemple de cette révolution du vêtement. La jupe est en linon, toile d'une qualité semblable à celle du lin mais faite de coton fin et délicat. La légèreté et la transparence de cette étoffe sont très prisées, de même que des matières voisines comme la percale, la mousseline et la gaze. On voit aussi apparaître à l'époque la redingote avec col à revers, reconvertie par la mode féminine en « redingote à la hussarde ».

Veste et jupe
Vers 1790
France
Veste en brocart de soie rayé rouge et blanc avec boutons couleur argent ; col rabattu ; jupe en linon avec broderie florale en soie façonnée polychrome.

Les épaules et la nuque sont recouvertes d'un fichu fin dont les deux extrémités sont rentrées dans la pièce d'estomac au niveau du décolleté pour créer un élégant effet de pigeonnant ; au XIXe siècle, le fichu sera supplanté par un châle plus large.

▼ Boucle (détail)
Vers 1790
Angleterre
Boucle de métal en forme de médaillon, centre en porcelaine blanche avec dessin de deux oiseaux et cœur transpercé de flèches à l'intérieur d'une couronne de laurier.

▶ Robe à l'anglaise
Vers 1790
Angleterre
Taffetas de soie couleur crème ; compères superposés sur le devant avec boutons ; bordure coordonnée ; dentelle noire sur l'encolure du corsage et aux poignets ; ruban de serrage couleur lie-de-vin aux poignets ; jupe assortie ; fichu autour du cou.

La Guilde des tailleurs, qui existe en France depuis le Moyen-Âge, réglemente strictement le métier. Malgré la création, dans la deuxième moitié du XVIIᵉ siècle, d'une compagnie des «Maîtresses couturières» pour la confection des vêtements de femme, les hommes ont le monopole des costumes de cour féminins et masculins et des corsets. Comme la couture des baleines sur le tissu rigide nécessite des mains solides, les corsets étaient surtout faits par les tailleurs.

◄◄◄ **Corset**
Vers 1760
Brocart de soie bleu pâle à motifs floraux; cordonnet de laçage sur le devant et dans le dos; manches resserrées par des rubans; entièrement baleiné.

◄◄ **Corset d'enfant**
Milieu XVIIIᵉ siècle
États-Unis
Toile de lin beige avec bordure en cuir; entièrement baleiné.

◄ **Corset**
Début XVIIIᵉ siècle
Faille de soie orange avec tresse couleur argent, cordonnet de laçage dans le dos et sur les côtés, poche intérieure centrale sur le devant; entièrement baleiné.

Tout au long du XVIIIᵉ siècle, la silhouette des robes est dessinée par le corset et le panier. Le corset est rigidifié par des baleines qui remontent la poitrine et accentuent les courbes féminines. Apparaissant pour la première fois au début du siècle, le panier demeure un élément indispensable des tenues de cour jusqu'à la Révolution française. Lorsque la jupe s'élargit vers le milieu du siècle, le panier est modifié et divisé en deux parties, droite et gauche. Ces larges paniers font d'ailleurs fréquemment des sujets de caricature.

▶ **Corset, panier, chemise**
Vers 1760–1770, vers 1775, vers 1780
Corset en satin de coton brun rigidifié par 162 baleines intérieures ; panier en chintz de coton avec cerceaux ovales en rotin et rembourrage ; chemise en lin.

◀ *La Vieille Coquette,* détail d'une caricature allemande, vers 1775

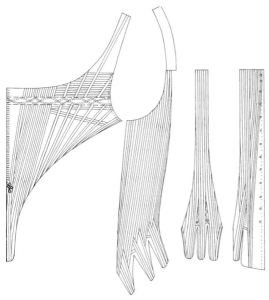

◀ Patron de corset dessiné par le KCI

Pendant la Révolution française, les femmes ne portent plus ni corset ni panier et la mode change radicalement, abandonnant le style rococo pour tendre vers un néo-classicisme plus rigoureux. Vers 1804, les femmes se mettent à porter un nouveau type de corset plus souple et non baleiné, cet accessoire redevenant ainsi indispensable aux garde-robes féminines.

◀◀◀ **Corset**
Vers 1820
Satin de coton blanc; piqûres de ficelle; bretelles découpées; cordonnet de laçage dans le dos avec œillets reprisés à la main.

▾▾ **Brassière**
Début XIXᵉ siècle
Coutil brun; baleiné à la poitrine.

▸▸ **Corset**
Début XIXᵉ siècle
Satin de coton blanc; piqûres de ficelle; bretelles; cordonnet de laçage dans le dos avec œillets métalliques; gousset triangulaire et cordon de serrage sur le décolleté; busc en bois.

◀ **Corset**
Début XIXᵉ siècle
Satin de coton blanc; piqûres de ficelle; bretelles; cordonnet de laçage dans le dos avec œillets reprisés à la main; gousset triangulaire et cordon de serrage sur le décolleté; busc en métal.

La Révolution française éclate en 1789. Pour marquer la fin de l'Ancien Régime et l'avènement d'une ère nouvelle, les révolutionnaires utilisent la mode à des fins de propagande. Ils expriment leur rébellion à travers leurs tenues et ceux qui arborent encore des vêtements de soie extravagants et somptueux sont considérés comme des contre-révolutionnaires. À la place des culottes et des bas de soie, symboles de noblesse, les « sans-culottes » portent de longs pantalons, une veste appelée « carmagnole », un bonnet phrygien, une cocarde tricolore et des sabots, autant d'éléments vestimentaires empruntés aux classes populaires.

▼ Robe à l'anglaise
Fin XVIIIᵉ siècle
Angleterre
Mélange soie et laine brun ; baleiné au milieu du dos ; compères sur le devant ; jupe en taffetas de soie noir matelassé ; fichu en coton brodé.

▼ Cape et jupe
Fin XVIIIᵉ siècle
Cape en laine rouge filée à la main, bordure en peluche (États-Unis) ; jupe en coton blanc matelassé et tissé de motifs de guirlande en laine (France).

▶ Chemise et pantalon d'homme
Fin XVIIIᵉ siècle
France
Chemise en toile de lin blanche ; pantalon en satin de coton beige rayé.

▶▶ Veste et jupe
Années 1790
France
Veste en toile de coton rouge rayée, cordonnet de laçage sur le devant ; jupe en coton de Marseille piqué ; claquettes en cuir, bois et métal.

Au lendemain de la Révolution, le chaos social engendre des modes excentriques, particulièrement chez les jeunes gens, qui affichent un style original, frivole et radical. Sous la Terreur, la faction royaliste des Muscadins proteste contre le nouvel ordre établi en faisant assaut d'excentricité vestimentaire. Dans une veine tout aussi insolite et bizarre, des petits-maîtres appelés les Incroyables apparaissent à l'époque du Directoire. Leurs homologues féminins, les Merveilleuses, portent des robes fines et transparentes sans corset ni panier, un style qui s'éloigne radi-calement de la mode rococo.

▶ **Robe**
Vers 1790–1795
Angleterre
Mousseline des Indes blanche rayée avec broderie couleur argent ; jupe en mousseline des Indes avec broderie couleur argent ; ceinture-écharpe en soie tissée de fils d'argent (Inde).

▶▶ **Robe** *(round gown)*
(Détail page 119)
Vers 1790–1795
Droguet de soie violet à motifs diamant et sequins d'or et d'argent, broderies chenille et polychrome ; plissé étroit dans le dos.

Dans la robe nouvelle manière (dite *round gown* en Angleterre), la taille est remontée jusque sous les seins, le corsage et la jupe étant cousus ensemble pour former un vêtement d'une seule pièce. Cette robe est souvent illustrée dans les gravures de mode de Heideloff dans sa *Gallery of Fashion* (1794–1802, Londres). Pour les coiffures, la mode est aux ornementations de plumes. Ce modèle sera rapidement remplacé par la «robe-chemise» en coton, très portée au début du XIXe siècle.

Gallery of Fashion, janvier 1800

Robe *(round gown)*
Vers 1795–1800
France
Lin blanc avec impressions
d'œillets à la planche ; cordon
de serrage sous les seins et à
la taille.

Robe *(round gown)*
Vers 1795–1800
Angleterre
Toile de coton imprimée brun
foncé ; fichu en mousseline
brodée blanc sur blanc.

Robe *(round gown)*
Vers 1795–1800
Angleterre
Ikat de mousseline des Indes ;
turban en gaze de soie façonnée
de laine et de soie.

Robe *(round gown)*
Vers 1795
Mousseline de coton blanche
brodée de motifs végétaux
bruns et verts en soie ; traîne ;
bouillonné sur le haut du
corsage ; ornementation de
dentelle à l'encolure.

Robe *(round gown)*
Vers 1795
Satin broché de soie rouge;
broderie de soie bleue et jaune
sur l'ourlet; franges et pompons.

Robe *(round gown)*
(Voir aussi page 125)
Vers 1795
Satin broché de soie blanche ; broderies
or et argent, sequins ; nervures sur le
haut du devant ; franges et pompons.

L'ÉLAN DE L'INDUSTRIALISATION
La mode au XIXe siècle

Au XVIIIe siècle, la France est déjà considérée comme le leader mondial de la mode féminine. Cette réputation se consolide au siècle suivant, la France faisant toujours figure d'autorité incontestée dans ce secteur. La mode masculine, jusqu'alors dominée par les Anglais, s'est développée au XVIIIe siècle à la faveur des progrès de l'industrie lainière, des machines textiles et des techniques de coupe. Une double filiation donc, d'où les termes «mode parisienne» et «London tailoring». Au XIXe siècle, le vêtement pour dame ne cesse d'évoluer alors que le costume masculin conserve sa forme de base et ne subit que quelques changements mineurs. En 1789, la Révolution française met fin à l'Ancien Régime. Commence alors l'ascension d'une bourgeoisie fortunée qui laissera sa marque sur la société française tout au long du siècle suivant. L'aristocratie retrouve son lustre sous le Second Empire (1852–1870) et l'impératrice Eugénie, épouse de Napoléon III, s'impose comme la référence incontournable en matière de mode. La structure de classes est de nouveau bouleversée sous la Troisième République (après 1870), et l'élégance se déplace vers de nouveaux cercles. Les riches bourgeoises, les comédiennes et les demi-mondaines tiennent le haut du pavé. Ce sont les meilleures clientes de la «haute couture» dans la seconde moitié du XIXe siècle.

Après 1850, la mode commence à se démocratiser – atteignant même les classes populaires. L'ouverture du premier grand magasin à Paris dans les années 1850 contribue largement à cette expansion. Les acheteurs ont enfin un grand choix d'articles à prix abordables. Les expositions universelles, dont la première se tient à Londres en 1851, les nouveaux moyens de transport comme le train et le navire à vapeur, font connaître des produits inédits et stimulent le commerce international. La multiplication des revues de mode favorise le rayonnement international de la mode parisienne.

Le style Empire et la mode de cour
La mode féminine se transforme radicalement dans les premières années chaotiques de la Révolution. La robe-chemise, ainsi nommée pour sa ressemblance

avec le sous-vêtement, devient la norme. Sa simplicité la démarque nettement des robes rococo de l'Ancien Régime. Les artifices de maintien comme le corset et le panier, qui donnaient aux robes rococo cette ligne si artificielle, sont abandonnés. Les femmes préfèrent porter de fines robes de coton blanches presque transparentes, avec des fonds de robe ou des maillots de couleur chair dessous. La robe-chemise à taille haute, avec son corsage et sa jupe d'une seule pièce, donne une silhouette nette et tubulaire. Marie-Antoinette a porté un prototype de cette robe appelé «chemise à la reine», comme le montre son portrait peint par Élisabeth Vigée-Lebrun (1783). Un autre portrait, *Madame Récamier* (1802, musée Carnavalet, Paris; ill. p. 137) de François Gérard, révèle une évolution progressive vers un style néoclassique marqué par les formes raffinées et géométriques de l'Antiquité gréco-romaine.

Les étoffes translucides comme la mousseline, la gaze et la percale sont privilégiées pour leur simplicité. Elles impliquent également que le vêtement est fait pour draper le corps et non pour le mouler. La robe-chemise est emblématique d'une nouvelle conscience esthétique et des valeurs post-révolutionnaires de la France. Toutefois, le tissu de la robe-chemise étant bien trop fin par les rigoureux hivers européens, on voit de plus en plus de châles en cachemire sur les épaules des frileuses qui veulent rester élégantes. Par ailleurs, des vêtements d'extérieur originaires d'Angleterre, pratiques et coupés sur mesure (le spencer et la redingote), permettent de se protéger du froid. Ils sont très influencés par les uniformes de l'armée napoléonienne, dont les riches décorations symbolisent la puissance de l'Empire. La mode des châles du Cachemire aurait été lancée en 1799, année ou Napoléon en rapporte quelques-uns de sa campagne d'Égypte. Ils sont appréciés pour leurs dessins exotiques et leurs chatoyants coloris, et deviennent rapidement l'accessoire indispensable de la sobre robe-chemise. Ils sont toutefois très onéreux – et assez précieux pour figurer sur les testaments et dans les trousseaux.

À partir des années 1830, toutes les femmes en veulent un et, jusqu'aux années 1840, les grandes manufactures de France et d'Angleterre tournent à plein régime pour répondre à la demande. Lyon fabrique des châles luxueux de qualité supérieure, les imitations moins coûteuses sont tissées et imprimées à la chaîne dans la ville écossaise de Paisley. Le nom de *Paisley* est devenu si célèbre qu'il désigne aujourd'hui le motif de feuilles stylisées des châles en cachemire. Le châle en cachemire reste très en vogue sous le Second Empire: il est alors plus grand et se porte avec les robes à crinoline. Mais la mode finit par passer, avec les consé-quences que l'on devine pour les fabricants.

Après la Révolution, la soie est supplantée par des étoffes de coton venues d'Angleterre et les soieries de Lyon, fleuron de l'industrie française, traversent une période noire. Pour redresser l'économie du pays, Napoléon impose des droits de douane sur les importations d'Angleterre et interdit de porter de la mousseline anglaise, mais sans grands résultats. Après son sacre en 1804, il commence à utiliser le vêtement à des fins politiques. C'est ainsi par exemple qu'il signe une ordonnance imposant le port de vêtements en soie pour les cérémonies officielles. À vrai dire, il ressuscite le style de cour de l'Ancien Régime. La robe de cérémonie et le manteau de cour en soie portés par l'impératrice Joséphine pour le sacre de Napoléon, rendus célèbres par le tableau de Jacques-Louis David (1805–1807, musée du Louvre, Paris ; ill. p. 146), sont exemplaires à cet égard. Le manteau de cour en velours doublé d'hermine symbolise le faste de la Cour de France et prouve que l'Empire a résolument tourné le dos aux idées révolutionnaires. Il s'imposera durablement dans toutes les cours européennes.

Dans la première décennie du XIXe siècle, les toilettes féminines n'évoluent guère, mais après 1810 les jupes commencent à raccourcir. Les vêtements de dessous sont de nouveau très demandés ; l'ancêtre du soutien-gorge, la « brassière », se banalise, à l'instar des corsets souples et non baleinés. Le coton est délaissé et la soie revient en force car on goûte de nouveau au luxe et aux couleurs chatoyantes.

Le style romantique

La taille haute des robes Empire redescend vers une position plus naturelle au milieu des années 1820. Parallèlement, le corset redevient un élément indispensable des toilettes féminines, car la nouvelle mode exige une taille de guêpe. Les jupes, au contraire, s'évasent et raccourcissent pour révéler les chevilles. Des bas aux motifs raffinés sont créés pour couvrir les pieds désormais visibles. Mais l'innovation la plus étonnante est sans doute la fameuse manche « gigot », ballonnante aux épaules et étroite au poignet, qui atteint son volume maximal autour de 1835. Autre caractéristique marquante, le décolleté, qui devient si généreux qu'il faut souvent le recouvrir d'un accessoire quelconque – fichu, cape, berthe ou cache-cœur – dans la journée. Pour équilibrer le volume des manches et le plongeant du décolleté, la coiffure et le chapeau s'élargissent et sont décorés de plumes, fleurs artificielles et bijoux fantaisie.

Les codes vestimentaires sont alors largement influencés par le romantisme, ses univers imaginaires, son goût pour les grandes épopées et l'exotisme. Les romantiques imposent l'image de la femme idéale – forcément une créature délicate et mélancolique. Pour une femme, il est vulgaire d'avoir l'air en trop bonne santé.

La pâleur, en revanche, est très admirée. Le romantisme remet au goût du jour certains détails de robes, coiffes et bijoux en vogue aux XVe et XVIe siècles. Et on écrit force pièces de théâtre dont l'action se situe au Moyen-Âge ou à la Renaissance.

La robe à crinoline

Le style lancé dans les années 1830 tient jusqu'aux années 1840, mais certaines outrances, notamment la manche gigot, passent peu à peu de mode, laissant place à des créations moins fantasques. Reste que les tailles continuent de s'affiner et les jupes de s'élargir. Le gonflant de la jupe est obtenu par la superposition de plusieurs jupons dont le volume limite considérablement les activités des femmes. Mais comme on trouverait inconvenant qu'une femme de la bonne société fasse le moindre effort physique, les toilettes les plus lourdes sont moins considérées comme une contrainte que comme un signe extérieur de richesse. Et les jupes s'allongent, balayant le sol comme pour souligner la chasteté de la femme. Pendant les années 1850, elles sont agrémentées de plusieurs superpositions de volants qui accentuent leur forme conique. Les manches aux épaules bouffantes sont délaissées au profit de lignes plus épurées, avec un peu plus d'ampleur au poignet. Les chapeaux rétrécissent et les femmes portent des petits bonnets ou des capotes qui cachent sagement leur visage. Les tableaux de Jean-Auguste Dominique Ingres offrent de bons témoignages des tendances et des changements de la mode dans la première moitié du XIXe siècle.

À la fin des années 1850, la jupe se transforme radicalement. L'invention de nouveaux matériaux donne naissance à une sorte de jupon à cerceaux, la «crinoline-cage». La crinoline des années 1840 est un jupon composé d'une armature en crin renforcée par un tissage en lin (d'où son nom). Après les années 1850, le terme désigne un jupon rigidifié par des cerceaux en acier ou des baleines, et finit par englober n'importe quelle jupe large dotée de ce type d'armature. Grâce à la crinoline, les jupes prennent une ampleur impressionnante. Les progrès réalisés sur le fil d'acier, les avancées de l'industrie textile et l'utilisation de la machine à coudre sont autant de facteurs qui contribuent à l'élargissement croissant des crinolines.

Le perfectionnement constant du métier à tisser et des procédés de teinture permet de fabriquer toutes sortes de matières pour les jupes. La production s'envole, car la crinoline nécessite d'énormes quantités de tissus. La tournure, qui sera bientôt à la mode, est beaucoup moins ample, mais elle est tellement ornée de rubans et de volants qu'elle exige également beaucoup d'étoffe. Cet engouement est une bonne nouvelle pour les fabricants français, et notamment pour les soyeux de Lyon. Napoléon III soutient l'industrie textile dans le cadre de sa stratégie politique, à la grande satisfaction de la bourgeoisie. Des couturiers célèbres, notamment Charles Frederick Worth, utilisent des soies de Lyon, techniquement plus évoluées et d'un grand raffinement artistique. Du coup, Lyon retrouve sa place de principal fournisseur d'étoffes de la couture parisienne.

La tournure

Dès la fin des années 1860, les jupes prennent du volume vers l'arrière tout en s'aplatissant nettement sur le devant. Un nouveau vêtement de dessous a été lancé sur le marché. Il s'appelle « tournure ». La tournure est un coussinet rigide rembourré de différentes matières et qui se place sur le postérieur. La mode de la tournure dure jusque dans les années 1880, ne subissant que quelques changements mineurs. La silhouette de la robe des années 1880 est illustrée dans un tableau célèbre de Georges Seurat, *Un dimanche après-midi à l'île de la Grande Jatte* (1884–1886, The Art Institute of Chicago ; ill. p. 226/227), qui représente des promeneurs anonymes à la campagne. On voit que la tournure est également portée dans les classes populaires. Au Japon, elle est appelée *Rokumei-kan,* d'après le nom d'un lieu de festivals et de galas qui a beaucoup contribué à l'occidentalisation de Tokyo à l'époque de la restauration Meiji (1867–1912).

Après 1850, la plupart des robes se composent de deux pièces distinctes, un corsage et une jupe ; avec la fin du siècle, on assiste au retour des ornements et des détails. Les robes sont surchargées jusque dans leurs moindres replis de toutes sortes de détails compliqués qui finissent par engoncer totalement la silhouette. Seule exception à la règle, une robe d'une seule pièce laissant deviner les lignes du corps est créée au début des années 1870. Elle est baptisée « robe princesse » en l'honneur de la princesse Alexandra (1844–1925), future reine d'Angleterre.

Vers la fin du siècle, les coiffures de prédilection sont les chignons volumineux. Les coiffes, quasiment obligatoires tout au long du siècle, se transforment en petits chapeaux à bords étroits qui laissent voir ces coiffures très élaborées. Les toques à bords presque invisibles deviennent très à la mode pour cette raison.

La silhouette en S

La Belle Époque, qui commence à la fin du XIXe siècle pour s'achever avec la Première Guerre mondiale, est celle d'un joyeux abandon et d'une immense joie de vivre. Un nouveau siècle s'ouvre, et tous les espoirs sont permis. La mode féminine est galvanisée par cette atmosphère fébrile. Le vêtement du XIXe siècle, artificiellement façonné par les sous-vêtements de maintien, n'est plus de mise. On veut des formes plus naturelles. Ce moment charnière de la mode féminine a été très bien rendu par Marcel Proust dans *À la recherche du temps perdu*. La silhouette en S et le tailleur pour femme sont les grandes nouveautés de l'époque. Taille ultra-fine, accentuée par une poitrine généreuse soulevée vers l'avant et une croupe saillante sont les trois impératifs de la silhouette en S, et les fabricants de lingerie créent différents modèles de corsets qui sculptent le corps en conséquence. La silhouette en S évoque les lignes souples et organiques de l'Art nouveau. Les contours sinueux de la jupe-cloche et de la traîne rappellent le motif floral si cher aux artistes Art nouveau. L'originalité du nouveau style s'exprime avec éclat dans les arts décoratifs, en particulier les accessoires féminins et les bijoux, innovants et d'excellente qualité.

Avant le XIXe siècle, les cavalières portaient déjà des tailleurs appelés «amazones» dont certains éléments sont empruntés aux vêtements masculins. Les tailleurs pour le sport et le voyage font véritablement leur apparition dans la deuxième moitié du siècle et, au début du XXe siècle, ils ne surprennent plus personne.

Les tailleurs féminins de l'époque se composent d'une veste et d'une jupe, toujours portées avec un chemisier. Du coup, le chemisier devient un vêtement de base. Grâce aux «Gibson girls» du dessinateur américain Charles Dana Gibson (1867–1944), il devient tout à fait familier.

Malgré ce grand mouvement de simplification et de mise en valeur de la silhouette naturelle, les gigantesques manches gigot font un retour éphémère dans les années 1890, pour disparaître autour de 1900. Les chapeaux s'élargissent pour recevoir toutes sortes d'ornements extravagants, et jusqu'à des oiseaux empaillés. Cette mode durera jusqu'au début du XXe siècle.

L'essor de la lingerie

Vers la fin du XIXe siècle, grâce aux progrès de l'industrialisation, le vêtement n'est plus une denrée rare. Heureusement pourrait-on ajouter, car l'étiquette vestimentaire est très stricte: les femmes doivent se changer sept à huit fois par jour. Ainsi, il y a une robe pour chaque occasion : robe du matin, robe d'après-midi, robe de réception, robe du soir (pour le théâtre), robe de bal, robe de dîner, robe d'intérieur (avant d'aller se coucher) et enfin, chemise de nuit.

Mais il faut beaucoup de lingerie pour donner du volume à ces nouvelles robes. Outre des chemises, on vend des culottes et des jupons ; tout ce linge est très joliment décoré. Les vêtements de dessous s'évertuent à suivre une mode qui ne cesse de changer. De nouveaux modèles de crinolines, de tournures et de corsets

– éléments ô combien indispensables à la silhouette sculpturale du XIXe siècle – arrivent sur le marché. Beaucoup sont brevetés. L'acier devient un matériau de plus en plus perfectionné et du coup, les crinolines et les tournures deviennent encore plus sophistiquées. Des fils et des ressorts en acier viennent renforcer les supports habituels en tissu, crin, baleines, bambou ou rotin. En 1829, avec l'invention des œillets en acier, les corsets peuvent être serrés encore plus impitoyablement. Jusqu'au début du XXe siècle, les femmes estimeront ne pas pouvoir s'en passer.

Confection et haute couture

L'industrie textile avance à pas de géant tout au long du XIXe siècle. Il y a d'abord la mécanisation de l'impression et le perfectionnement du matériel de filature et de tissage. L'invention de l'aniline (1856), premier colorant synthétique, élargit la palette de couleurs disponible pour l'habillement. Les bleus, les mauves vifs et les rouges profonds produits par l'aniline sont si originaux que la clientèle bourgeoise les adopte immédiatement. Dans sa version perfectionnée par l'Américain Isaac Merrit Singer en 1851, la machine à coudre s'avère extrêmement performante et s'impose dans l'industrie de la confection. Avec tous ces facteurs convergents, l'étape suivante est forcément celle du prêt-à-porter. Aux États-Unis, le secteur de la confection industrielle a dû se moderniser à toute allure pendant la guerre de Sécession pour faire face à la demande en uniformes militaires. En France, les premiers vêtements sortis des manufactures, baptisés «confection», sont certes bon marché, mais leurs tailles sont extrêmement imprécises.

Pendant que les grandes usines de confection fabriquent des vêtements féminins simples et fonctionnels, la haute couture reste positionnée dans le haut de gamme, avec d'excellents résultats. Le couturier anglais Charles Frederick Worth définit les bases de la haute couture telle qu'elle existe encore aujourd'hui. Il ouvre sa maison à Paris en 1857 et présente une nouvelle collection chaque saison. Autre révolution, il fait défiler des mannequins, du jamais vu qui changera pour toujours le mode de présentation des collections. Avec Worth, le business de la mode est né, et les couturiers peuvent vendre la même création à plusieurs clientes.

Vêtements de sport et de loisirs

Dans la seconde moitié du siècle, les conditions de vie pour certaines personnes issues de couches sociales privilégiées se sont tellement améliorées qu'elles profitent désormais davantage des loisirs. Avec la modernisation des transports en commun, les citadins sont de plus en plus nombreux à partir en villégiature pour échapper aux rigueurs de l'hiver ou aux canicules estivales. Le sport se démocratise. C'est à cette époque qu'on voit les premiers blazers et costumes trois-pièces pour homme – des tenues alors réservées au voyage et au sport. Les tenues d'équitation, de chasse ou de tennis pour dame sont assez pratiques mais peu différentes des tenues de ville. Bien que les bains de mer soient recommandés pour des raisons d'hygiène, les femmes doivent se contenter de fôlatrer à la lisière des vagues et s'aventurent rarement dans la mer. Leurs costumes de bain sont censés être à la fois des tenues de sport et de plage. Dans les années 1870, on trouve enfin des maillots plus pratiques, composés d'un haut et d'un pantalon.

À la fin du siècle, les jupes raccourcissent pour s'adapter à des sports comme le golf ou le ski, qui sont alors très prisés. On voit les premiers pulls de sport en tricot ; la veste d'homme appelée «Norfolk» est adaptée en tenue de chasse pour dame. La reine Victoria commence à porter des tartans écossais, et les Parisiennes à la page se prennent de passion pour cette étoffe solide, originale et gaie. Dans les années 1880, les femmes ont enfin le droit de porter le bloomer, sorte de jupe-culotte bouffante, pour faire de la bicyclette. L'arrivée du bloomer – du nom de la féministe Amelia Jenks Bloomer qui s'en fit la propagandiste dès le milieu du siècle – coïncide avec les premières campagnes d'émancipation des femmes.

Le japonisme et la mode parisienne

Le Japon s'ouvre au commerce international en 1854 et suscite très rapidement un intérêt passionné en Europe. Le «japonisme» marquera l'époque du début des années 1880 à 1920 environ. Son influence sur la mode se manifeste de différentes manières. Il y a d'abord l'adoption pure et simple du kimono japonais porté comme robe de chambre, et l'utilisation de son étoffe pour la confection de robes de tradition occidentale. Il existe encore de beaux spécimens de robes à crinoline refaçonnées à partir d'un *kosode* (kimono d'intérieur). Par ailleurs les motifs japonais sont adaptés et appliqués aux textiles européens. C'est ainsi qu'on retrouve sur les soieries lyonnaises de cette époque des motifs japonais de plantes, de petits animaux, voire d'armoiries familiales. Au début du XXᵉ siècle, Auguste Renoir portraiture sa *Madame Hériot* (1882, Hamburger Kunsthalle, Hambourg ; ill. p. 256) dans un kimono-robe d'intérieur. Le kimono finira par s'occidentaliser totalement. Il s'est tellement banalisé qu'il est quasiment devenu synonyme de robe de chambre. Reste que, avec ses lignes strictes et sa construction bi-dimensionnelle, le kimono de la grande tradition aura une influence profonde et durable sur toute la mode du XXᵉ siècle.

Miki Iwagami, maître de conférence au Sugino Fashion College

François Gérard
Madame Récamier, 1802
Musée Carnavalet, Paris

Robe
Vers 1810
Robe en mousseline de coton
blanche ; bords brodés de laine
rouge ; châle en gaze de soie de
Spitalfields pourpre.

A la fin du XVIIIe siècle, l'idée de retour à la nature gagne encore du terrain sous l'influence du néoclassicisme et dans le sillage de la Révolution française de 1789. Du coup, les modes vestimentaires évoluent ; des vêtements simples d'un style radicalement nouveau font paraître démodés l'artificialité et l'extravagance qui caractérisaient jusqu'alors la mode de la cour. Au début du XIXe siècle, la robe-chemise en mousseline blanche transparente et à taille haute, qui évoque les drapés des statues gréco-romaines de l'Antiquité, remporte un franc succès. Elle révèle davantage le corps que toute autre mode antérieure, et traduit une nouvelle conception, plus moderne, du corps de la femme. Cependant, après la brève parenthèse de liberté représentée par la robe-chemise, les femmes connaîtront de nouveau la dictature du corset pendant une centaine d'années. C'est pourquoi la robe-chemise, malgré son éphémère existence, occupe une place unique dans l'histoire de la mode féminine.

Robe
Vers 1802
Robe en mousseline de coton blanche avec traîne ; broderie florale sur le pan frontal et l'ourlet ; ouvrage à fils tirés sur le devant au centre, sur les manches et le décolleté.

Robe
Vers 1800
Robe en gaze de coton blanche
brodée de bouquets sur le devant
du corsage et l'ourlet.

De gauche à droite, 1–5

1. Robe
Vers 1810
Robe en mousseline de coton blanche
brodée de petites fleurs en fils d'or et
de soie.

2. Robe
Vers 1810
Robe en crêpe de soie jaune avec
traîne; broderie chenille de fleurs;
écharpe en crêpe de soie jaune avec
broderie chenille et frange; sac en
velours beige peint de fleurs et de motifs
architecturaux classiques, bandoulière
en cordonnet doré.

3. Robe
Vers 1803
Robe en mousseline de coton blanche
avec traîne; broderie sur l'ourlet et le
devant du corsage; châle en soie sergée
bleue avec broderies chenille et florales,
frange.

4. Robe d'enfant
Vers 1810
Gaze de coton blanche à pois brodés.

5. Robe
Vers 1802
Robe en mousseline avec traîne; motifs
floraux brodés blanc sur blanc; châle en
tricot de soie noir.

De gauche à droite, 1–6

1. Robe
Vers 1800
Robe en gaze de coton blanche brodée
de bouquets sur le devant du corsage
et l'ourlet.

2. Robe
Vers 1805
Robe en mousseline de coton avec
traîne ; petites fleurs brodées blanc
sur blanc ; fichu en mousseline de lin
blanche avec broderie multicolore, longs
pans tombant des épaules.

3. Robe
Vers 1810
Mousseline de coton blanche perlée ;
robe Empire d'une seule pièce ; châle en
gaze de lin beige avec broderie turque
en fils d'or et d'argent, décorations
métalliques aux quatre coins.

4. Robe
Vers 1800
Robe en mousseline rayée avec traîne ;
motifs floraux brodés blanc sur blanc ;
châle en crêpe de soie rouge tissé de
motifs floraux ; sac en satin de soie blanc
avec broderie chenille et pompons.

5. Robe
Vers 1805
Mousseline de coton blanche avec
broderie rouge, bleu et argent ; robe
Empire d'une seule pièce avec traîne
et jupon.

6. Robe
Vers 1810
Robe en mousseline de coton blanche ;
bords brodés de laine rouge ; châle en
gaze de soie pourpre de Spitalfields à
motifs floraux.

► **Robe**
Vers 1803
Robe en taffetas de soie jaune ;
châle en tulle de soie noire avec
broderies florales multicolores,
frange.

◄ **Robe**
(Détail de page 142, n° 1)

Jacques-Louis David
Le Sacre de Napoléon, 2 décembre 1804
(Détail), 1805–1807
Musée du Louvre, Paris

Robe d'apparat
Vers 1805
Soie façonnée blanche ; rayures avec
motifs de fleurs en fils métalliques
argentés ; robe avec traîne ; châle
en dentelle de coton à petits motifs
floraux.

La fin du XVIIIᵉ siècle est une époque
de transition entre l'extravagante robe
en soie et la sobre robe-chemise en
coton blanc. La vague d'anglomanie met
à la mode les simples étoffes de coton,
ce qui nuit gravement aux soieries
de Lyon, force vive de l'économie
française. Pour soutenir l'industrie,
Napoléon prend un décret impérial
imposant aux hommes comme aux
femmes le port de vêtements en soie aux
cérémonies officielles et tout le monde
est encouragé à se vêtir de soie pour
paraître à la Cour. Ces deux robes font
ressortir l'éclatante et élégante beauté
des fines étoffes de soie.

Robe d'apparat
Vers 1805
Soie façonnée avec motifs de feuillage ;
robe avec traîne ; châle en gaze de soie
blanche tissée de motifs floraux en gaze
de soie, frange de fils.

En 1802, Napoléon Bonaparte devient l'empereur Napoléon Ier. Dès lors, le costume va devenir un outil de propagande. L'Empire a besoin de symboles et d'apparat, d'où le retour en force des somptueuses tenues de cour de l'Ancien régime. La robe Empire et le manteau de l'impératrice Joséphine sont reproduits avec minutie dans un célébrissime tableau de J-L. David, *Le Sacre de Napoléon* (1805–1807). Symbole de grandeur et d'autorité, le manteau de cour s'impose dans toutes les cours d'Europe. Ce manteau d'une suprême élégance fut porté à la cour du roi Fernand VII d'Espagne (1784–1833).

Robe d'apparat
Milieu des années 1820
Robe en satin de soie blanc avec tulle de soie brodé de fils d'or ; manches bouffantes ; deux volants sur l'ourlet de la jupe ; robe de dessous en georgette de soie ; partant de la taille, traîne en taffetas rouge brodée d'or avec ourlet festonné.

Les tenues d'équitation destinées aux femmes sont appelées «amazones», par allusion aux guerrières de la mythologie grecque. Elles rappellent celles des hommes, si ce n'est que les femmes ne sont pas autorisées à monter en écuyère et doivent tout de même porter une jupe et garder les deux jambes du même côté de la selle. La tenue d'équitation pour dame présentée à droite et page 151 est typique du début du XIXe siècle. Le style de la veste ajustée s'inspire des vestes d'homme. La jupe est très longue afin de ne pas dévoiler les jambes de la cavalière en amazone.

Page 150 à gauche
Veste d'homme (frac) et culottes
Vers 1815
Frac en broadcloth de laine bleu marine avec basques, ourlet frontal coupé à la verticale ; culottes en daim beige.

Page 150 à droite
Veste de chasse (spencer) et jupe
Vers 1815
Spencer en broadcloth bleu marine ; jupe en linon de coton blanc avec ruban assorti et incrustation de mousseline de coton.

Page 151 et détail page 153
Tenue d'équitation
Vers 1810
Broadcloth de laine noir ; veste de style tailleur et jupe d'une longueur appropriée pour monter à cheval.

Soucieux d'asseoir son empire et de renforcer ses effectifs militaires, Napoléon commande un uniforme qui plaira au plus grand nombre et attirera de nouvelles recrues dans l'armée. L'uniforme des hussards (des cavaliers hongrois à l'origine), inspire le style dit « à la hussarde ». Deux éléments de l'uniforme des hussards – spencer et boutonnières à brandebourgs sur le devant de la redingote – sont particulièrement à la mode. Les mamelouks, cavaliers égyptiens intégrés à l'armée napoléonienne, inspirent les très populaires « manches à la mamelouk », faites de ballonnements successifs. Les toilettes féminines présentées dans les pages qui suivent témoignent de l'influence des uniformes militaires.

Auguste Boyer
Copie d'après Antoine-Jean Gros
Le Général de Lasalle, 1806
Châteaux de Versailles et Trianon,
Versailles

La fine robe-chemise en
mousseline offrant peu de
protection contre les rigueurs
de l'hiver européen, la mode
du châle en cachemire et du
spencer s'impose rapidement.
Ces vêtements chauds protègent
évidemment du froid, mais ils
sont aussi appréciés pour leur
qualités esthétiques. Le spencer
de style anglais est à la mode
des années 1790 aux années
1820. Veste très courte dont les
manches longues et ajustées
recouvrent les mains, le spencer
doit son nom à l'Anglais Earl
Spencer (1758–1834), qui fut
le premier à le porter. C'est à
l'origine un vêtement d'homme,
mais les femmes sont vite
séduites par son côté pratique.

◄◄◄ Spencer et jupe

Vers 1815

Spencer en velours coupé rouge
avec passepoil et boutons revêtus à
la hussarde; jupe en toile de coton
blanche; bouillonné sur l'ourlet.

◄◄ Robe

(Détail page 155)
Vers 1815
Robe deux-pièces en linon de coton
blanc; veste avec tresse et pompons à la
hussarde; jupe avec broderie de ficelles
et triple volant sur la partie inférieure;
broderie, falbalas et décorations de
petites balles sur l'ensemble.

◄ Redingote (à la hussarde)

Vers 1815
Toile de coton blanche; passepoil
brandebourg et pompons à la hussarde;
sac en filet métallique avec fermoir en
argent.

Journal des Dames et des Modes, 1814

Vers 1725, le manteau d'équitation des aristocrates anglais arrive en France, où il est porté comme coupe-vent et manteau de chasse imperméable. Plus tard, le modèle sera repris par l'armée. Le *riding coat* des Anglais, littéralement «manteau d'équitation», devenu «redingote» chez les Français, est largement porté à la fin du XVIIIe siècle. En France, les modes masculines sont très influencées par la mode anglaise et les modes féminines par le style fonctionnel et pratique des uniformes militaires, mais aucune ne dure très longtemps. Jusqu'à la fin du XIXe siècle, la silhouette des toilettes féminines changera constamment en fonction de la coupe des vêtements de dessous – le pratique et le fonctionnel ne seront remis à l'honneur que dans les toutes dernières années du siècle.

◄ **Redingote**

Vers 1810

Redingote en flanelle rouge avec
tresses et boutons brandebourgs
revêtus ; sac en velours beige,
fleurs et paysages peints à la
main, bandoulière en chaîne ;
manchon et palatine en duvet
de cygne.

◄◄ **Robe**

Vers 1810

Robe en toile mélangée coton
et laine beige ; tresses et franges à
la hussarde sur le corsage ; châle
en laine avec bordure florale et
frange buta, fabriqué en France ;
sac en maroquin et faces en
écaille.

Tous les sacs à main présentés ici sont des
« réticules », terme désignant des petits sacs
à bandoulière. De la fin du XVIIIᵉ au début
du XIXᵉ siècle, les jupes larges et volumineuses
évoluent vers le style Empire, plus proche du corps,
qui évoque la forme des colonnes grecques. La
poche qui se portait à l'intérieur de la robe entre
la jupe et le manteau disparaît donc, remplacée
par le petit sac porté à la main. L'ananas (à droite)
est une spécialité de la Martinique d'où est
originaire l'impératrice Joséphine ; ces créations
exotiques sont très à la mode à l'époque.

Réticule
1810–1815
Satin de soie blanc brodé d'un panier
de fleurs multicolores ; garniture de
franges et pompons.

Réticule
Vers 1800
Tricot de soie jaune et vert ; sac en forme
d'ananas, décoré de perles d'argent et de
pompons.

Réticule
Début XIXᵉ siècle
Tricot de soie or et vert à carreaux ;
médaillon à motif architectural ;
pompons.

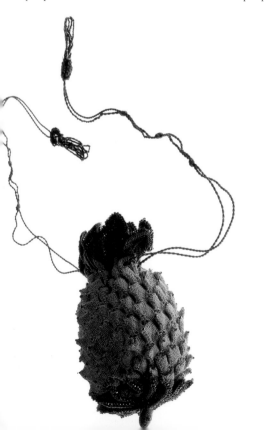

Robe de jour
Vers 1820
Taffetas de soie rayé brun
et bleu; ensemble spencer et
robe; côtes en taffetas de soie
et bouffants sur le décolleté du
spencer; ceinture assortie; quatre
volants au bas de la robe.

Pages 164/165
Dans les années 1820, la taille retrouve
sa place normale. Avec le retour de
la taille de guêpe, le corset redevient
un élément essentiel des toilettes
féminines. Les épaules et les décolletés
sont abaissés et la jupe retrouve du
gonflant, s'évasant en forme de cloche
dans les années 1830. Les soies douces
et fines sont très prisées. Agrémenté de
volants, le bas des jupes est également
rembourré pour lester la jupe et définir
le tombé. Après avoir étudié sous la
direction de Jacques-Louis David,
Jean-Auguste Dominique Ingres peint
avec une grande justesse de nombreux
portraits de la bourgeoisie, nouvelle
classe au pouvoir. Des détails tels
que la forme délicate du décolleté et
la rondeur des épaules, dessinés en
lignes douces, expriment avec fidélité
l'élégance des femmes de cette époque.

Journal des Dames et des Modes, 1817

1817.   Costume Parisien.

(1653.)

Chapeau Bouillonné. Volans pareils à la Robe.

Page 164
Robe du soir
Vers 1826
Organdi de soie jaune tissé de motifs
floraux ; ornement en satin de soie
sur le décolleté et l'ourlet des manches
ballon ; col en tulle de soie et satin ;
rembourrage en satin de soie et volant
au bas de la jupe.

Page 165
Robe de jour
Vers 1822
Organdi de soie blanc à rayures
jaunes en satin de soie ; bouffants en
mousseline de soie et rembourrage
en satin de soie au bas de la jupe.

À partir des années 1820, les manches gagnent du volume pour atteindre leur ampleur maximale dans les années 1830. On les baptise manches «gigot» car leur forme rappelle celle d'une cuisse de mouton. C'est d'ailleurs ainsi qu'on les appelle en Angleterre *(leg-of-mutton)*. Au XIXe siècle, la ligne des costumes féminins subit de profonds changements. Les femmes veulent s'extraire de leur matérialité physique et devenir des êtres éthérés. Elles s'en remettent d'abord au bouffant de la manche gigot avant de rechercher le même effet dans les jupes à crinolines et à tournures. Les manches ne retrouveront toute leur ampleur que vers la fin du siècle.

◄ **Robe de jour**
Vers 1826
Taffetas de soie imprimé de rayures vertes et jaunes ; manches bouffantes en taffetas de soie vert ; appliqués en forme de feuilles et bordures en relief au bas de la jupe ; nœuds aux épaules.

► **Sac**
Années 1820
Sac en soie rayée brun et bleu ; soufflets à la base ; sequins ; bandoulière en ruban.

Le romantisme naît avec le XIXᵉ siècle. L'univers onirique de la chevalerie médiévale et des contes de fées apporte le réconfort refusé par les réalités de la vie. Les artistes – les poètes Byron et Keats, les compositeurs Schumann et Chopin et des peintres comme Delacroix – exaltent le sentiment et l'ivresse du tragique qui donneront la tonalité générale de l'époque. Délicatesse et mélancolie sont les maîtres mots de l'idéal féminin. L'objet de passion rêvé est la femme soumise. Les pièces de théâtre inspirées par le Moyen-Âge sont portées aux nues, et leurs costumes de scène influencent la mode féminine. Le décolleté très ouvert, les manches gigot, la taille fine et la jupe évasée en cloche reviennent en force.

◄ **Robe de jour**
(Voir aussi page 171)
Vers 1838
Gaze rouge en mélange soie et laine, avec passepoil en satin de soie ; boutons revêtus de tissu sur le corsage et les manches ; manches gigot ; plis décoratifs et incrustation de dentelle Chantilly aux épaules.

Page 170
Robe de jour
Vers 1833
Coton imprimé de motifs floraux géométriques ; robe d'une seule pièce ; manches gigot ; cape et ceinture coordonnées.

La popularité de l'indienne, tissu hautement apprécié au XVIIᵉ siècle, favorise le développement sur le continent européen d'une industrie déjà florissante en Angleterre depuis le début de la révolution industrielle : l'impression sur étoffe. Au milieu des années 1830, les robes en tissu imprimé, notamment l'indienne, conquièrent les élégantes. Cette robe illustre le style romantique des années 1830. Les motifs de fleurs et de framboises rehaussent l'élégance de l'indienne.

Robe de jour
Vers 1835
Robe en indienne ; fond blanc imprimé de motifs de fleurs et de framboises ; manches gigot ; fronces aux épaules et sur le devant du corsage.

Dans les années 1830, les femmes se mettent à porter des fichus et toutes sortes de capes, dont des pèlerines. Soulignant le bouffant des manches gigot, les capes et fichus couvrent le décolleté avec un effet de transparence. Ainsi accentuée, la ligne des épaules affine la taille. Comme on le voit sur cette robe, les manches gagnent encore du volume, les jupes continuent de gonfler, et il est fait grand usage de matières délicates – mousselines aux tons pastel et organdis transparents. De nombreuses superpositions de jupons maintiennent le volume de la jupe.

Robe de jour
Vers 1837
Toile de coton blanche tissée de motifs à carreaux ; broderies de feuillage ; manches gigot ; fronces aux épaules, en haut des manches.

L'éventail aurait été rapporté d'Orient aux XVᵉ et XVIᵉ siècles avant de devenir un objet familier en Europe. Au XVIIᵉ siècle, l'Europe se met elle aussi à la fabrication des éventails (essentiellement à Paris), dont les élégantes ne peuvent plus se passer. Outre son usage évident, l'éventail est la note de sophistication qui complète la toilette.

◄◄ **Robe de jour**
Vers 1838
Taffetas de soie mordoré tissé de motifs géométriques ; châle assorti ; manches gigot ; plis sur le devant du corsage et le haut des manches.

◄ **Robe de jour**
Vers 1835
Soie mordorée tissée de motifs à carreaux ; manches gigot.

► **Éventail**
Années 1820–1830
Écaille dorée ; motifs de style gothique ; vingt-cinq branches.

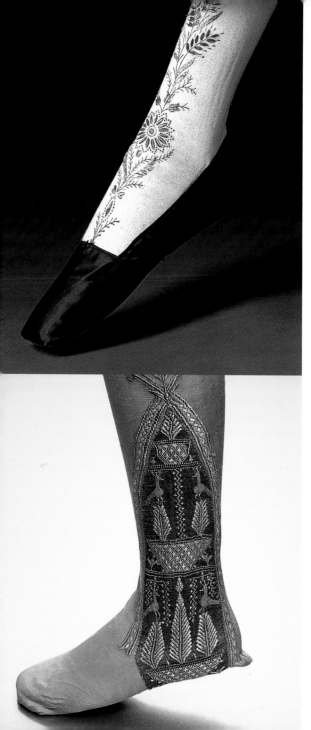

Les souliers à talons plats de l'époque Empire resteront à la mode jusqu'à l'ère romantique. Pour assortir les souliers au style de la robe, on utilise des matériaux légers et délicats sans se préoccuper de leur résistance à l'usure – les femmes de la haute société ne se déplacent guère à pied. Lorsque la mode des robes translucides et plus courtes fait son apparition, les femmes portent souvent des bas décorés de broderies autour de la cheville.

► **Bas**
Années 1830
Tricot de coton blanc; broderie en fils de soie sur impression de motifs floraux du cou-de-pied à la cheville.

◄ **Bas**
Début XIXe siècle
Angleterre
Tricot de soie jaune brodé de motifs néo-classiques sur le côté.

► **Souliers**
Années 1830
Souliers en tresses de paille et de crin; garnis d'un ruban en soie et d'une cocarde; doublure en taffetas de soie.

La taille haute, à la mode depuis la fin du XVIIIᵉ siècle, redescend vers sa position naturelle au milieu des années 1820. Il faut donc montrer une taille très fine, ce qui exige une fois de plus le port du corset. La fameuse taille de guêpe devient une obsession et le corset, tout en changeant de matières et de formes, emprisonnera le corps des femmes de plus en plus étroitement jusqu'au début du XXᵉ siècle. Les corsets présentés ici ont été portés dans les années 1820, au moment où la taille fine fait son grand retour. D'une texture douce, ils ne compriment pas trop la taille une fois lacés. Les coussinets présentés en bas à droite se portent sous les manches gigot afin d'en préserver tout le bouffant.

À gauche et en haut à droite
Corset, chemise et culotte
Années 1820
Corset en satin de coton blanc matelassé, busc souple et baleines (tour de poitrine : env. 80 cm ; tour de taille : env. 49 cm) ; chemise et culotte en lin blanc.

▶ **Corset, chemise, jupon et coussinets**
Années 1830
Corset en satin de coton blanc piqué de ficelle avec broderies ; chemise en coton blanc ; jupon en lin ; coussinets en chintz de coton rembourrés de duvet.

Mitaines
Années 1830
Tricot de soie noir imitation
dentelle, brodé de perles en
métal.

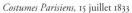

Costumes Parisiens, 15 juillet 1833

À l'époque du romantisme, les robes de femmes sont souvent coupées dans des étoffes à petites fleurs imprimées. Grâce aux progrès accélérés des techniques d'impression, les motifs multicolores qui ne pouvaient être obtenus qu'avec la soie tissée sont désormais réalisables avec une méthode d'impression moins onéreuse. Mieux adaptée aux petits motifs, l'impression au rouleau remplace progressivement l'impression à la planche. La méthode Perrotine inventée en 1834 permet de fabriquer à l'échelle industrielle des tissus délicatement imprimés de tout petits motifs. Ces tissus, d'un prix abordable, sont aussi appréciés pour une autre raison : ils dissimulent les petites taches et les éventuels défauts de confection.

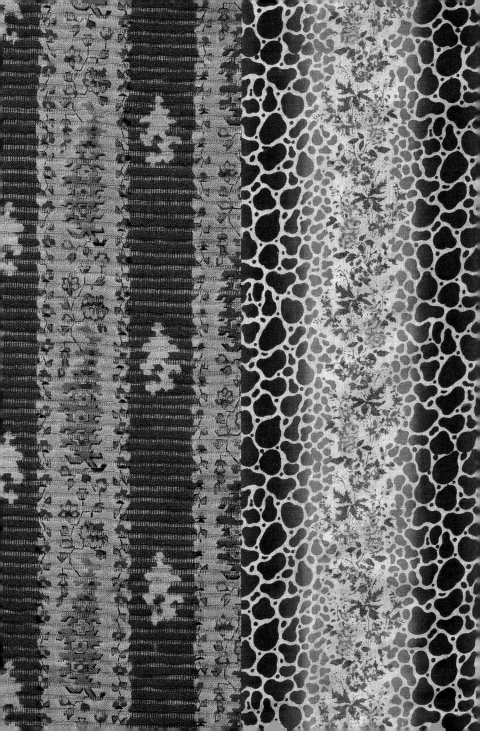

Pages 182/183
Tissus de robes imprimées
(détails)

1. Vers 1845
Toile de coton imprimée.
2. Vers 1840
Toile de coton imprimée.
3. Années 1840
Mélange laine et soie avec
impressions imitation dentelle.
4. Années 1840
Toile de coton imprimée.

Pages 184/185
Robe de jour
Vers 1845
Robe en taffetas de soie rayé
bleu et violet, portée sur une
crinoline ; smocks sur le devant
du corsage, deux volants aux
épaules.

Le terme « dandy » est utilisé
pour la première fois au début
du XIXᵉ siècle pour désigner les
jeunes Anglais qui se piquent
d'une suprême élégance.
Avec la Restauration de 1815,
les aristocrates qui s'étaient
exilés en Angleterre rentrent à
Paris ; ils apportent avec eux le
dandysme, ses raffinements et ses
manières. Leurs vêtements ont
la simplicité et la fonctionnalité
de la mode anglaise. Mais pour
être absolument sans défaut, ils
doivent impérativement être faits
sur mesures – dans les plus belles
étoffes, évidemment – par les
meilleurs tailleurs. L'harmonie
des couleurs et la coupe impec-
cablement adaptée à la silhouette
hissent ce costume de dandy des
années 1830 au rang d'une œuvre
d'art.

Pages 186/187
Costume pour homme
Années 1830
Jaquette en broadcloth de laine
marron foncé avec col en velours;
gilet en satin de soie noir avec
motifs floraux en velours coupé;
pantalon en twill de coton à
carreaux; écharpe en pongé de soie.

Jusqu'au XVIIIᵉ siècle, le «vêtement
pour enfant» n'existe pas. L'enfant
étant considéré comme un adulte
miniature, ses vêtements sont
de simples modèles réduits de
ceux de ses parents. Les premiers
modèles de vêtements d'enfant à
la fois pratiques et confortables
apparaissent à la fin du XVIIIᵉ
siècle, dans le sillage du «retour
à la nature» prôné par Jean-
Jacques Rousseau. Pourtant, la
mode féminine exerce toujours
une influence marquante dans ce
domaine.

◀ **Robe de jour**
Vers 1850
Robe en taffetas de soie à carreaux
verts et blancs; portée sur une
crinoline; jupe à cinq volants
aux bords festonnés.

▶ **Robe de fillette**
1845–1849
Mousseline de coton blanche avec
broderies; portée sur une crinoline;
jupe à triple volant.

▶▶ **Robe de jour**
Vers 1855
Robe en organdi blanc mélangé soie
et laine avec impressions; portée sur
une crinoline; jupe à double volant
avec motifs sur les bords; manches
pagode avec franges.

Au milieu du XIXᵉ siècle, les petites filles portent encore des crinolines qui, comme celles de leurs mères, prennent progressivement des proportions démesurées. Dans les années 1850, femmes et fillettes portent des jupes agrémentées de plusieurs couches de volants horizontaux qui en accentuent la forme en cloche.

◄ **Robe du soir**
Début des années 1850
Brocart de taffetas de soie bleu clair tissé de motifs de roses ; robe portée sur une crinoline ; devant du corsage décoré de satin de soie et de tulle ; jupe à triple volant à bords festonnés.

► **Robe de jour**
Vers 1855
Brocart de taffetas de soie gris argenté tissé de motifs de dentelle couleur argent et de fleurs ; robe portée sur une crinoline ; franges sur l'ourlet du corsage et manches pagode à double volant ; dentelle blanche au col ; jupe à double volant.

Le peintre Ingres est plébiscité
pour ses portraits qui rendent
avec acuité la personnalité et
le rang social de ses modèles.
Ses clients appartiennent à
cette nouvelle haute bourgeoisie
dont le train de vie et les garde-
robes somptuaires défraient
la chronique.

Robe du soir
Vers 1855
Gaze couleur crème en mélange
de laine et soie à impressions
florales ; jupe à triple volant
portée sur une crinoline.

▶ **Jean-Auguste Dominique
Ingres**
Madame Moitessier (détail), 1856
National Gallery, Londres

Avec l'invention du jupon renforcé de crin, la «crinoline», le superposage d'innombrables jupons ne s'impose plus. Vers la fin des années 1850 apparaît la crinoline-cage, garnie de plusieurs cerceaux métalliques et de baleines. Ce modèle étant plus facile à enfiler et à retirer, les jupes ne cessent de s'élargir pour atteindre leur envergure maximale dans les années 1860. D'une démesure croissante, la crinoline-cage entrave la marche et le passage des portes; comme elle complique beaucoup la vie quotidienne des femmes, elle est de plus en plus critiquée et moquée dans les magazines de l'époque.

◄ **Robe du jour**
Vers 1858
Robe en taffetas de soie bleu marine à rayures en velours coupé, portée sur une crinoline.

► **Robe du jour**
Vers 1850
Robe en toile de laine à carreaux verts et beiges portée sur une crinoline; manches pagode; garnie de rubans en taffetas de soie.

►► **Robe du jour**
Vers 1850
Robe en mélange laine et soie tissé de barège rayé bleu et blanc, portée sur une crinoline; manches pagode avec franges; cinq plis horizontaux cousus sur la jupe.

Importé en Europe occidentale
vers la fin du XVIIIe siècle, le
châle en cachemire est très prisé
au début du XIXe siècle pour
sa rareté et son exotisme, mais
aussi pour son côté pratique, car
il s'harmonise particulièrement
bien avec la robe simple en
vogue à l'époque. Le cachemire
vient de la région du même
nom située au nord-ouest de
l'Inde, où les poils doux et ras
de la chèvre des montagnes
sont filés à la main pour obtenir
le fil de cachemire qui sera
ensuite tissé en lainage. Doux,
léger et brillant comme de
la soie, le cachemire est une
étoffe d'une qualité infiniment
supérieure aux autres lainages
vendus à l'époque. Tout au long
du XIXe siècle, c'est l'étoffe
la plus recherchée par les
femmes – Balzac a beaucoup
raillé cet engouement dans ses
romans. L'industrie du châle
en cachemire se développe
principalement en France et
en Angleterre mais, si l'on en
croit les archives, jusqu'aux
années 1840 les plus belles pièces
venaient de Lyon. Par ailleurs,
des imitations bon marché sont
fabriquées à Paisley, en Écosse.
En anglais, le terme *paisley*
deviendra plus tard un terme à
part entière désignant les dessins
du châle en cachemire.

Châle en cachemire
Années 1810–1820
Châle rectangulaire en cachemire
rouge ; bordures multicolores de
dessins cachemire sur les deux
côtés, garnies d'une frange.

Alfred Stevens
Veux-tu sortir avec moi, Fido?, 1859
Philadelphia Museum of Art,
Philadelphie

Robe de jour
Vers 1850
Robe en mélange laine et soie tissée de
barège rayé bleu et blanc, portée sur une
crinoline ; châle rectangulaire en cachemire.

Sous le Second Empire (1852–1870), l'ampleur des robes à crinoline est telle qu'elle exclut le port d'un manteau, d'où la nécessité de châles en cachemire toujours plus grands et enveloppants. Avec l'apparition de la tournure, le châle évolue vers la « visite » (voir ci-contre). Passé de mode, le châle devient progressivement un élément de décoration intérieure. Le grand châle en cachemire présenté à droite offre un bon exemple des modèles à motifs en vogue vers le milieu du siècle.

◄ **Visite**
Fin des années 1870
Tissu multicolore en cachemire (Inde) ; franges au col, aux manches et à l'ourlet.

▶ **Châle en cachemire**
Années 1850–1860
Châle rectangulaire en cachemire multicolore bordé d'une frange, créé par Frédéric Hébert, créateur de châles à Paris. 165 x 386,5 cm.

▼ **Souliers de femme**
Peter Robinson
Griffe : PETER ROBINSON LTD COSTUME
REGENT ST. W.
Fin des années 1860
Fond en laine rouge brodé de fleurs multicolores
(broderie Bokhara, technique artisanale tradition-
nelle de Bokhara, en Ouzbékistan) ; rosette en
taffetas de soie et boucle en métal.

▶ **Peignoir**
Jane Mason
Griffe : JANE MASON & CO. (LATE LUDLAM)
159 & 160 OXFORD STREET
Vers 1866, Angleterre
Laine sergée avec impressions de dessins cachemire
multicolores ; devant de la taille sans couture ;
volume à l'arrière ; ouverture à boutons revêtus
et ceinture assortie.

Robe de jour
Vers 1865
Ensemble corsage et jupe en
brocart de taffetas de soie havane,
porté sur une crinoline, corsage
garni de tresses et de dentelle.

Robe de jour
Vers 1865
Ensemble corsage et jupe en
taffetas de soie pourpre, porté
sur une crinoline, corsage garni
de dentelle blanche et de franges.

Robe de jour
Vers 1865
Ensemble corsage et jupe en
taffetas de soie bleu clair, porté
sur une crinoline, corsage garni
de broderies chenille et de franges.

Robe de jour
Vers 1865
Ensemble corsage et jupe en
taffetas de soie marron, porté
sur une crinoline, décorations
en organdi et en velours.

Vers le milieu du XIXe siècle, les châles en dentelle étaient aussi appréciés que leurs cousins en cachemire. La dentelle, qui nécessitait de longues et donc coûteuses heures de main-d'œuvre au XVIIIe siècle, était désormais fabriquée à la machine. Les grands et beaux châles en dentelle devenaient enfin abordables. On les fabriquait essentiellement à Valenciennes et Alençon.

Robe de jour
Vers 1865
Robe en taffetas de soie havane broché de motifs floraux, portée sur une crinoline ; corsage garni de tresses et de dentelle ; grand châle triangulaire en dentelle Chantilly noire.

Dans les années 1860, la mode est à la tarlatane, fine toile de coton teinte ou imprimée et chargée d'apprêt. En dépit de sa légèreté, elle est assez solide pour être employée dans la confection des amples jupes portées sur les crinolines. La robe en tarlatane est très présente dans les tableaux champêtres d'Édouard Manet et Claude Monet. Les deux artistes ont bien rendu l'aspect léger, aérien et partiellement translucide de la tarlatane.

▼ **Robe de jour**
Fin des années 1860
Tarlatane de coton blanche tissée de rayures; ensemble corsage et jupe porté sur une crinoline; ruban en satin de soie rouge et dentelle en coton; ceinture en ruban de satin de soie; rosette sur le devant du corsage; nœud dans le dos.

▶ **Claude Monet**
Femmes au jardin (détail), 1866
Musée d'Orsay, Paris

Claude Monet

Cette robe du soir des années 1860 a la courbe caractéristique de la crinoline, allongée vers l'arrière. La distance entre l'avant et l'arrière du bas de la robe atteint environ 1,5 mètre, pour une circonférence totale de près de 4,7 mètres. La jupe du dessus, en forme de tablier, s'arrondit et s'évase à l'arrière.

Robe du soir
Vers 1866
Corsage en soie très fine à rayures ivoire et taffetas de soie rose ; jupe à triple volant (jupe et jupe du dessus en fine soie à rayures couleur ivoire, jupe de dessous en taffetas de soie rose), portée sur une grande crinoline.

La mode de la crinoline, qui demande de grandes quantités de soie, vient à point nommé revitaliser un secteur industriel alors en plein marasme. Les dessins brodés sur la robe présentée ici sont disposés en un motif original et audacieux. Garnie de franges, cette robe élégante a probablement été portée par une femme de la haute société qui suivait la mode de près.

Robe du soir
Vers 1864
Ensemble corsage et jupe en taffetas de soie ivoire, portée sur une crinoline ; frange de fils chenille sur le corsage, à la taille et au dos de la jupe ; broderies de boucles de fleurs et de feuilles et de rectangles noirs.

L'utilisation rituelle du blanc pour les robes de mariée date du XIXᵉ siècle (le blanc symbolise la pureté et l'innocence). Cette tradition venue d'Angleterre va s'imposer dans le monde entier, mais les robes de mariée ont longtemps été des costumes multicolores, richement ornementés et taillés dans les plus belles étoffes.

▶ **Robe de mariée**
Vers 1880
Ensemble corsage et jupe en linon de coton blanc; tournure; bouillonné sur toute la surface du tissu; ornements de falbalas, de fronces et de dentelle.

▶▶ **Robe de mariée**
Vers 1855
Ensemble corsage et jupe en toile de lin blanche très fine, portée sur une crinoline; jupe à triple volant, manches pagode également à triple volant.

▶▶▶ **Robe de mariée**
Années 1860
Ensemble corsage et jupe en organdi de lin blanc, porté sur une crinoline; garniture en satin de soie; falbalas sur le corsage; gros nœud en soie derrière la taille.

En ouvrant sa maison parisienne en 1857, Worth jette les bases de la haute couture. L'impératrice Eugénie est la première de sa longue liste de clients de l'aristocratie. Habile stratège doué d'un esprit visionnaire, Worth dominera la mode parisienne pendant près d'un demi-siècle. D'un mauve profond, la robe présentée à gauche a été teinte à l'aniline, colorant chimique inventé en 1856. Worth est le premier à tirer parti de cette nouvelle technologie pour obtenir les couleurs vives qu'il était impossible de créer auparavant. Ces robes ont toutes été réalisées dans la période de transition vers la tournure.

◄ **Charles Frederick Worth**
Robe de réception
Griffe : WORTH 7,
RUE DE LA PAIX, PARIS
Vers 1874
Ensemble corsage et jupe en faille de soie violette, portée sur une tournure ; dentelle en fils de soie et nœuds en velours sur le décolleté et aux poignets ; jupe du dessus en forme de tablier, bord garni de franges ; jupe à triple volant avec alternance de faille de soie et de velours.

► **Anonyme**
Robe de jour
1870–1874
Organdi de lin blanc avec impressions de rayures bleues ; ensemble corsage et jupe ; volants décoratifs.

►► **Anonyme**
Robe de jour
1869
Ensemble corsage et jupe en organdi de coton blanc ; plis décoratifs ; robe de dessous en organdi de lin bleu.

La robe princesse est ainsi nommée en l'honneur d'Alexandra, princesse de Galles et future reine d'Angleterre. Elle ne présente aucune couture horizontale à la taille, laquelle est cintrée par des fronces verticales qui mettent en valeur la poitrine et les hanches. Cette mode éphémère apparue vers 1880 se distingue en ce sens qu'elle laisse deviner la silhouette féminine. La robe présentée ici est en organdi incrusté de trois sortes de dentelles de Valenciennes à motifs végétaux. La confection de chaque pièce a nécessité 50 mètres de dentelle.

Anonyme
Robe de réception
Griffe : (illisible)
Vers 1880
Organdi de lin blanc et dentelle de Valenciennes ;
robe princesse d'une seule pièce ; traîne à volant.

James Tissot
La Réception (détail), 1878
Musée d'Orsay, Paris

La mode est à la surcharge décorative et les robes se parent de rubans, volants, bouillonnés et autres falbalas. Bien que les débauches d'ornementation soient surtout réservées aux robes du soir, les robes de jour ne pêchent pas par excès de simplicité. Le modèle présenté à gauche est une robe princesse sans couture à la taille. Très près du corps, la robe souligne les hanches et la poitrine. Malgré la tournure, la forme des hanches reste visible. En effet, la cascade de bouillonnés et de fronces ne part que sous la ligne des hanches pour retomber jusqu'à l'ourlet inférieur.

◄ **Anonyme**
Robe de jour
Vers 1880
Taffetas de soie marron avec bouillonné ; robe princesse d'une seule pièce.

► **Anonyme**
Robe de promenade
Vers 1884, Angleterre
Satin et faille de soie bleu marine avec motif moiré en soie ; corsage et jupe ; jupe de dessus en satin de soie, drapée à l'arrière en grande tournure ; jupe décorée de faille de soie plissée à motif moiré.

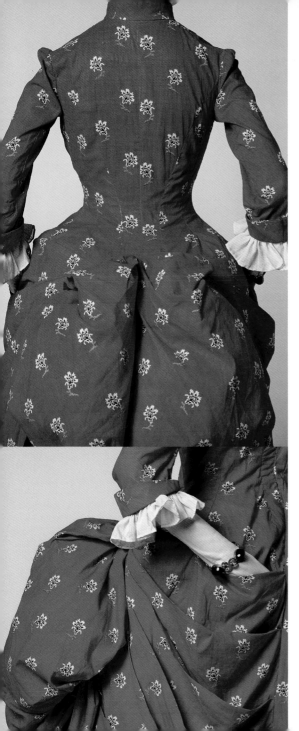

Inspirée du XVIIIe siècle, la robe à la polonaise présentée ici redevient à la mode vers 1870. La jupe du dessus est remontée pour révéler les jupons en dessous. On parle aussi de style « Dolly Varden », d'après le personnage éponyme du livre de Charles Dickens, *Barnaby Rudge* (1841), l'un des romans les plus lus à l'époque.

Laforcade
Robe de jour
Griffe : LAFORCADE, 59 FIFTH AVENUE, NEW YORK
Vers 1885
Coton rouge imprimé de motifs floraux indiens ; ensemble corsage et jupe ; jupe de dessous relevée à l'arrière par une tournure, jupon apparent.

Vers la fin des années 1880, la tournure atteint une telle envergure qu'elle pourrait accueillir deux personnes. Sa forme projetée vers l'arrière est parfois décrite en termes peu flatteurs comme « assez large pour qu'on y pose une tasse de thé ». Dans la seconde moitié du XIXᵉ siècle, les femmes sont en mesure d'apprécier les longues promenades et les piquenique à la campagne à l'abri de la chaleur estivale. L'ombrelle, outre la protection qu'elle offre contre le soleil, fait également office d'accessoire élégant – à porter avec ostentation.

◄ Soulier et bas
Années 1870–1890
Soulier en satin de soie lie-de-vin ; bas en tricot de soie de la même couleur avec broderies.

► Anonyme
Robe de jour
Vers 1886
Toile de coton blanche avec broderies rouges et ivoire ; ensemble corsage et jupe à double volant portée avec une tournure ; pan d'étoffe au dos de la jupe.

►► Anonyme
Robe de jour
Vers 1885
Satin de coton blanc avec impressions de cerises rouges ; ensemble corsage et jupe à volants agrémentée de nœuds rouges ; robe à la polonaise avec jupe du dessus et tournure intégrées.

Pages 226/227
Georges Seurat
Un dimanche après-midi à l'île de la Grande Jatte, 1884–1886
The Art Institute of Chicago, Helen Birch Bartlett Memorial Collection, Chicago

Épaisses et rigides, les soies de qualité supérieure sont idéales pour créer les lignes nettes et précises de la tournure. De toutes les soies précieuses de l'époque, celles de Lyon sont réputées être les meilleures, et les ateliers de couture en consomment des quantités phénoménales. Ce modèle, qui associe les couleurs complémentaires bleu-vert et rouge, illustre les nouvelles combinaisons rendues possibles par les colorants chimiques inventés à cette époque.

N. Rodrigues
Robe de réception
Griffe : N. RODRIGUES
PARIS, 1875–1879
Brocart de satin de soie bleu-vert tissé de roses rouges ; robe deux-pièces portée avec une tournure ; dentelle sur le décolleté, l'ouverture frontale et les poignets ; nœuds en satin de soie aux poignets ; traîne avec franges en fils de soie et perles en bois.

Beaucoup de riches Américaines venaient s'habiller chez Worth et Pingat, les deux grands noms de la haute couture parisienne, ou se faisaient envoyer des vêtements de leurs collections. Cette robe deux-pièces a été coupée dans une étoffe somptueuse. Les dessins de fleurs tissés ressemblent à de petits chrysanthèmes, les fleurs fétiches du japonisme. Les détails sont subtils et complexes : des franges sont appliquées en abondance sur le corsage et la tournure, et la jupe est agrémentée de plis étroits.

Émile Pingat
Robe de jour
Griffe : E. PINGAT 30,
RUE LOUIS-LE-GRAND 30
PARIS
Vers 1883
Velours de soie coupé pourpre à motifs floraux ; ensemble corsage, jupe et traîne ; tournure ; franges de ruban et de fils chenille ; boutons en métal ; plis décoratifs au bas de la jupe.

Charles Frederick Worth utilise des quantités de soies de Lyon. Les soyeux de Lyon surpassent en effet de loin tous les autres industriels du secteur en termes de talent artistique et de savoir-faire. Les volumineuses robes de Worth, qui requièrent des rouleaux entiers de soie, lancent une nouvelle mode qui se répand dans le monde entier. Lyon devient le principal fournisseur de tissus des couturiers parisiens. Cet exemple illustre les immenses talents qui se sont investis dans la fabrication des soieries lyonnaises. La beauté imposante des étoffes définit les lignes de cette robe extrêmement stylisée.

Charles Frederick Worth
Robe de réception
Griffe: WORTH, 7 RUE DE LA PAIX, PARIS
Vers 1883
Velours coupé en satin de soie lie-de-vin avec rayures et motifs de feuillage ; épaisseur supplémentaire de velours coupé façonné sur les motifs de feuilles ; ensemble corsage et jupe à tournure ; nœuds en tulle et satin de soie sur les manches ; jupe du dessus en forme de tablier, drapée à l'arrière.

À la fin du XIXe siècle, les étoffes à la mode s'ornent de motifs d'une exquise complexité. Les détails illustrés à gauche illustrent bien ce style à base de velours coupé. Les progrès de la technique et le perfectionnement des machines à tisser révolutionnent l'industrie textile de luxe, qui peut maintenant réaliser des motifs extrêmement élaborés. Mais le début du XXe siècle marquera un tournant majeur, avec la vogue des textiles légers comme la mousseline de soie et la dentelle.

▶ **Anonyme**
Manteau
Vers 1885
Fond doré avec motif noir en velours coupé et velours noir uni ; garniture de plumes ; large fente arrière permettant d'accueillir une robe à tournure ; ornement de perles et de fils chenille derrière la taille.

▶▶ **Anonyme**
Robe de promenade
Vers 1883
Ensemble corsage et jupe en velours coupé marron porté avec une tournure ; tournure formée d'un drapé de velours à l'arrière.

La « visite » est une sorte de parure qui accompagne la mode de la tournure. Elle est fendue pour accueillir la coupe projetée de la robe et les ornements sont regroupés dans le dos pour mettre en valeur les lignes de la tournure, extrêmement complexes et d'une grande richesse de détails.

◀ **Charles Frederick Worth**
Visite
Griffe: WORTH, 7 RUE DE LA PAIX. PARIS
vers 1885
Faille de soie blanc cassé; garniture de tresses avec perles en bois enveloppées de fils de soie sur l'ouverture frontale, les poignets et l'ourlet; ornements en fils de soie défaits au niveau du col; fermeture frontale à crochets et rubans en satin de soie.

▶ **Anonyme**
Robe de deuil
Vers 1875
Ensemble corsage et jupe à tournure en taffetas de soie noir; frange de perles de jais au bas de la jupe.

Pendant la seconde partie du XIXe siècle, les codes vestimentaires de la haute société sont strictement définis. Les femmes doivent se changer sept à huit fois par jour, en fonction de l'heure et de l'endroit où elles se trouvent. Les magazines de mode présentent les derniers modèles, selon des classements très détaillés allant des «robes de réception» aux «robes d'après-midi», ce qui montre la subtilité des distinctions entre chaque type de robe.

◄◄◄ **Dubois**
Robe du soir
Griffe: MON DUBOIS, ROBES & MAN-
TEAUX, 29 AVENUE WAGRAM, PARIS
Vers 1888
Ensemble corsage et jupe à tournure; corsage et traîne en velours de soie lie-de-vin; jupe en brocart de soie tissé de motifs de rayures et de bouquets floraux façon XVIIIe siècle.

◄◄ **Charles Frederick Worth**
Robe de réception
(Détail pages 240/241)
Griffe: WORTH, 7 RUE DE LA PAIX, PARIS
Vers 1881
Ensemble corsage et jupe à tournure; brocart de soie beige et bleu à motifs de rayures et de fleurs; jupe en satin de soie rose avec nœuds assortis et dentelle décorative.

◄ **Evans**
Robe
Griffe: MRS EVANS, 52 & 53 SLOANE ST., LONDON S.W.
Vers 1880
Ensemble corsage et jupe à tournure en satin de soie doré; corsage à *peplum* bâti et boutons revêtus; nœuds aux poignets; traîne à volant.

La robe de Charles Frederick Worth présentée au
centre de la page 238 se termine par une traîne à
volant de dentelle. Ce volant est ajouté à l'ourlet
intérieur des robes ou jupons longs. Pour les
promenades, on peut fixer un volant anti-poussière
sous la traîne de la jupe pour ne pas salir la robe.
Ci-dessous, la longue traîne de 1,75 mètre donne
un incontestable cachet à la robe et sa majesté
semble parfaitement adaptée aux cérémonies
et aux banquets.

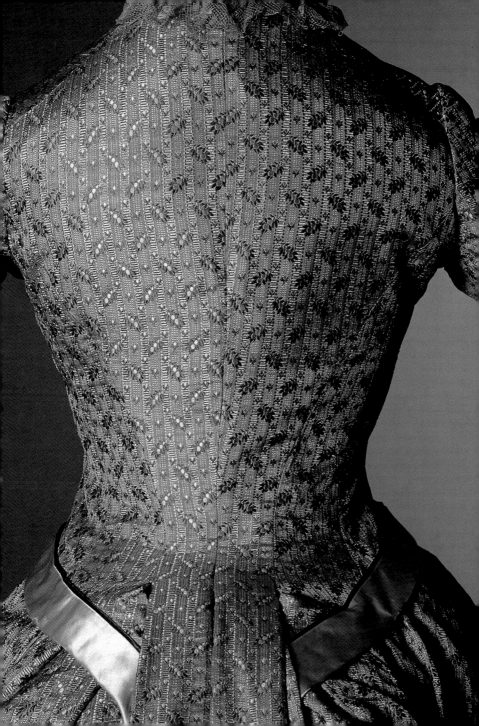

Dès 1885, la tournure perd de son ampleur et la robe évolue vers plus de simplicité. La tournure ne disparaît pas tout à fait au dos de la jupe, mais elle se simplifie et s'épure. À gauche, le magnifique brocart de soie tissé de dessins de fougères semblables aux *basho* du Japon donne à la robe une petit côté japonais. Cette robe d'apparat est faite pour les bals et les soirées dansantes. La robe présentée à droite est coupée dans une soie épaisse et pourtant finement tissée, encore un exemple de la belle soierie de Lyon, l'étoffe préférée de Worth.

◀ **Rouff**
Robe de bal
Griffe: ROUFF PARIS
Vers 1888
Satin de soie vert pâle brodé de fils d'argent et de sequins; ensemble corsage et jupe; traîne en brocart de soie doré à motifs végétaux.

▶ **Charles Frederick Worth**
Robe
Griffe: C. WORTH PARIS
Brocart de satin ivoire à motifs de liserons et rayures en faille de soie; ensemble corsage et jupe à petite tournure; corsage garni de tulle de soie et d'un jabot; tulle sur le décolleté et aux poignets; volants en tulle de soie sur le devant de la jupe.

Tout au long du XIXᵉ siècle ou presque, la taille
ultrafine est le symbole absolu de la féminité.
Les femmes s'emprisonnent dans des corsets
pour essayer d'avoir cette silhouette idéale.
Cette compression forcée du corps sera de rigueur
jusqu'au début du XXᵉ siècle. Grâce aux progrès de
la technique, les corsetiers créent des modèles d'une
grande ingéniosité. L'utilisation de l'acier permet
notamment d'améliorer le maintien de la taille
dans le corset.

▼ **Corset**
Années 1880
Satin de soie bleu ; busc en acier ;
baleines. Tour de poitrine :
76 cm. Tour de taille : 49 cm.

▶ **Édouard Manet**
Nana (détail), 1877
Hamburger Kunsthalle,
Hambourg

À la fin des années 1820, les jupes reprennent de l'ampleur. Les femmes portent plusieurs jupons en dessous pour en augmenter le volume. Au début des années 1840, une idée toute simple – tisser du crin dans le tissu du jupon – donne naissance à la crinoline. Le volume des jupes est alors obtenu avec une seule épaisseur de tissu. Vers la fin des années 1850, on commence à intégrer dans les crinolines des cages de cerceaux horizontaux en fils d'acier ou de baleines. Conséquence directe de l'apparition de cette crinoline légère et facile à porter, les jupes atteignent des proportions considérables dans les années 1860, d'où l'apparition de la tournure, qui projette la jupe entièrement vers l'arrière.

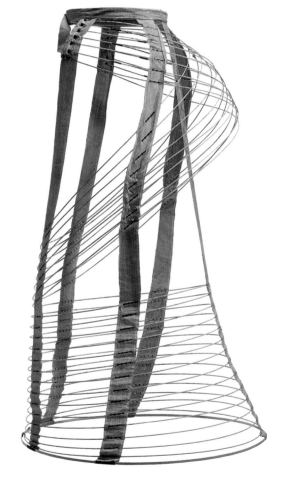

▶ **Tournure**
1870–1874
Cerceaux en fils d'acier
et rubans en lin blanc.

▶▶ **Crinoline**
Vers 1865
Quarante cerceaux en fils
d'acier, onze rubans en lin blanc.
Diamètre de gauche à droite :
env. 95 cm ; d'avant en arrière :
env. 98 cm ; circonférence de
l'ourlet : 303 cm.

▼ Crinoline
Vers 1865
Coton blanc et violet, douze
cerceaux en fils d'acier.
Diamètre de gauche à droite :
73 cm ; d'avant en arrière :
81 cm ; circonférence de
l'ourlet : 244 cm.

◀ Crinoline
Griffe : THOMSON'S
vers 1875
Coton rouge, douze cerceaux en
fils d'acier. Diamètre de gauche
à droite : 58 cm ; d'avant en
arrière : 59 cm ; circonférence
de l'ourlet : 189 cm.

► Crinoline
1865–1869
Coton blanc, dix-neuf cerceaux
en fils d'acier. Diamètre de
gauche à droite : 105 cm ;
d'avant en arrière : 98 cm ;
circonférence de l'ourlet : 318 cm.

Vers le milieu du XIXe siècle, la crinoline permet de déployer le dos de la jupe : l'ourlet se rétrécit et s'aplatit, créant une nouvelle silhouette pour ainsi dire projetée vers l'arrière. Cette forme est maintenue de l'intérieur par la tournure. Dans les années 1870–1880, la tournure se décline dans toutes sortes de modèles dont les formes, désormais entièrement développées de l'intérieur, accentuent la cambrure des reins, comme l'exige la mode de l'époque – des tournures à coussin rembourré de crin, en tissu amidonné et armature en baleines, ou encore en bambou et en rotin.

◀ **Tournure**
Années 1880
Coton rayé blanc et rouge,
armature en fils d'acier.

◀◀ **Tournure**
Années 1880
Dentelle de coton blanche,
armature en fils d'acier enroulés.

▲ **Tournure**
Années 1880
Filet métallique avec rubans
en coton.

▲▲ **Tournure**
Années 1880
Filet métallique avec rubans
en coton.

▶ **Georges Seurat**
Les Poseuses (détail), 1886–1888
The Barnes Foundation,
Merion (PA)

Tournure
Années 1870
Coton rayé rouge et brun,
armature en fils d'acier.

Tournure, corset, chemise et culotte
Années 1870–1880
Tournure en coton rayé brun et beige, treize fils d'acier à l'arrière ; corset en satin de soie noir brodé, ruban de soie jaune ; chemise et culotte en coton blanc.

253

▶ **Tournure**
Griffe: (illisible)
Années 1870
Coton multicolore rayé marron,
armature en fils d'acier.

◀ **Tournure**
Griffe: SCARBOROUGH
Y. C. & O.
années 1870
Twill de coton rouge, armature
en fils d'acier.

▶▶ **Tournure**
Années 1870
Satin de coton marron, quinze
cerceaux métalliques à l'arrière;
plissé en taffetas de soie noir
sur la partie inférieure (les
courroies intérieures permettent
de remonter les quinze cerceaux
pour adapter le volume de la
tournure à la robe).

Dès le milieu du XIXᵉ siècle, de nombreux produits japonais arrivent en Europe occidentale à la faveur des expositions universelles, qui rencontrent un immense succès. L'esthétique des estampes *ukiyo-e* (littéralement «du monde flottant») influence la production artistique européenne. Le kimono et certaines étoffes teintes suscitent un grand intérêt. Les Européennes portent le kimono comme robe de chambre et les kimonos japonais sont parfois refaçonnés à l'occidentale. On apprécie particulièrement le *rinzu*, ce tissu japonais blanc brodé utilisé pour confectionner les kimonos des femmes de la classe samouraïe à la fin de l'époque Tokugawa (Edo). La robe présentée ici a été refaçonnée à Londres à partir d'un kimono japonais. Le tissu porte encore des marques indiquant qu'il s'agit d'un ancien kimono.

Pierre-Auguste Renoir
Madame Hériot (détail), 1882
Hamburger Kunsthalle,
Hambourg

Turner
Robe
Griffe: MISSES TURNER
COURT DRESS MAKERS,
151 SLOANE STREET,
LONDRES
Années 1870
Angleterre
Tissu de kimono blanc en satin
de soie *shibori* façonné; glycines,
chrysanthèmes, pivoines et
éventails chinois brodés en
fils métalliques; corsage avec
boutons enveloppés à motifs
japonais de type *tomoemon*
(seuls le corsage et la jupe
du dessus sont d'origine).

L'heure est donc au japonisme, et le Japon produit
des articles artisanaux uniquement destinés aux
marchés européens. Cet éventail, importé en France,
présente d'un côté des personnages de style *ukiyo-e*,
et de l'autre des paniers de fleurs avec feuilles mortes
et chrysanthèmes. Les insectes qui ornent le pourtour
sont dessinés selon une technique sophistiquée
de laquage à l'or et à l'argent. Ce type d'éventails
ornés de pompons de style netsuké étaient des
pièces de collection très prisées au XIXe siècle.

En 1867, les provinces de Satsuma, Shogunate et Saga participent à l'Exposition universelle de Paris. La province de Satsuma s'intéresse depuis longtemps aux pays étrangers. Vers 1860, elle commence à produire des boutons en céramique de style *satsuma* pour l'exportation, qui rencontrent un franc succès en Europe et en Amérique.

Boutons
Griffe : satsuma
Vers 1900. Japon
Céramique *satsuma* ; ensemble de six boutons ; fond en *samehada* (peau de requin) avec *kinrante* (dorure épaisse) ; dessins de vierges célestes.

Éventail
Fin XIXe siècle, Japon
Ivoire ; laque avec personnages, insectes et paniers de fleurs ; pompons suspendus à une boule de style *netsuké*. 19,6 cm

Ce motif japonais a été adopté par la mode parisienne au début du japonisme. La visite est recouverte d'appliqués typiquement japonais de fleurs de cerisier et de *kabuto* (casques de samouraï). Ces motifs très travaillés sont brodés de ficelle à la main sur une étoffe de soie appliquée ensuite sur du cachemire. Toutefois, on aurait tort de croire que l'alignement des casques de guerre est typiquement japonais. La disposition perpendiculaire est en fait plus proche de la sensibilité et de l'esthétique occidentales.

Anonyme
Visite
Vers 1890
France
Twill de cachemire blanc cassé ;
applications de tissu brodées de
motifs *kabuto* (casque de samouraï),
de papillons et de fleurs de cerisier ;
plumes sur le devant, le col et
l'ouverture du dos.

À cette époque, les expositions universelles organisées à travers toute l'Europe et aux États-Unis permettent de présenter les innovations techniques et les nouveaux styles. Pendant la seconde moitié du XIXᵉsiècle, la ville de Lyon, depuis longtemps principal fournisseur de tissus de la haute couture parisienne, est en concurrence avec les entreprises textiles du monde entier. Face à la demande de nouveautés, les fabricants s'intéressent aux étoffes à la mode qui s'inspirent des dessins japonais. Cette robe a un motif d'*ayame,* fleur de la famille des iris. Bien que l'iris soit originaire d'Europe occidentale, il apparaît dans l'art, l'artisanat et le textile européens par le détour du japonisme, très en vogue dans la seconde moitié du XIXᵉ siècle. Le motif *ayame* est souvent illustré dans la revue d'art japonais de Siegfried Bing, *Le Japon artistique*. Sur cette robe, la taille est ornée d'une boucle en forme d'*ayame* créée par Piel Frères, l'un des grands joailliers de l'époque.

► **Jacques Doucet**
Robe de jour
Griffe : DOUCET, 21 RUE DE LA PAIX, PARIS
vers 1897
Twill de laine gris ; robe deux-pièces, silhouette en S ; motifs *ayame* (iris du Japon) en velours ; décorations de feuilles et de tiges en satin aux épaules, sur les manches et l'ourlet ; col en mousseline de soie ; bas de robe en satin de soie ; boucle en émail avec motif *ayame*.

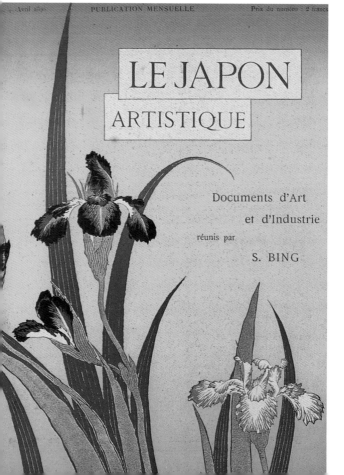

Couverture de la revue
Le Japon artistique, n° 24,
avril 1890

Vers la fin des années 1880, la tournure perd de son ampleur. La jupe évolue vers une forme en entonnoir, adoptant une ligne nette et plus svelte, évasée vers le bas. Pour équilibrer ce changement, vers 1890 les épaules s'élargissent et les manches gigot font leur retour. La partie supérieure de la manche est empesée et considérablement élargie, pour atteindre son volume maximal vers 1895. La robe présentée ici a de volumineuses manches et toute la surface de son étoffe est tissée de motifs de chrysanthèmes. Au milieu du XIXᵉ siècle, les chrysanthèmes rapportés du Japon séduisent les Européens, à telle enseigne que vers 1880, des associations d'amateurs de chrysanthèmes se créent un peu partout. En 1887, Pierre Loti publie son *Madame Chrysanthème* et contribue à faire de cette fleur un symbole du Japon.

Robe de Soirée
Grand Damas broché Chrysanthèmes fond noir
Étoffe de la Maison J. Bachelard & Cᵉ

Exposition Universelle de Lyon 1894.

◀ **Charles Frederick Worth**
Robe de réception
Griffe : C. WORTH
Vers 1892
Satin de soie blanc cassé tissé de motifs de chrysanthèmes ; manches gigot en velours ; ornement de dentelle sur l'avant-bras et au col.

▶ Modèle de robe du soir de Worth tiré d'un prospectus de l'Exposition universelle de Lyon, 1894

Pages 266/267
La robe illustrée sur les pages suivantes s'évase avec fluidité et ses imposantes manches gigot lui donnent une allure « mode » très européenne. Reste que le paysage de « lever de soleil et nuages » est une allusion évidente au Japon,

« Pays du soleil levant ». Le dessin est asymétrique. Clairement influencé par l'art et l'artisanat japonais, notamment le kimono, il marque une sorte de première en Europe.

Charles Frederick Worth
Robe du soir
Vers 1894
Satin de soie ivoire ; corsage en mousseline de soie à manches gigot ; jupe brodée de perles dessinant des rayons de soleil et des nuages.

Après son long isolationnisme, le Japon s'ouvre enfin au reste du monde et le commerce extérieur devient l'une de ses priorités. Dès l'ouverture du port de Yokohama en 1859, le Japon commence à exporter des quantités de soie, en particulier des soieries de luxe. Shiino Shobey, négociant à Yokohama, se rend à l'Exposition universelle de Vienne en 1873. Il en revient avec une étude de marché qui l'incite à confectionner des robes d'intérieur matelassées en soie *habutae* (une soie japonaise de qualité). La robe à tournure présentée ici est emblématique des années 1870. Quoique probablement achetée par un étranger vivant au Japon, c'est manifestement un article d'exportation qui révèle une excellente connaissance du marché européen. Les traces d'inscription de l'étiquette sont illisibles. Cette pièce faisait partie intégrante d'une collection américaine.

▲▲ Marque de fabrique du magasin de soieries S. Shobey
Archives historiques de Yokohama, Yokohama

▲ Étiquette de la robe présentée à droite

► **Shiino Shobey Silk Store**
Robe d'intérieur
Griffe : S. SHOBEY SILK-STORE
Yokohama, Japon
Vers 1875
Soie *habutae* matelassée marron avec ouatage de coton ; col, poignets, poche et doublure en *habutae* ; ceinture en *kumihimo* (ficelle japonaise) avec pompon.

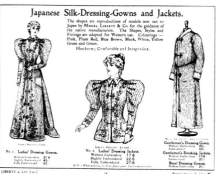

Robe de chambre en soie japonaise, *Yuletide Gift*, catalogue de Noël de Liberty & Co., 1898

Anonyme
Tea Gown (robe d'intérieur)
Vers 1895, Japon
Robe en *seigou* rose ; jabot et
plastron gris en *yokuryu* (*seigou*
et *yokuryu* désignent des textiles
japonais) ; pli à la piémontaise
dans le dos ; manches pendantes
d'inspiration médiévale ; doublure en soie *habutae* matelassée
à la machine avec du coton.

La *tea gown,* littéralement « robe
pour prendre le thé », est un
vêtement élégant qu'on porte
chez soi avant le dîner. Elle était
très à la mode dans la seconde
moitié du XIXᵉ siècle et jusqu'au
début du XXᵉ siècle. Elle peut
être portée sans le corset qui
comprime habituellement
le corps ou sur un corset
délacé. Les grandes maisons
parisiennes créent de luxueuses
tea gowns, décorées de falbalas
et de dentelle. Apparemment,
Liberty & Co. of England aurait
vendu des *tea gowns* importées
du Japon. Sur ce modèle de
tea gown japonaise, les détails
d'inspiration médiévale sont
associés à des éléments qui
signent le retour du XVIIIᵉ
siècle dans le monde de la mode.
Les dessins de chrysanthèmes
sont brodés selon la technique
japonaise du *nikuiri-nui.*

À la fin du XIXᵉ siècle, quelques
grands magasins de kimonos
tels qu'Iida Takashimaya et
Mitsukoshi prennent pied sur
le marché européen. Ces robes
en soie à broderies japonaises
ne sont qu'un exemple des
nombreux articles exportés par le
Japon à cette époque. Le modèle
présenté à gauche est un exemple
du « manteau de théâtre » à la
mode en Angleterre vers 1904.
Inspiré d'une robe de mandarin
de la dynastie chinoise Qing,
ce manteau a été fabriqué au
Japon pour l'exportation.
La robe de chambre
présentée à droite
s'inspire du style
kimono. L'ensemble
s'évase délicatement
jusqu'en bas et le col
est également rond.
Tout en conservant
la forme originale du
kimono, le vêtement a été
délibérément adapté pour
plaire aux Européens.

Iida Takashimaya
Theater Coat (manteau de soirée)
Griffe : S. IIDA, « TAKASHI-
MAYA », KYOTO & TOKYO.
JAPON
Vers 1900–1903
Satin de soie blanc molletonné ;
broderie de motifs de chrysanthèmes blancs et d'ondulations
sur l'ouverture frontale, les manches et aux épaules ; col rond ;
manches kimono ; fentes
latérales ; nœuds chinois sur
l'ouverture frontale ; robe de
style mandarin.

Iida Takashimaya
Robe de chambre
Griffe : S. IIDA, « TAKASHI-
MAYA » SILKS & EMBROI-
DERIES. KYOTO.
Vers 1904–1908
Toile de soie grise ; broderie
de paons sur cerisier en fleurs
s'étalant du devant vers le dos ;
kumihimo (ficelle japonaise)
et pompons aux poignets ;
fuki (ourlet rembourré)
rose ; doublure en *habutae.*

Les pantoufles décorées de paysages japonais sont probablement un souvenir ramené du Japon ou un produit fabriqué pour l'exportation européenne car leurs semelles sont imprimées de la mention «fabriqué au Japon». Avec les peignoirs et les éventails, les pantoufles sont parmi les premiers produits exportés en Europe occidentale au XIXe siècle. Le dessin réparti sur les pantoufles droite et gauche pour former un seul tableau est tout à fait caractéristique de la production japonaise. La boucle du sac représente trois singes dans le style japonais du *netsuké*. Au XIXe siècle, le *netsuké* est particulièrement apprécié en Europe, où il suscite de nombreuses vocations de collectionneur.

Anonyme
Pantoufles et sac
Années 1920
Japon
13,3 cm x 20 cm
Cuir blanc; imprimé, peint à la main; pantoufles avec fourrure, talons de 4,5 cm, mentions «fabriqué au Japon» et «7» (taille) imprimées sur la semelle; sac avec boucle *netsuké,* bandoulière à l'arrière, fermeture à glissière et miroir intérieur.

Les robes à la mode à la Belle Époque
créent une silhouette très particulière,
résultat direct des progrès du corset :
opulente poitrine soulevée vers
l'avant, croupe très cambrée, taille
incroyablement fine. Autant de signes
plastiques annonciateurs de l'Art
nouveau … La robe présentée ici
forme une courbe en S fluide, élégante
et suggestive. Sa longue frange
flottante lui donne du mouvement.
Cette vitalité, que viennent encore
rehausser les sinuosités des lignes
organiques, sera justement la marque
de l'Art nouveau.

Anonyme
Robe de jour
Vers 1905
Velours noir avec broderie chenille ;
silhouette en S ; ornement de dentelle
sur le corsage, avec ouverture frontale
de style jabot en mousseline de
soie blanche ; jupe en satin de soie
recouverte de dentelle mécanique ;
longue frange de fils chenille sur
la jupe.

Ce motif de vagues et de plantes est de tradition japonaise. Il complète parfaitement les sinuosités des lignes organiques et vivantes marquant l'Art nouveau.

Charles Frederick Worth
Robe du soir
Griffe : C. WORTH 50939
Vers 1900
Mousseline de soie et velours vert pâle ; silhouette en S ; application de motifs végétaux ; broderies en sequins et ficelle formant un dessin de rivage.

L'Art nouveau accorde une place de choix aux décorations élégantes toutes en courbes. Les motifs naturels, fleurs et insectes, sont récurrents. Le modèle présenté à gauche est très en vogue au début du XXᵉ siècle. Avec les progrès de la mécanisation, les couturiers peuvent utiliser beaucoup plus de dentelle et l'agrémenter de broderies et d'appliqués pour créer des motifs végétaux et floraux. La robe présentée à droite est ornée de grappes de raisin. Le motif suit les lignes du vêtement, chacun semblant faire écho à l'autre.

◄ **Anonyme**
Robe de jour
Vers 1903
Mousseline blanche et dentelle mécanique cousues ensemble ; silhouette en S ; broderies et appliqués de motifs végétaux sur l'ensemble ; ornement de style pèlerine recouvrant la poitrine et les épaules ; col montant et manches en pièces de dentelle.

► **Paquin**
Robe de jour
Griffe : PAQUIN PARIS LONDON
Vers 1903
Mousseline de soie et velours noirs ; silhouette en S ; large col en dentelle tulle décoré de motifs de grappes de raisin en velours noir et broderie.

Au XIXᵉ siècle, les femmes s'émancipent progressivement et conquièrent de nouveaux droits civiques. On a plus de temps libre, le chemin de fer et les autres moyens de communication font des progrès considérables, le sport et le tourisme se démocratisent. La notion de *sportswear* n'existe pas encore, mais en certaines occasions, les femmes portent des vêtements plus rationnels et plus pratiques. La tenue de plein air décontractée présentée est particulièrement sobre. Elle incarne un nouveau style de vêtements pour dame, légers et faciles à porter, qui traduisent dans la mode les mutations de la société. Simple et pratique, l'ensemble présenté à droite est en fait une tenue de tennis.

► Anonyme
Robe de jour
Vers 1892
Twill de laine à carreaux noirs
et blancs ; ensemble corsage
et jupe ; manches bouffantes ;
falbalas au col et aux poignets.

▼ Anonyme
Tenue de tennis
Vers 1890
Piqué de coton blanc ; veste
de tailleur ajustée et jupe
à la cheville.

À la fin du siècle, la ligne des vêtements féminins, surchargés de falbalas et de dentelle, est toujours déformée par le corset. Cependant, les femmes sont en quête d'un nouveau mode de vie et la rationalité du vêtement masculin devient l'exemple à suivre. Préfigurant la mode unisexe du XXe siècle, les vestes de tailleur sur mesure prennent de plus en plus d'importance dans la mode féminine. Cette robe originale, inspirée du costume tailleur, se distingue par ses manches extrêmement volumineuses et par la sobriété de la jupe.

► **Charles Frederick Worth**
Robe de jour
Griffe: C. WORTH PARIS
79876
1895
Twill de laine marron; manches
gigot; corsage et jupe garnis de
velours et de cuir; col montant
et ceinture en ruban de velours.

► **John Singer Sargent**
*Mr. and Mrs I. N. Phelps Stokes
(détail)*, 1897
The Metropolitan Museum
of Art, New York

Jean Béraud
Le Chalet du cycle au Bois de Boulogne,
1901–1910
Musée Carnavalet, Paris

Au début des années 1850, Mrs
Amelia Jenks Bloomer, une éminente
suffragette, recommande aux femmes
de porter des « pantalons turcs », sortes
de jupes-culottes amples et bouffantes.
Mais à l'époque, l'idée même que les
femmes puissent porter des pantalons
est encore inconcevable. Les « bloomers »
sont donc largement boudés et tournés
en ridicule. Vers la fin du siècle, si les
femmes sportives ne sont plus des objets
de curiosité, il reste hors de question
qu'elles portent des vêtements idoines.
Les bloomers finiront par s'imposer,
mais uniquement comme tenues de
cyclisme.

Anonyme
Veste et bloomers
Griffe : COLUMBIA (BLOOMERS)
Vers 1895
Veste croisée façon tailleur en twill de
laine marron ; garniture de tresse noire
au col et sur l'ourlet ; bloomers en
popeline de laine bleue avec élastique
à l'ourlet (tenue de cyclisme).

Pendant la seconde moitié du XIXe siècle, l'équitation, passe-temps autrefois réservé aux classes privilégiées, commence à se démocratiser. Comme on juge indécent que les femmes puissent monter à cheval en écuyère, on leur impose, au nom des bonnes mœurs, la monte en amazone. C'est de cette époque que datent les jupes coupées de manière à cacher le genou. Pour des raisons de sécurité, les cavalières portent le plus souvent des pantalons et des bottes, comme les hommes, mais avec une jupe par dessus le tout. Les femmes continueront de monter en amazone jusqu'à la fin des années 1930. Ce tailleur de qualité est un exemple de tenue d'équitation pour dame créée par la très respectable maison H. Creed and Co. Il combine des éléments de la mode masculine (veste de tailleur et jodhpurs) et féminine (longue jupe appelée «amazone»).

Creed
Tenue d'équitation
Griffe : H. CREED
AND CO.
Années 1900
Twill de laine noir ; veste façon tailleur ouverte sous le bouton ; jupe coupée de façon à cacher le genou droit quand la cavalière monte en amazone ; portée sur des jodhpurs.

Quand elle apparaît au début du XXᵉ siècle, l'automobile, produit de luxe par excellence, devient le nouveau signe extérieur de richesse des classes privilégiées. Cet ensemble est une tenue de passagère. Les premières voitures avaient un toit ouvert qui exposait les passagers au vent, au froid, à la poussière. Les femmes portent un long manteau et de grosses lunettes pour se protéger du vent et se couvrent entièrement la tête d'une capote assez peu flatteuse pour rester à l'abri de la poussière.

◄ **Anonyme**
Manteau, capote, chemisier et jupe
1900–1905
Manteau en toile de lin marron, cordonnets décoratifs et boutons revêtus ; capote en soie *habutae* blanche et tulle, visière transparente en mica au dessus des yeux ; chemisier en twill de laine à rayures multicolores ; jupe en laine grise.

Dès le milieu du XIXᵉ siècle, certains médecins recommandaient les baignades en eau de mer. Un peu plus d'un siècle plus tard, ce conseil d'hygiène est mis à profit pour apaiser les censeurs de l'Église, et la plage devient le lieu de rendez-vous obligé de la haute société. Au début, seuls les privilégiés ayant suffisamment d'argent et de temps libre peuvent aller à la mer pour échapper aux canicules estivales. Mais avec les progrès du chemin de fer vers le milieu du siècle, le bain de mer se démocratise progressivement. Les femmes peuvent se baigner – mais uniquement pour des raisons de santé ! Elles doivent pour ce faire porter des costumes de bain richement ornementés et très incommodes révélant aussi peu de peau que possible, et leur baignade se résume généralement à une timide trempette.

► **Rudolf Lenn**
Costume de bain
Griffe : AUSSTEVERN RUDOLF LENN BERN
Vers 1900–1910
Pullover et pantalon serré au genou en chaly de laine bleu marine ; large col plat rouge avec ancres décoratives aux pointes ; tresse rouge sur les manches, la taille et l'ourlet du pull-over.

►► **Anonyme**
Costume de bain
Vers 1900–1910
Flanelle de coton rayée blanc et rouge ; combinaison arrivant au genou ; ouvertures boutonnées aux épaules ; ruban de coton rouge décoratif ; ceinture assortie.

L'INFLUENCE DE LA HAUTE COUTURE
La mode durant la première moitié du XXe siècle

La Première Guerre mondiale porte un coup fatal au vieil ordre social, déjà très mal en point depuis la fin du XIXe siècle. La société change, le style vestimentaire aussi. La montée en puissance des classes moyennes s'accompagne d'une révolution des mœurs : les femmes commencent à quitter leurs fourneaux pour participer à la vie de la cité ; elles délaissent le corset en faveur de vêtements plus fonctionnels. Les créateurs de mode et les artistes rêvent d'une nouvelle esthétique vestimentaire. Les deux conflits mondiaux ont eu un impact incontestable sur la mode. Mais il ne faut pas pour autant oublier le rôle moteur de la haute couture dans toute la première moitié du XXe siècle. Les nouveaux médias font connaître la haute couture parisienne dans le monde entier.

La recherche du nouveau vêtement et l'affranchissement du corset ; les années 1900 et 1910

La Première Guerre mondiale accélère les mutations sociales et culturelles de tous ordres. Il y a de plus en plus de femmes instruites et actives dans la vie professionnelle ; les automobiles ne sont plus des raretés ; le goût du sport se développe : autant d'éléments qui impliquent un style de vie entièrement nouveau. La mode vestimentaire suit le mouvement. La tenue quotidienne de la femme moderne devient progressivement plus ou moins fonctionnelle avec le tailleur.

Par ailleurs, des couturiers célèbres tels que Charles Frederick Worth, Jacques Doucet et Jeanne Paquin, qui ont débuté leur carrière au siècle précédent, restent fidèles à l'Art nouveau ; pour eux la beauté idéale est à la fois élégance et opulence. Leurs créations exigent le port de longs corsets qui seuls permettent d'avoir une ligne parfaite – à savoir la silhouette en S. Les femmes se plient à cette contrainte quand elles s'habillent pour aller en société, mais elles l'abandonnent tout à fait dès qu'elles sont chez elles, et retrouvent leur liberté de mouvement. D'ailleurs, le vêtement d'intérieur le plus prisé est la *tea gown*, robe vaporeuse et assez ample pour cacher un corset délacé.

Paul Poiret est le premier couturier à proposer une mode affranchie du port du corset. En 1903, il lance le « manteau Confucius » de coupe droite et d'une forme ample. En 1906, il invente le « style hellénique », une série de modèles sans corset et à taille haute. À quelques brefs intermèdes près, le corset est une constante du vêtement féminin depuis la Renaissance. Poiret le jette carrément aux orties, et déplace le centre de gravité de la taille vers les épaules. Il confiera dans ses mémoires qu'il a certes voulu affranchir les femmes de la longue tyrannie du corset, mais surtout ardemment cherché une nouvelle forme de beauté. Reste qu'il réussit là où les féministes et les médecins de la fin du XIXe siècle ont échoué : il libère la femme du corset. La mode du XXe siècle délaisse donc la silhouette artificielle et corsetée en faveur d'une forme plus naturelle, maintenue par le soutien-gorge.

Le travail de Poiret se distingue par son exotisme somptueux et ses couleurs vives et audacieuses. Il invente les « culottes de harem » et la bien-nommée jupe « entravée » à ourlet étroit, sans oublier les turbans d'inspiration orientale. Ses créations se nourrissent des rêves de terres lointaines qui imprègnent toute cette période du XXe siècle. La peinture orientaliste, popularisée à la fin du XIXe siècle, et la traduction des *Mille et Une Nuits* au début du XXe siècle alimentent cette passion pour l'Orient. En 1909, les Ballets russes se produisent pour la première fois à Paris, et leur magnificence toute orientale suscite un engouement sans précédent. Les regards se tournent de plus en plus vers le Japon, qui a ouvert ses portes à l'Occident à la fin du XIXe siècle. En pleine guerre russo-japonaise (1904–1905), le « japonisme » incarne l'influence culturelle du Japon. L'orientalisme et le japonisme ont tous deux un impact sur l'art et la littérature. Poiret et la maison Callot Sœurs puisent leur inspiration dans l'exotisme et la beauté sensuelle de l'Orient, les motifs et les coloris des étoffes, la coupe des vêtements, notamment les amples culottes de harem et l'exotique kimono japonais. La forme plate et l'ouverture du kimono annoncent en fait le nouveau rapport qui va s'instaurer entre le corps et le vêtement.

On explore également de nouveaux styles dans d'autres pays européens. Dans l'esprit de la Grèce Antique, l'Espagnol Mariano Fortuny crée une robe à plis classiques, la « Delphos », véritable innovation qui combine fonctionnalité et ambition esthétique : les plis tombent avec grâce et délicatesse et s'animent au moindre mouvement en un chatoiement de lumière et de coloris. Les ateliers fondés en 1903 par Josef Hoffmann, les Wiener Werkstätte, s'intéressent eux aussi au vêtement. D'abord voués à l'architecture, les arts décoratifs et la reliure, ils ouvrent en 1911 un département Mode qui produit sa propre ligne de vêtements, dont la célèbre « robe-sac ».

Au début du siècle, les nouveaux médias vont porter très loin le rayonnement de la mode parisienne. Des revues de mode comme *Vogue* (créée à New York en 1892) et la *Gazette du bon ton* (créée à Paris, 1912–1925) tiennent la chronique des dernières tendances. Elles sont abondamment illustrées par des artistes tels que Paul Iribe et Georges Lepape. On est véritablement à l'âge d'or de l'illustration de mode. Poiret est d'ailleurs le premier à utiliser le catalogue pour faire connaître ses collections à l'étranger et publie successivement *Les Robes de Paul Poiret racontées par Paul Iribe* (1908) et *Les Choses de Paul Poiret vues par Georges Lepape* (1911).

Les acheteurs et journalistes de mode convergent sur Paris pour se tenir au courant des dernières tendances. En 1910, la Chambre syndicale de la couture parisienne voit le jour : elle est chargée de fixer le calendrier des collections et de lutter contre les contrefaçons. Paris semble bien partie pour établir un système qui consolidera son titre de capitale mondiale de la mode.

Le début de la Première Guerre mondiale vient briser cet élan. Tous les hommes étant mobilisés, ce sont les femmes qui doivent faire tourner tant bien que mal l'économie. Pour cela, elles ont besoin de tenues pratiques. La demande s'oriente donc vers des coupes simplifiées et des jupes plus courtes, ce à quoi répond parfaitement le tailleur. Très fonctionnel, il devient un élément de base des garde-robes féminines. Mais alors que le vêtement pour dame change radicalement, la mode masculine évolue très peu, les seules nouveautés étant la veste un peu moins près du corps et l'ourlet étroit du pantalon, ce qui donne une plus grande liberté de mouvement.

La nouvelle Ève ; les années 1920

Avec la démobilisation des hommes à la fin de la Première Guerre mondiale, les femmes perdent leur emploi, mais rien ne sera plus jamais comme avant : elles ont trop pris le goût de la liberté. Le jazz est à la mode, le tango et le charleston encore plus. On ne parle que voitures de sport, bains de soleil et natation. Les nouveaux riches fréquentent les mêmes cercles que la vieille aristocratie d'argent, et les audaces de l'avant-garde coexistent avec les canons classiques de l'élégance. Et comme tout s'accélère, la mode se renouvelle plus souvent.

La mode féminine change radicalement. Les lourds chignons sont délaissés au profit des cheveux courts. Les jupes remontent quasiment jusqu'au genou. Et comme on préfère désormais les silhouettes jeunes et élancées aux formes plantureuses, les femmes s'habillent comme des garçons. La « garçonne », nom du roman éponyme de Victor Margueritte (1922), incarne l'image de la nouvelle femme, une femme plus instruite, qui travaille, et qui peut avoir des aventures galantes. Elle conduit, fait de l'exercice, joue au golf et au tennis. Et elle fume.

Le look androgyne de la garçonne, qui évite délibérément de souligner les seins et la taille, est associé à l'Exposition internationale des arts décoratifs et industriels modernes de Paris en 1925, d'où découle l'appellation Art déco. La garçonne a les cheveux courts ; elle porte un chapeau cloche ajusté, une simple robe courte à taille basse. Cette sobriété est toutefois démentie par les broderies de paillettes, le boa en plumes et les accessoires assortis. Sa lingerie se résume à un soutien-gorge, une gaine et des bas couleur chair. Dans sa trousse de maquillage, du rouge à lèvres écarlate, de la poudre de riz blanche et du fard à joues ; ses sourcils sont épilés en un arc très mince et ses yeux sont soulignés d'un trait de kohl noir.

Les tenues de sport sont naturellement très à la mode. Les tenues fonctionnelles de la grande championne de tennis Suzanne Lenglen contribuent à populariser le *sportswear*. Le maillot de bain, qui dénude le corps beaucoup plus que le costume du même nom, est sur toutes les plages dès la fin des années 1910. On commence à voir des tenues de plage, et le pantalon devient à la mode dans les villes de villégiature.

Gabrielle (« Coco ») Chanel joue un rôle particulièrement important dans le raffinement du style garçonne et l'essor du *sportswear*. Elle dessine des tenues en jersey confortables, simples et élégantes, inspirées du vêtement masculin. Sa première robe en jersey fait sensation. Dans la foulée, elle crée des ensembles à veste cardigan, des « pantalons de yachting » de style marin, des pyjamas de plage et le célèbre must du moment, la petite robe noire toute simple. Par ailleurs, elle lance le bijou fantaisie, dont elle fait un accessoire de haute couture à part entière. Incarnation parfaite de la garçonne et de la femme indépendante, Coco Chanel définit une nouvelle éthique de la mode et propose un style aux femmes qui lui ressemblent.

Dans ces années 1920 et 1930 qui sont l'âge d'or de la haute couture, il y a les étoiles montantes – Jean Patou, Edward Molyneux, Lucien Lelong et d'autres – et les vieilles maisons prestigieuses comme Paquin et Callot Sœurs. Et il y a surtout de nombreux talents féminins, à commencer par Coco Chanel et Madeleine Vionnet, Chanel est de la race des stylistes de haut vol, tandis que Vionnet est plutôt une architecte de la mode. Avec sa technique de coupe dans des tissus aux motifs géométriques et son sens aigu de l'assemblage, elle apporte véritablement du nouveau dans le domaine de la couture. Elle invente toute une série de détails comme la coupe en biais, la coupe circulaire, la coupe à crevé, l'incrustation triangulaire, le décolleté «bain de soleil» et le col boule. Inspirée par la construction plate du kimono japonais, elle conçoit également une robe sans couture coupée dans une seule pièce de tissu.

L'union entre l'art et la mode est à son apogée dans les années 1920. Les couturiers travaillent avec les artistes et vice versa. Le surréalisme, le futurisme et l'Art déco prônent un art total embrassant tous les aspects de l'existence et de la vie quotidienne, notamment les vêtements. Les artistes d'avant-garde, et en particulier les surréalistes et les futuristes, font entrer l'art dans la mode. De cette collaboration féconde naîtront les accessoires et textiles Art déco et la renaissance de toute une série de techniques artistiques, comme la laque orientale.

La grande crise de 1929 met quasiment fin à la prospérité des années 1920. La plupart des clientes des grands couturiers sont ruinées du jour au lendemain. Les rues sont remplies de sans-logis. Les femmes des classes moyennes, qui ont relativement moins souffert du krach économique, se tournent vers la couture à domicile.

L'art et la mode ; les années 1930

La silhouette géométrique des années 1920 s'assouplit considérablement dans les années 1930. C'est toujours la même ligne élancée, mais la poitrine est remise en valeur et la taille remonte à sa hauteur normale. Les robes longues reviennent pour les tenues de soirée et les cheveux se portent un peu plus long et légèrement ondulés.

La robe courte est maintenant entièrement banalisée, et les vêtements de sport sont de plus en plus demandés. Les riches font de longs séjours à la mer ou à la montagne et, avec les premiers congés payés, les ouvriers découvrent les joies des vacances. Bien que le terme «prêt-à-porter» n'existe pas encore officiellement, les maisons de haute couture commencent à proposer des pulls, des pantalons et des maillots de bain dans leurs boutiques.

Elsa Schiaparelli commence sa carrière en dessinant des vêtements de sport, notamment pulls et tenues de plage. Elle étoffe progressivement sa ligne avec des tenues de ville et des robes du soir et s'impose alors comme l'une des stylistes les plus marquantes des années 1930. Elle crée des vêtements originaux et spirituels, dont le célèbre pull noir en laine orné d'un nœud blanc en trompe-l'œil qui la fera connaître.

Elsa Schiaparelli est la couturière qui travaille le plus volontiers avec les artistes. Influencée par le dadaïsme, elle est également très proche des surréalistes. Et elle considère l'art à la fois comme une source d'inspiration et comme un élément de ses créations. Elle imprime ou brode sur ses robes des dessins de Salvador Dalí ou de Jean Cocteau. Elle s'enthousiasme pour les nouvelles matières – rayonne, vinyle ou cellophane. Pourtant, elle ne va pas jusqu'à modifier la silhouette elle-même, et de ce point de vue ses créations n'ont rien de radicalement nouveau. On y retrouve les épaules carrées et la taille cintrée caractéristiques des années 1930 et de toute la période de la guerre.

La mode des années 1930 est donc dominée par trois femmes : Chanel et Vionnet, à la réputation internationale, ayant déjà des années de métier, et la nouvelle venue Schiaparelli. Mais un homme, Cristobal Balenciaga, ouvre son salon parisien en 1937 avec une collection d'une grande modernité qui lui vaut immédiatement une réputation flatteuse.

Le cinéma américain exerce une grande influence sur la mode. Les stars hollywoodiennes Marlene Dietrich et Greta Garbo sont habilllées par Adrian. Leurs tenues semblent relativement classiques comparées aux créations de la haute couture parisienne, mais elles sont coupées dans des étoffes somptueuses qui passent merveilleusement bien à l'écran. Et comme le cinéma est en passe de devenir un divertissement de masse, toutes les femmes commencent à vouloir s'habiller comme les vedettes.

La photographie s'est elle aussi popularisée depuis le XIXe siècle. Les revues de mode y ont de plus en plus recours. Encore rare dans la presse spécialisée au début du siècle, la photo, dont la qualité ne cesse de s'améliorer, finit par remplacer tous les autres types d'illustrations. Ainsi, la publication des premières photos couleur dans les années 1930 sonne le glas du dessin d'illustration, du moins pour les revues de mode. Adolphe de Meyer (dans les années 1910) et Edward Steichen (dans les années 1920) ont été les précurseurs de la photo de mode. Les jeunes talents font assaut de créativité : George Hoyningen-Huene et Horst P. Horst, avec leurs images au scalpel d'une grande modernité ; Toni Frissell avec ses photos en extérieur sous lumière naturelle ; Man Ray et d'autres avec leurs solarisations, rayogrammes et autres expériences techniques.

La Seconde Guerre mondiale et la mode ; les années 1940

Le coup de tonnerre de la Seconde Guerre mondiale, en 1939, frappe de plein fouet la mode parisienne. De nombreuses maisons de haute couture doivent fermer leurs portes et les rares qui subsistent manquent de matières premières et leurs clientes sont parties. Les Allemands cherchent à délocaliser l'ensemble de l'industrie de la mode de Paris à Berlin ou Vienne. La profession est dans une situation difficile et Lucien Lelong, président de la Chambre syndicale de la couture parisienne, essaie tant bien que mal de préserver une sorte de *statu quo* pendant l'Occupation. Le régime de rationnements est institué en 1940. La confection est strictement réglementée, avec interdiction par exemple d'utiliser plus de quatre mètres de tissu pour un manteau. Il faut des tickets de rationnement pour acheter de la rayonne, l'une des rares matières disponibles à l'époque. Beaucoup de gens se débrouillent en refaçonnant eux-mêmes leurs vieux vêtements.

L'Angleterre institue également des restrictions en 1941, et le British Board of Trade demande à l'Incorporated Society of London Fashion Designers de dessiner une gamme de vêtements standard pour le *Utility Clothing Scheme*. Trente-deux modèles d'«utilité publique» conçus par Edward Molyneux, Hardy Amies et Norman Hartnell, entre autres, sont ainsi sélectionnés et fabriqués en très grande série. Les États-Unis entrent en guerre en 1941 et l'année suivante, le U. S. War Production Board impose le General Limitation Order L-85, qui réglemente la confection dans le moindre détail et insiste sur les économies d'étoffe : la jupe droite sans pli est encouragée, la jupe évasée est strictement interdite.

Pénurie de matières premières et rationnement obligent, les femmes s'habillent plus serré et plus court. Et comme c'est la guerre, la mode prend un petit air militaire. Le tailleur est sanglé comme un uniforme ; sa veste à épaulettes carrées, sa ceinture serrée à la taille et ses larges poches multi-usage lui donnent une allure vaguement martiale.

Mais comme le rationnement ne s'applique pas aux chapeaux, on voit apparaître les grandes capelines et les turbans extraordinairement compliqués si caractéristiques de l'époque, comme du reste les chaussures à semelle de liège, créations ingénieuses destinées àpallier la pénurie de cuir.

Le déclin de la mode parisienne favorise l'essor de la mode américaine. Pendant que les combats font rage en Europe, l'Amérique – naguère encore le plus gros client de la haute couture parisienne – fait tourner ses ateliers de confection. Avant la guerre, il existait bien un secteur de la haute couture aux États-Unis, mais on s'adressait toujours aux maisons parisiennes pour avoir des vêtements élégants et de qualité. Les Américains vont donc faire leur marque non pas dans la haute couture, mais dans le vêtement de tous les jours et le prêt-à-porter. La mode américaine des années 1930, c'est à la fois le style californien original et décontracté, la tenue de ville new-yorkaise et le vêtement pratique et bon marché des campus universitaires. L'étoile de la haute couture parisienne a pâli. Les couturiers américains se montrent plus audacieux et créatifs. Claire McCardell dessine une ligne pratique et originale de vêtements de sport en coton ou en jersey de laine qui privilégient la simplicité de la coupe. Une nouvelle génération, plus indépendante d'esprit et surtout éprise de beauté fonctionnelle, monte au créneau : le style américain est né.

Lorsque les Alliés libèrent Paris en juin 1944, la mode parisienne retrouve ses marques. Les défilés de haute couture reprennent, Jacques Fath et Pierre Balmain présentent leur première collection. En 1945, la Chambre syndicale de la couture parisienne monte le «Théâtre de la mode», exposition de mannequins miniatures (70 centimètres) habillés de vêtements de haute couture. L'idée est de montrer au monde entier la richesse et la créativité de la culture et de la mode françaises. Pari réussi au terme d'une tournée internationale de neuf grandes villes, qui durera un an. En 1947, Christian Dior présente sa première collection. Son «New Look» fait l'événement. Paris retrouve son titre de capitale de la mode, et son prestige est encore plus grand qu'avant la guerre. Ironie de l'histoire : les femmes apprécient le côté nostalgique du New Look – la taille fine serrée dans le corset et la jupe ample et longue – au moment même où elles sont en train de conquérir des libertés et de nouveaux droits civiques – dont le droit de vote (1944).

Reiko Koga, professeur à la Bunka Women's University, Tokyo

La silhouette en S devient la norme vers 1900. Pour obtenir une ligne fluide, les robes sont souvent taillées dans des étoffes douces et légères telles que la mousseline de soie et la charmeuse. La tyrannie du corset s'accentue et, par réaction, les couturiers vont bientôt commencer à dessiner des robes qui affranchissent la femme de ce carcan. Les robes présentées ici sont très Belle Époque. L'élégante robe à gauche est caractéristique du style de Doucet.

▶ **Jacques Doucet**
Robe du soir
Griffe: DOUCET 21. RUE DE LA PAIX. PARIS
Vers 1903
Dentelle noire en fils de soie brodée de perles et de velours; manches en mousseline de soie incrustées de dentelle; ceinture en ruban gros-grain doré.

▶▶ **Anonyme**
Robe de jour
Vers 1903
Robe deux-pièces en mousseline de soie blanche, silhouette en S; col montant et empiècement de dentelle aux fuseaux sur la poitrine.

Le chapeau du début du XXᵉ siècle est une chose
fort compliquée. Les formes s'élargissent et se
hérissent de plumes. Avec l'apparition d'oiseaux
empaillés sur la tête des élégantes, les espèces à
plumage exotique sont menacées d'extinction.
Ces extravagances sont très critiquées, et les
États-Unis vont jusqu'à interdire la chasse,
l'importation et la vente d'oiseaux sauvages.

▼ **Anonyme**
Chapeau
Années 1900
Tulle de soie beige et dentelle de coton ; décorations
en tulle de coton ; boucle et plume d'autruche.

▶ **Anonyme**
Chapeau
1905–1909
Chapeau de paille orné d'un ruban de velours noir
et d'un oiseau empaillé.

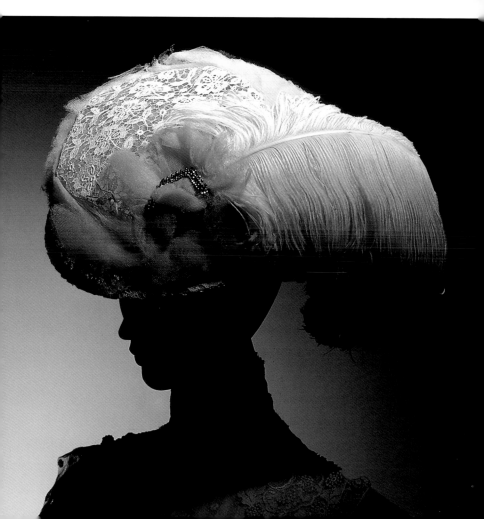

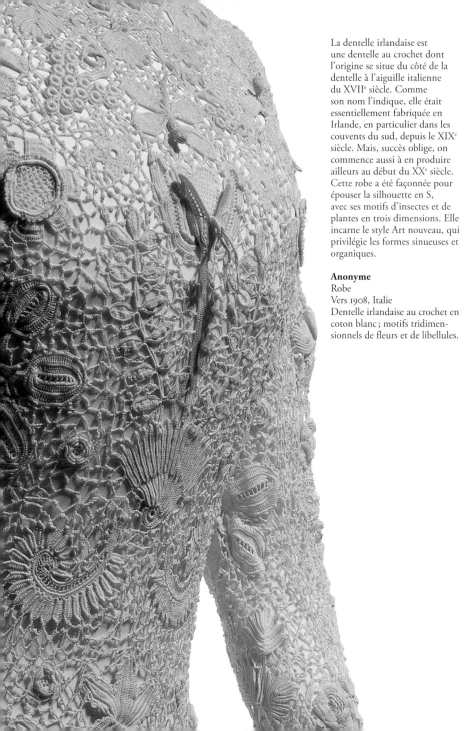

La dentelle irlandaise est une dentelle au crochet dont l'origine se situe du côté de la dentelle à l'aiguille italienne du XVIIᵉ siècle. Comme son nom l'indique, elle était essentiellement fabriquée en Irlande, en particulier dans les couvents du sud, depuis le XIXᵉ siècle. Mais, succès oblige, on commence aussi à en produire ailleurs au début du XXᵉ siècle. Cette robe a été façonnée pour épouser la silhouette en S, avec ses motifs d'insectes et de plantes en trois dimensions. Elle incarne le style Art nouveau, qui privilégie les formes sinueuses et organiques.

Anonyme
Robe
Vers 1908, Italie
Dentelle irlandaise au crochet en coton blanc ; motifs tridimensionnels de fleurs et de libellules.

Au début du XXᵉ siècle, le corps des femmes est plus que jamais comprimé par le corset. Il doit se plier à une artificielle silhouette en S, qui met en valeur la poitrine et les hanches tout en affinant la taille à l'extrême. Bien que Paul Poiret lance la première robe sans corset en 1906, les femmes ne seront pas entièrement affranchies de cet artifice avant la fin de la Première Guerre mondiale. Ces deux corsets sont rigidifiés par un long busc en acier sur le devant et baleinés tout autour. Ces renforcements sont indispensables pour aplatir le ventre et souligner les hanches.

Femme vêtue d'un corset, d'une chemise et d'une culotte, 1900

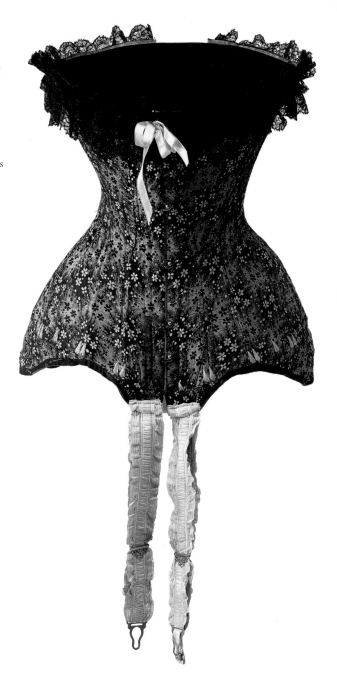

◄ Corset, chemise et culotte
Griffe: VELVET GRIP
(sur le corset)
Vers 1900
Corset en brocart de coton noir
à petits motifs floraux ; busc en
acier ; jarretières sur le devant ;
chemise et culotte en lin blanc.

► Corset
Vers 1907
Toile jacquard de coton noir à
petits motifs floraux ; ornements
de dentelle en fils de soie et
nœud de ruban sur la poitrine ;
jarretières sur le devant.

Quand Poiret lance sa robe à
taille haute et sans corset en
1906, la silhouette en S est
encore à la mode. Avec ce
modèle, il semble annoncer
l'abandon des formes
artificielles et outrancières
du XIXe siècle en faveur d'un
nouveau style propre à mettre
en valeur la beauté naturelle
du corps. Cette innovation
va bouleverser le monde de la
mode. Le corset ne disparaît
pas du jour au lendemain,
mais à la veille de la Première
Guerre mondiale la «ligne
Poiret» a plus ou moins
supplanté la silhouette en S.

Paul Poiret
Robe du soir
Griffe: PAUL POIRET
1910–1911
Robe en satin de soie beige avec
dessus de robe en tulle de soie;
broderie de perles polychromes
et de fils d'or; peplum en
tulle doré.

Avec l'arrivée des Ballets russes en 1909, une vague d'orientalisme déferle sur Paris. En 1911, Poiret donne un bal masqué, «la Mille et Deuxième Nuit», au cours duquel il présente une collection d'inspiration orientale qui puise abondamment dans les traditions vestimentaires indiennes et chinoises. Le bal est une telle réussite que Poiret est sacré maître de l'exotique et du spectaculaire. Ses robes sont illustrées par Georges Lepape dans l'album intitulé *Les Choses de Paul Poiret*.

▶ **Paul Poiret**
Déguisement pour homme
Griffe: PAUL POIRET À PARIS-MARS 1
1914
Veste en lamé or et satin de soie violet ornée de perles fantaisie et de fourrure noire; manches kimono; chapeau en lamé or avec perles fantaisies et aigrette.

▶▶ **Paul Poiret**
Déguisement pour femme
Griffe: PAUL POIRET À PARIS-DÉCEMBRE
1913-31890
1913
Robe de dessus en gaze de soie noire maintenue par des cerceaux et brodée de fleurs en fils d'or; culottes de harem en soie lamée or.

Déguisements par Paul Poiret
Photo: Mario Nunes Vais

◄ **Anonyme**
Eventail
Vers 1910
Cuir bordeaux et moire de
soie ; pivot et bague en cuivre ;
cordonnet en soie avec pompons.

La vague d'orientalisme influence
également le style des éventails,
dont Paul Poiret et Jeanne Paquin se
servent pour faire la publicité de leur
maison. Jeanne Paquin recrute trois
des illustrateurs les plus talentueux de
l'époque, Paul Iribe, Georges Barbier
et Georges Lepape, pour créer des
éventails d'art.

◄ **Jeanne Paquin**
Éventail « L'OCCIDENTALE »
Griffe : ÉDITÉ PAR PAQUIN-PARIS-
PAUL IRIBE PINXIT
1911
Feuille en vélin ; dessin au pochoir :
femme portant des fleurs dans un
paysage de mer et de montagne ;
dessin de Paul Iribe.

◄ **Jeanne Paquin**
Éventail « L'ORIENTALE »
Griffe : PAQUIN 3-RUE DE LA PAIX
PARIS-ÉDITÉ PAR PAQUIN-PARIS-
PAUL IRIBE PINXIT
1911
Feuille en soie *habutae* ; dessin au
pochoir : nu sur paysage de mer et
de montagne ; dessin de Paul Iribe.

Anonyme
Sacs
Vers 1910
En haut : motifs de cerises et de branches
de cerisier en perles multicolores.
En bas : motif floral en perles multicolores ; base
garnie d'une frange ; fermoir métallique en forme
de flamme, jours en forme de fleurs ; perles ;
chaînette.

Entre 1910 et 1913, Worth, Poiret et d'autres grands couturiers créent des manteaux de style *nukiemon*, qui ont un décolleté ouvert semblable à celui des kimonos japonais et une grande ampleur dans le dos. Ce manteau, dont la coupe rappelle le châle, est taillé dans une seule pièce de tissu à une seule ouverture au milieu. C'est une fois porté que le large décolleté rappelle le style *nukiemon* du kimono.

Jeanne Paquin
Manteau de soirée
Griffe: PAQUIN-PARIS-LONDON ÉTÉ 1912
Été 1912
Charmeuse de soie bleue et mousseline de soie noire; col en mousseline de soie; broderies de fleurs et d'ondulations de style japonais.

Page 313
Les deux robes à taille haute présentées à gauche reprennent les couleurs exotiques mises à la mode par les Ballets russes au début des années 1910.
La robe de Jeanne Paquin présentée à droite se distingue par une ceinture ornée d'une boucle en forme de scarabée égyptien, ainsi que par la coupe asymétrique de la jupe.

Jeanne Lanvin
Robe du soir
Griffe: JEANNE LANVIN
PARIS
Vers 1911
Mousseline de soie et dentelle
tulle vertes; broderie florale;
rose décorative.

Anonyme
Robe du soir
Vers 1911
Tulle de soie beige et mousseline
de soie rose; broderie florale
en perles véritables et fantaisie;
broderie ficelle dorée sur la jupe.

Jeanne Paquin
Robe du soir
Griffe: PAQUIN HIVER
1911-PARIS 3, RUE DE LA
PAIX LONDON 39 DOVER
STREET 36193
Hiver 1911
Toile jacquard de soie argent
et blanc cassé à motifs floraux
de style Renaissance.

Cette robe est une réinterprétation du kimono japonais par un styliste occidental. L'esprit japonisant est visible autour du col, sur le décolleté de style *uchiawase* et sur les manches droites « à la kimono ». La ligne arrondie qui part de l'ouverture frontale vers l'arrière de la traîne évoque la majesté du kimono. Les dessins brodés et le dos de la robe témoignent également d'une influence chinoise.

Femme portant la robe « japonaise » de Beer
Photo : Paul Boyer
Les Modes, février 1907

◄ Callot Sœurs
Robe du soir
Griffe: aucune
Vers 1908
Empiècement de charmeuse de
soie noire et violette; broderie de
chinoiseries florales; rubans partant
des épaules et cousus à l'arrière de
la taille; pompons.

► Worth
Manteau
Griffe: WORTH
Vers 1910
Velours grenat; décolleté kimono;
décoration de boucles de style
kumihimo (ficelle japonaise);
pompon de perles.

Femme portant une robe
d'après-midi de Beer;
Photo: Félix
Les Modes, mai 1910

◄ Amy Linker
Manteau
(Détail pages 318/319)
Griffe: AMY LINKER
LINKER & CO. SPS.7 RUE
AUBER. PARIS
Vers 1913
Satin de soie noir et crêpe de
soie vert clair; col en satin
de soie noir et vert; broderies
florales et orientales en perles;
silhouette en forme de cocon.

▶ Manteau de soirée de Martial
& Armand
Photo: Félix
Les Modes, novembre 1912

◄◄ Photos prises à Longchamp
ou à Auteuil
Janvier 1911, février-avril 1913
Martin Kamer Collection

Au début du XXᵉ siècle, la mode du kimono qui
s'empare de l'Europe s'accompagne d'un vif intérêt
pour les costumes grandioses du théâtre *kabuki*.
Les rayures audacieuses, le col de style *date-eri* et les
motifs floraux rappelant les motifs de prédilection
des acteurs de *kabuki* sont autant d'éléments
d'emprunt. La coupe du *nukiemon*, c'est-à-dire
le col tombant dans le dos de la robe *kabuki,*
est également adaptée pour ce manteau.

319

► **Mariano Fortuny**
Manteau
(Détail page 323)
Griffe : aucune, mais la griffe
de Fortuny a laissé une marque
(4,5 cm de diamètre)
Années 1910
Velours brun clair imprimé
au pochoir de motifs japonais
traditionnels multicolores ;
doublure en faille de soie rose
saumon ; structure droite.

Dès la fin du XIXᵉ siècle, les Occidentaux ont adopté le kimono japonais comme robe de chambre, et créent même des vêtements d'intérieur inspirés du style kimono. Mariano Fortuny cherche des idées de motifs un peu partout, notamment sur les kimonos japonais. Pour cette robe, il a utilisé des motifs de papillons et de feuilles de mauve repérés sur une étoffe japonaise illustrée dans le deuxième numéro de la revue française *Le Japon artistique* en 1888, et dans *Étoffes japonaises* en 1910. Ce tissu est aujourd'hui dans les collections du musée de la Mode et du Textile au Louvre.

▼ **Tissu « Papillons et feuilles de mauve » par Bianchini Férier et Cie**
Vers 1907
France
Musée de la Mode et du Textile, Paris, Collection UCAD

◀ **Tissu**
Fin de l'époque Edo
(vers 1850–1867)
Japon
Musée de la Mode et du Textile, Paris, Collection UCAD

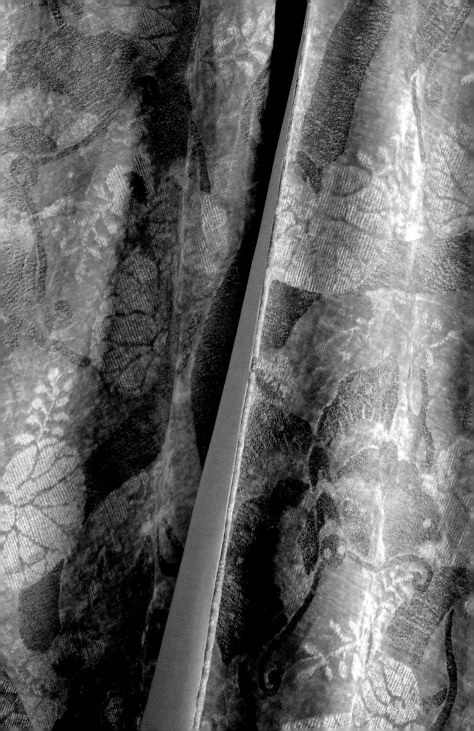

Le costume-tailleur, tradition-
nellement associé aux garde-robes
masculines, est porté par les
femmes comme tenue de voyage ou
de sport dès la fin du XIXᵉ siècle.
Il se démocratisera véritablement
vers 1910 comme vêtement de tous
les jours. À gauche, la robe à taille
haute aux lignes simples est taillée
dans une étoffe légère, mode
typique de cette période. Inspirée
du tailleur, la robe présentée à
droite est coupée dans un tissu
léger qui lui donne une note de
féminité. Beaucoup de femmes
portent ce genre de robe au début
du XXᵉ siècle.

◄ **Anonyme**
Robe de jour
Vers 1909
Robe d'une seule pièce en tulle
de coton à motifs floraux ; broderie
ficelle ; corsage en satin de soie
avec rose décorative.

► **Bulloz**
Ensemble de jour
Griffe : PARIS MON BULLOZ
140 CHAMPS ÉLYSÉES
Vers 1910
Satin de soie violet foncé ; ensemble
veste, corsage et jupe ; ceinture
en faille de soie noire ; jupe avec
draperie ; jabot en tulle de coton
blanc sur le corsage.

La robe à taille haute présentée ici
est un bon exemple de la coupe
droite à la mode dans les années
1910. Cependant, les robes de
ce style sont encore en général
maintenues par des baleines,
comme au XIXe siècle, quand le
vêtement féminin était tenu de
l'intérieur par une superposition
de dessous. Cette robe a été
créée pendant la période de
transition annonciatrice du style
révolutionnaire affranchi du corset.

Callot Sœurs
Robe du soir
Griffe: CALLOT SŒURS
MARQUE MODE DÉPOSÉS.
PARIS
Vers 1911
Charmeuse de soie, mousseline
de soie et dentelle noires; pans de
dentelle aux épaules; ceinture en
satin de soie; ornement en
jais artificiel.

Les Occidentaux s'intéressent aux armoiries familiales reproduites sur les kimonos et autres objets de décoration japonais. Cette robe s'orne d'emblèmes de familles japonaises brodés en perles et en paillettes et disposés à l'occidentale. L'influence japonaise se retrouve au bas de la traîne et sur les ornements en perles qui produisent une forme asymétrique.

Anonyme
Robe du soir
Vers 1913
Tulle blanc brodé de perles et de paillettes; motifs d'armoiries familiales japonaises; corsage doublé sur le devant en forme de tunique; jupe avec traîne.

La traîne de cette robe s'orne de motifs japonais *yotsukanawa* et *seigaiha* en perles métalliques. Le motif *seigaiha*, littéralement «vague d'océan bleue», est considéré comme une vague en Chine et comme une écaille en Europe. Il sera souvent repris dans l'Art déco au cours des années 1920. Clin d'œil au style Art déco, la coupe presque droite va devenir la norme quelques années plus tard.

Beer
Robe du soir
Griffe : BEER, 7 PLACE VEN-DÔME, PARIS
Vers 1919
Tulle noir brodé de motifs japonais traditionnels en perles d'argent et strass ; frange en perles d'argent ; ceinture-écharpe rayée vert et or ; robe de dessous en lamé argent.

Armoiries familiales japonaises, extrait de *A Grammar of Japanese Ornament and Design* de T.W. Cutler, 1880

Couturier aux multiples talents, Fortuny est également peintre, photographe, décorateur de théâtre, éclairagiste, créateur de textiles. Vers 1907, il signe la «Delphos», robe plissée inspirée de la Grèce antique. C'est l'une de ses plus célèbres créations. Les plis de la soie fine tombent avec fluidité depuis les épaules pour envelopper délicatement le corps. Cette coupe moderne et près du corps illustre parfaitement le nouveau style du XXᵉ siècle. Chaque mouvement produit dans les plis des jeux de couleur et de lumière qui exaltent encore la beauté du vêtement. Avec sa grâce intemporelle, la robe Delphos est encore une source d'inspiration pour les couturiers contemporains.

Mariano Fortuny
Robe «Delphos»
Griffe: aucune
Années 1910
Robe d'une seule pièce en satin de soie topaze; plis étroits sur l'ensemble; perles de verre aux emmanchures et sur les coutures latérales.

Mariano Fortuny
Robe « Delphos »
Griffe : MADE IN ITALY
FABRIQUÉ EN ITALIE
FORTUNY DEPOSÉ
années 1910
Robe d'une seule pièce en satin
de soie vert pâle ; plis étroits
sur l'ensemble ; perles de verre
aux emmanchures et sur les
coutures latérales.

La « Delphos » n'a pas été
conçue pour la silhouette
artificielle dessinée par le
corset, mais pour laisser deviner
la beauté naturelle du corps
féminin ; au début, les femmes
la portent seulement comme
robe d'intérieur. La « Delphos »
est alors très longue et se
termine généralement par
une traîne. Les perles en verre
vénitien placées sur les coutures
latérales et aux emmanchures
servent de lests. Avec ses détails,
ses plis et ses perles en verre,
la « Delphos » est presque un
objet de décoration en soi.
Elle annonce la révolution que
va bientôt connaître la mode
féminine.

Pages 336/337
Mariano Fortuny
Robes « Delphos »

◄ Natasha Rambova portant
une robe « Delphos »
Photo : James Abbe, 1924
Washburn Gallery, New York

Pour Fortuny, le processus de création commence par la préparation des étoffes, qu'il fabrique lui-même. Il teint de la soie grège avec des produits mélangés pour obtenir des nuances subtiles. Pour les impressions, il utilise au départ des planches en bois, puis, influencé par la technique japonaise d'impression au pochoir, il met au point une technique de sérigraphie avec des pochoirs pouvant imprimer plusieurs couleurs, et la fait breveter en 1909. Avec la « Delphos », les étoffes imprimées au pochoir deviennent la marque de fabrique de Fortuny. Le motif floral et végétal illustré à gauche apparaît fréquemment sur les tissus crétois. Le dessin est inspiré d'un tableau de l'artiste vénitien Bellini. La tunique présentée à droite est imprimée au pochoir d'un motif islamique qui couvre toute la largeur du tissu.

◄ **Mariano Fortuny**
Tunique et pantalons
Griffe : aucune
Années 1910
Tunique en voile de soie lie-de-vin avec impressions argentées au pochoir ; perles en verre ; pantalon en soie plissée rouge.

► **Mariano Fortuny**
Tunique
(Voir aussi pages 340/341)
Griffe : aucune
Années 1910
Gaze de soie noire imprimée au pochoir de motifs islamiques dorés ; perles en verre.

Le corset est de plus en plus décrié un peu partout en Europe. Dès la fin du XIXe siècle, les esthètes du mouvement préraphaélite appellent les femmes à s'en libérer. Ils aiment les robes aux lignes simples et amples de la Grèce antique et du Moyen-Âge. Maria Monaci Gallenga, qui débute sa carrière comme peintre, rejoint les préraphaélites avant de s'orienter vers la couture. Très influencée par Fortuny, elle se spécialise dans les vêtements imprimés au pochoir et les robes de style médiéval. La robe à manches pendantes présentée à gauche est une création de Maria Monaci Gallenga. Des motifs de style oriental ancien (phœnix et griffons) lui confèrent une somptuosité digne de la Renaissance. La robe de Fortuny présentée à droite est agrémentée d'un motif Renaissance.

◀ **Maria Monaci Gallenga**
Robe
Griffe : MARIA MONACI
GALLENGA
Vers 1917
Velours de soie vert mousse ;
motifs orientaux imprimés au
pochoir argent sur or ; ceinture
en cordonnets de georgette de
soie or et vert.

▶ **Mariano Fortuny**
Robe
Griffe : MARIANO FORTUNY
VENISE
Années 1930
Velours de soie noir imprimé au
pochoir de motifs Renaissance
dorés ; incrustations en satin de
soie noir plissé sur les côtés et sous
les bras.

► **Mariano Fortuny**
Robe
Griffe : MARIANO FORTUNY
VENISE
Années 1930
Velours bleu-vert avec impressions
dorées au pochoir ; incrustations
en satin de soie plissé sur les côtés
et sous les bras.

◄ La danseuse Catherine Hawley
portant la robe de Fortuny
Photo : Man Ray

D'abord basé à Londres, Redfern devient célèbre à Paris à la Belle Époque avec ses costumes-tailleurs et ses tenues *sportswear*. Pour ajouter une note féminine à ce tailleur, il a appliqué une impression florale sur la veste et la doublure et a apporté quelques détails féminins, par exemple les plis de la jupe. Également originaire de Londres, Lucile ouvre des boutiques à Paris et à New York. Créée à New York, cette robe très ornementée et d'esprit vaguement nostalgique rappelle la « robe de style » de Jeanne Lanvin.

La jupe courte révélant les genoux est caractéristique de la phase de transition qui précède les années 1920.

◄ **John Redfern**
Ensemble de jour
Griffe : REDFERN PARIS
Vers 1915
Ensemble veste et jupe en pongé de soie vert ; doublure et col en soie *habutae* avec impressions florales ; jupe plissée.

► **Lucile**
Robe du soir
Griffe : LUCILE LTD 37&39 WEST 57TH ST. NEW YORK
Automne 1916
Tulle et satin de soie blancs ; ceinture en soie *habutae* et satin ; superposition de trois jupes, jupe du dessus en taffetas bleu clair ; corsage.

Gabrielle Chanel cherche avant
tout à rendre la mode féminine
du XXᵉ siècle plus fonctionnelle.
Se débarrassant des ornements
superflus et s'inspirant de la
mode masculine, elle crée des
vêtements pratiques, faits pour
le mouvement, qui définissent
une nouvelle élégance. Femme
active elle-même, Chanel
incarne la «garçonne», ce nouvel
idéal féminin qui s'impose
au lendemain de la Première
Guerre mondiale, et elle porte
ses propres créations. La robe
présentée ici date de ses débuts.
Les griffes portant la mention
«Gabrielle Chanel» sur la robe
et le manteau comptent parmi
les rares labels de cette période
à être parvenus jusqu'à nous.

◄ **Gabrielle Chanel**
Manteau
Griffe: GABRIELLE CHANEL
PARIS
Vers 1920
Velventine marron foncé;
col montant; pans du même
tissu sur les côtés; taille basse
nervurée; boutons en écaille
recouverts de peinture dorée;
perles métalliques; chapeau
Chanel (fin des années 1910).

► **Gabrielle Chanel**
Robe du soir
Griffe: GABRIELLE CHANEL
PARIS
Vers 1920
Charmeuse de soie marron
brodée de motifs floraux sous
une tulle de soie; ceinture-
écharpe sur la taille basse, jupe
doublée en forme de toupie.

► Griffes de Gabrielle Chanel
En partant du haut : 1921,
vers 1930, années 1930
La griffe illustrée en haut à
droite, portant le prénom et
le nom « Gabrielle Chanel »,
est extrêmement rare.

◄ Sem
Chanel enlevée par Arthur Capel
en centaure, vers 1913

Ces deux robes illustrent la méticulosité toute artisanale propre à la haute couture. La ligne nette et élancée qui en résulte est caractéristique des créations Chanel.

◄ **Gabrielle Chanel**
Robe
Griffe: CHANEL 75476
Vers 1926
Robe en mousseline de soie blanc cassé avec pièce de style cape; nervures; jupe à 15 pans; robe de dessous en crêpe de soie de Chine.

► **Gabrielle Chanel**
Robe
Griffe: CHANEL 85123
Vers 1928
Don de M. Martin Kamer
Charmeuse de soie noire; jupe en mousseline de soie et tulle.

Page 354
En 1926, Chanel crée sa «petite robe noire», dont
l'illustration de gauche en page précédente est un
bon exemple. La robe noire toute simple marque
un véritable tournant dans la mode féminine,
et reste une valeur sûre aujourd'hui.

Gabrielle Chanel
Robe
Griffe: CHANEL Vers 1927
Crêpe en satin d'envers de soie noir; taille basse,
coupe droite; juxtaposition originale de tissus
de différentes textures; rubans décoratifs.

Page 355
Le style Chanel, c'est entre
autres l'utilisation de la même
soie pour la doublure du
manteau et pour la robe, ainsi
que pour la doublure de la veste
et le chemisier. Cet ensemble
manteau et robe est coupé dans
une soie aux motifs Art déco.

Gabrielle Chanel
Ensemble de jour
Griffe: CHANEL
Vers 1927
Ensemble manteau et robe;
robe en crêpe de Chine marron
imprimé, taille basse; jupe à
volants; bouillonné; manteau
en velventine marron, doublure
du même tissu que la robe.

En 1916, Gabrielle Chanel dessine des ensembles
à veste cardigan en jersey de laine, une matière
jusqu'alors surtout utilisée en bonneterie. Ce style,
caractérisé par l'utilisation d'étoffes élastiques, une
jupe raccourcie et une silhouette épurée, est en
quelque sorte le prototype du futur «tailleur Chanel».
L'ensemble à veste cardigan présenté à droite date des
années 1920. La jupe au genou, d'une coupe stricte et
d'une couleur discrète, donne à l'ensemble une allure
très moderne. La veste est agrémentée d'un œillet.
Plus tard, Chanel privilégiera toujours le camélia
en boutonnière de ses célèbres tailleurs.

Gabrielle Chanel dans son
ensemble à veste cardigan
en jersey de laine, 1928

Gabrielle Chanel
Ensemble de jour
Griffe : CHANEL
Vers 1927
Veste et jupe en crêpe de laine
noir sans doublure ; chandail
en jersey de laine blanc.

Madeleine Vionnet a ses propres
recettes pour mettre en valeur la
beauté du corps féminin. Ainsi,
elle invente une technique de
drapé en coupant le tissu sur un
buste d'atelier ; armée de ciseaux
et d'épingles, elle parvient à créer
une ligne fluide avec des tissus
de crêpe. Cette robe droite est
tout à fait représentative de ses
premières créations. La frange
en fils de soie, qui se balance au
gré des mouvements, est à la fois
un ornement et un lest destiné à
parfaire le tombé du vêtement.
La coupe en diagonale de la
pièce d'étoffe est une innovation
technique, qui prendra le nom
de coupe en biais.

Madeleine Vionnet
Robe
Griffe : MADELEINE VIONNET
1921
Don de M. Martin Kamer
Georgette de soie noire ; coupe
en biais ; franges en fils de soie
aux emmanchures et sur la jupe.

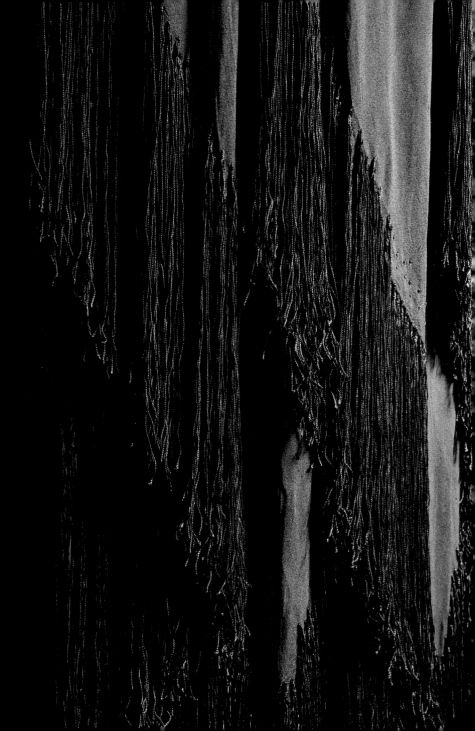

Les modèles de Madeleine Vionnet recréent le corps féminin et introduisent une évolution fondamentale des techniques de coupe. La jupe de la robe présentée à gauche est faite de petites pièces triangulaires cousues ensemble et pliées de façon alternée, technique qui rappelle l'*origami,* art japonais du papier plié. Grâce à cette astuce, la différence de texture entre la surface et l'envers des tissus apparaît distinctement et crée un effet intéressant sur la jupe. Malgré son apparente simplicité, ce modèle est très complexe et sa coupe requiert un grand savoir-faire. La robe présentée à droite est agrémentée de roses, élément récurrent dans les créations des années 1920 de Madeleine Vionnet. Ces détails sont décalés sur les côtés pour mettre en valeur la sobriété du corsage.

Madeleine Vionnet
Robe
Griffe: MADELEINE
VIONNET
1918–1919
Robe d'une seule pièce en crêpe d'envers de satin de soie noir; jupe réalisée par assemblage de 20 pièces.

Madeleine Vionnet
Robe
Griffe: MADELEINE
VIONNET 12061
Vers 1922
Charmeuse de soie noire et soie
habutae; pièce rectangulaire sur
le devant et au dos du corsage;
271 roses décoratives sur les
deux pans latéraux.

Au début des années 1920, le style monastique
est à la mode et, comme le prouve ce modèle,
n'est pas sans influencer les créations de Madeleine
Vionnet. Une grande capuche, d'épais pompons
et la lourde étoffe de teinte foncée donnent à
cette cape un petit air de mystère.

▶ **Madeleine Vionnet**
Cape de spirée
Griffe : aucune
Vers 1923
Cape en velours marron foncé avec capuche ;
chaîne travaillée à la verticale ; doublure en lamé rouge
et brun ; deux cordonnets avec pompons en rayonne.
▼ **Thayaht**
La Gazette du Bon Ton, 1922

Dans les années 1920, les décorateurs Eileen Gray et Jean Dunand créent des objets de décoration qui témoignent de l'influence des laques japonaises. Dunand fabrique également des tissus laqués. D'une texture proche de la laque, le lamé, brillant et souple, est une matière de prédilection. La robe illustrée à gauche est typique de son époque. La robe de mariée présentée à droite a été portée le 27 juin 1922 à Paris, comme le prouvent la photo et les faire-part qui en ont été conservés. Le mariage était sans doute très élégant. Malgré la présence d'un nœud qui semble fixer le dos de la robe, le modèle est en réalité fait d'une seule pièce. Madeleine Vionnet s'intéresse aux estampes japonaises *ukiyo-e* et aux kimonos, qu'elle collectionne sous l'influence de son amie Mme Gerber.

▶ **Madeleine Vionnet**
Robe du soir
Griffe: MADELEINE
VIONNET 79531
Vers 1922
Incrustation de voile de soie rose avec fil de chaîne en lamé argent; robe-tube avec corsage de dessus de style kimono; nœud brodé de perles.

▶▶ **Madeleine Vionnet**
Robe de mariée
Griffe: MADELEINE
VIONNET 14053
1922
Faille de soie et tulle blancs; ourlet droit à la cheville, traîne; roses décoratives en faille de soie créées par Lesage.

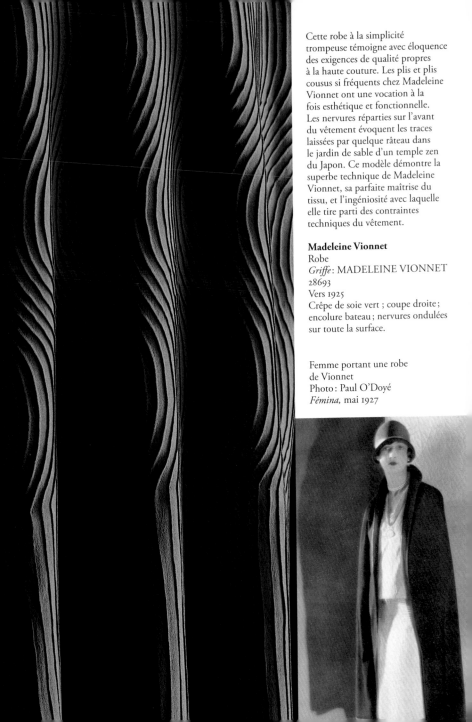

Cette robe à la simplicité trompeuse témoigne avec éloquence des exigences de qualité propres à la haute couture. Les plis et plis cousus si fréquents chez Madeleine Vionnet ont une vocation à la fois esthétique et fonctionnelle. Les nervures réparties sur l'avant du vêtement évoquent les traces laissées par quelque râteau dans le jardin de sable d'un temple zen du Japon. Ce modèle démontre la superbe technique de Madeleine Vionnet, sa parfaite maîtrise du tissu, et l'ingéniosité avec laquelle elle tire parti des contraintes techniques du vêtement.

Madeleine Vionnet
Robe
Griffe: MADELEINE VIONNET
28693
Vers 1925
Crêpe de soie vert ; coupe droite ; encolure bateau ; nervures ondulées sur toute la surface.

Femme portant une robe de Vionnet
Photo : Paul O'Doyé
Fémina, mai 1927

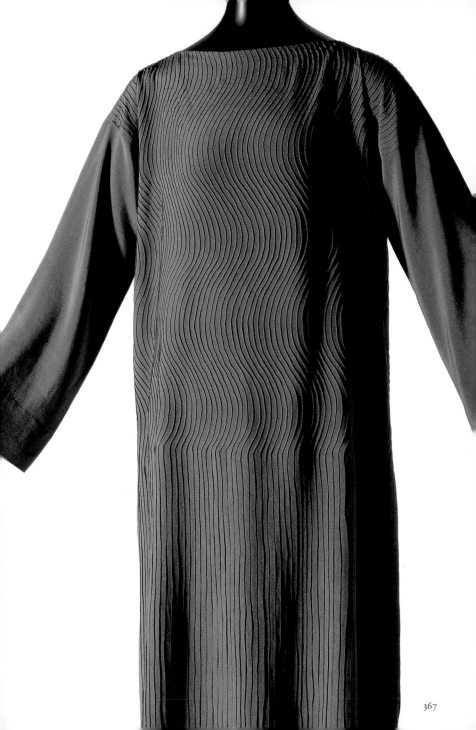

Madeleine Vionnet est amatrice d'art. Ses motifs de prédilection révèlent son goût pour l'art japonais et les nouveaux mouvements artistiques du début du XXe siècle, notamment le cubisme et le futurisme, et la place qu'occupe l'épure géométrique dans sa démarche.

▸ **Madeleine Vionnet**
Robe du soir «Henriette»
Griffe: MADELEINE VIONNET 26288
Vers 1923
Don de M. Martin Kamer
28 pièces de tissu or et argent assemblées en motif de damier sur les deux pans avant et arrière coupés droit.

Femme portant une robe
de Vionnet
Photo: Edward Steichen
Vogue (édition américaine),
Ier juin 1925

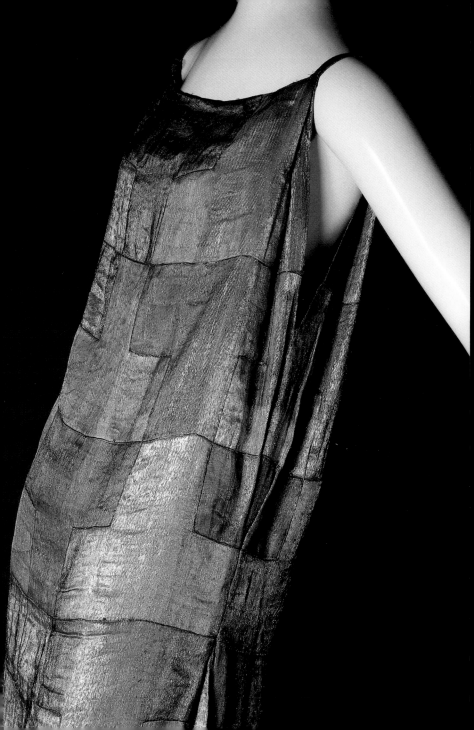

La vague d'exotisme des années 1920 est une sorte de synthèse des précédentes : l'orientalisme, toujours vivace depuis les années 1910, l'égyptomanie liée à la découverte de la tombe de Toutankhamon en 1922, et la folie du Mexique suscitée par la révélation de l'art aztèque. L'exotisme s'empare du monde de la mode. En 1924, Madeleine Vionnet lance un modèle inspiré de la Grèce antique ; la robe illustrée est brodée de fils d'or et le motif géométrique est égyptien.

Thayaht
Robe de Vionnet
La Gazette du Bon Ton, 1924

.THAYAHT.
24

Madeleine Vionnet
Robe du soir
Griffe : aucune
1927
Gaze en soie noire brodée de fils d'or ; motifs géométriques égyptiens ; bretelle à pompon.

ROBE TISSÉE POUR MADELEINE VIONNET

Les caractères chinois, le motif de pivoine brodé et les couleurs de la robe présentée ici dénotent l'influence de la Chine. La robe de gauche est brodée d'un motif égyptien. Dans son numéro d'avril 1923, *Vogue* édition américaine a consacré un article à la collection «égyptienne» de Jenny. La robe de droite date de la même saison.

◄ **Callot Sœurs**
Robe du soir
Griffe: CALLOT SŒURS PARIS
ÉTÉ 192294681
Été 1922
Tulle de soie orange brodé de motifs floraux et de caractères chinois.

► **Jenny**
Robe du soir
Griffe: JENNY PARIS NO. 1126
Printemps/été 1923
Don de Mlle Mariko Fujita
Mousseline en soie noire; motifs égyptiens brodés de fils d'or et de perles rouges, vertes et bleues.

Pendant que Gabrielle Chanel et d'autres stylistes créent des robes avant-gardistes, Jeanne Lanvin continue tout au long des années 1910 et 1920 à dessiner des «robes de style» élégantes et sophistiquées. Ses créations se distinguent par une jupe bouffante et des ornementations de style romantique, avec des superpositions de dentelle et de broderies. Ses modèles sont très prisés par une clientèle relativement conformiste qui n'apprécie pas vraiment la nouvelle mode androgyne de ce début de siècle. Cette «robe de style» sacrifie au style exotique des années 1920, avec ses motifs géométriques aztèques brodés aux teintes argentées et métalliques.

Jeanne Lanvin
Robe du soir (robe de style)
Griffe: aucune
1920–1924
Taffetas de soie, dentelle
et mousseline de soie noirs;
broderies en perles d'argent,
strass, sequins et fausses
émeraudes; jupe à huit pans;
motifs géométriques aztèques.

Cette robe, sobrement décorée
et rectiligne, illustre le style des
années 1920. Ici, pourtant, il est
impossible de se rendre compte
de l'influence que Poiret avait pris
sur la mode des années 1910 et
qu'il perdit si rapidement.

◄ **Paul Poiret**
Robe de jour
Griffe : aucune
Vers 1923
Lin blanc brodé de fils blancs et
de perles rouges ; corsage orné de
motifs d'oiseaux et de fleurs.

Très «années 20», cette robe ne
porte pas la «patte» de Poiret
– cette coupe audacieuse et
ces couleurs vives qui avaient
naguère valu au couturier d'être
surnommé «le roi de la mode».
À cette époque, Poiret a perdu
une partie de son aura et suit
plutôt les styles lancés par
d'autres.

► **Paul Poiret**
Robe du soir
Griffe : PAUL POIRET
À PARIS 375990
Vers 1920
Lamé argent ; tulle de soie
au niveau du corsage ; jupe de
dessus en tulle de soie brodé de
motifs floraux et géométriques
en fils d'argent ; ceinture assortie
et perles en bois.

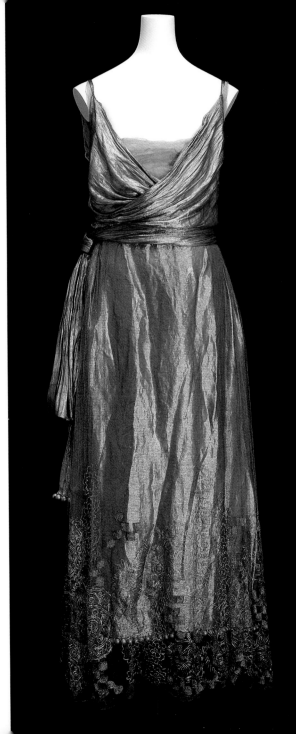

Robe « Paravent » de Paul Poiret,
1924

Entre 1889 et 1932, la boutique
parisienne de Liberty & Co.
est le haut lieu du japonisme
et du mouvement Arts and
Crafts. La marque a en fait deux
griffes : « London and Paris » et
« London ». Cette robe portait
la griffe « Paris ». Paul Poiret
utilise d'ailleurs le même textile.
Le manteau illustré à droite
est coupé dans la même étoffe
que le « manteau Mikado » de
Poiret, actuellement conservé aux
Archives de Paris. Mais il date
probablement des années 1960,
comme le prouvent la différence
de traitement de la forme, la
longueur, les tissus et la présence
d'épaulettes.

◄◄ **Liberty & Co.**
Robe du soir
Griffe: LIBERTY AND CO.
PARIS & LONDON 18656
1921
Toile jacquard de soie en lamé
lavande et argent avec motifs
de paysage; broderie de perles
et frange sur la hanche; ourlet
mouchoir.

◄ **Anonyme**
Manteau
Vers 1923 (années 1960)
France
Brocart de satin de soie noir
et or; grand motif paysager
agencé sur le tissu coupé; col,
poignets et doublure lamés
or et matelassés; longueur
au genou.

Manteau « Mikado »
de Paul Poiret, 1923

Dans les années 1920, la laque japonaise inspire de nombreux artistes Art déco. On réalise alors en Europe des décorations d'une qualité proche de la laque, et la technique est volontiers utilisée sur des étoffes.

◄ **Anonyme**
Cape
Vers 1925
Toile jacquard lamée noire recouverte de motifs paysagers ; garnie de fourrure ; aucune doublure. Dans les années 1920, des dessins de paysages sont appliqués sur les manteaux, mais celui-ci conserve une ligne très simple. Le magazine *Fémina* en a publié une photo en 1923.

► **Paul Poiret**
Manteau « Mandarin »
Griffe : PAUL POIRET À PARIS
Vers 1923
Twill de laine noir brodé de chrysanthèmes, d'oiseaux et d'ondulations au point de chaînette ; col cassé ; doublure en crêpe de Chine noir.

Le kimono japonais est copié, adapté et finalement intégré aux garde-robes occidentales. Le manteau présenté à gauche possède de longues manches inspirées du kimono. Il est agrémenté d'une arabesque imprimée au pochoir. Avec ses motifs brodés, son col ouatiné et son dos blousant, le manteau de droite est tout aussi influencé par le style japonais. Il ne porte aucune griffe, mais sa forme parfaite et la qualité de ses ornementations indiquent qu'il a probablement été réalisé par une grande maison parisienne.

◄ **Maria Monaci Gallenga**
Manteau de soirée
Griffe: MARIA MONACI
GALLENGA
Vers 1922
Velours noir imprimé d'arabes-
ques au pochoir; corsage à fausses
manches de style kimono; col
en forme de coussin; pompons;
doublure en velours.

► **Anonyme**
Manteau de soirée
Vers 1925
France
Voile de coton blanc; broderie
de perles noires, argentées et
de paillettes; fleurs de lotus et
ondulations; col ouatiné; effet
blousant dans le dos, maintenu
de l'intérieur par un doublage.

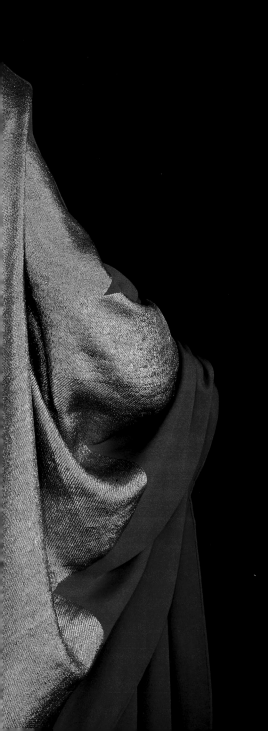

Le crêpe de Chine de ce châle a également été utilisé par Paul Poiret dans sa robe « Insaalah ». À cette époque, Caroline Reboux compte parmi les meilleures modistes de Paris.

Femme portant la robe « Insaalah » de Paul Poiret, 1923

Caroline Reboux
Châle de soirée
Griffe : CAROLINE REBOUX
Vers 1924
Crêpe de Chine rouge tissé de fils d'or ; motif au centre.

Page 386
Le tissu de ce châle en jacquard au
motif élaboré de dahlia a été créé
par la maison Coudurier-Fructus-
Descher de Lyon.

Anonyme
Tissu: Coudurier-Fructus-Descher
Lyon; Châle
Vers 1925
Jacquard de soie lamé or et
argent tissé de motifs de dahlias;
impression en couleur sur le motif.

Page 387
Femme portant une robe
de Vionnet
Photo: Edward Steichen
Vogue, 1924

La maison Babani se spécialise dans
les arts décoratifs, la décoration
intérieure et les soieries de Chine et
du Japon. Elle vend également des
étoffes de Liberty et des modèles de
Fortuny, dont elle s'inspire pour ses
propres créations.

◄ Babani
Robe de cocktail
Griffe: BABANI 98 BD HAUSS-
MANN PARIS
Vers 1925
Toile jacquard lamée or; tissée
et imprimée de motifs floraux
et géométriques. Ce manteau
est en rayonne, un textile mis
au point en 1883 et qui sera plus
largement utilisé avec l'invention
de la rayonne viscose en 1905 en
Angleterre. Également appelée «soie
artificielle», elle est particulièrement
en vogue dans les années 1920.

► Liberty & Co.
Manteau de soirée
Griffe: LIBERTY LONDON
Vers 1925
Toile jacquard de rayonne de soie
orange à motifs de chrysanthèmes
jaunes; poignets, ouverture frontale
et ourlet en rayonne dorée; col en
castorine.

Le chrysanthème est un motif
très à la mode depuis la seconde
moitié du XIXe siècle. Ce textile
tissé de chrysanthèmes dans
le style japonais *makie* (laque
dorée) porte la marque de
l'esthétique Art déco. À droite,
le style des poignets légèrement
ouatinés rappelle le *fuki* (ourlet
ouatiné) du kimono.

▶ **Edward Molyneux**
Robe du soir
Griffe : MODÈLE MOLY-
NEUX 5, RUE ROYALE
MADE IN FRANCE
Vers 1926
Toile jacquard de soie lamée
beige et or avec motifs de
chrysanthèmes ; taille basse
avec drapé.

▶▶ **Gabrielle Chanel**
Manteau de soirée
Griffe : CHANEL
Vers 1927
Toile jacquard de soie avec
dégradé noir et vert et motifs de
chrysanthèmes dorés ; col cravate
coordonné ; deux pans au dos ;
manches avec ourlets ouatinés.

À partir des années 1910, les nouvelles danses, tango d'abord puis charleston, suscitent une véritable frénésie de bals et de divertissements. La décennie 1920 sera baptisée « les années folles ». Les robes se parent de sequins et de franges qui bougent au rythme de la danse. Un nouveau style est né.

▲ **Lucien Lelong**
Robe du soir
Griffe : LUCIEN LELONG 16
RUE MATIGNON PARIS
Milieu des années 1920

Robe en mousseline de soie rose pâle ; entièrement recouverte de pétales en tissu cousus ; broderies de strass, perles argentées et cuir doré ; taille basse brodée d'une fausse ceinture.

▶ **Worth**
Robe du soir
Griffe : WORTH
Vers 1927
Robe en tulle de soie beige ; entièrement recouverte de franges en perles ; robe de dessous brodée de motifs floraux argentés et frange en perles sur l'ourlet.

Comme les jupes remontent pour flirter avec le genou, l'escarpin devient un article de mode à part entière, ce qui suscite des vocations de créateur parmi les artisans bottiers. Perugia se rend célèbre en dessinant des chaussures pour Poiret; il restera très présent sur la scène de la mode des années 1920 aux années 1940.

André Perugia
Escarpins
Griffe: PERUGIA BTÉS.
G. D. G.21 AVEN. DAME.NICE
11.FAUBG ST HONORÉ PARIS
Années 1920–1930

◄ Brocart argenté et lamé; bride en T; boutons.

▶ Satin de soie rouge et noir; broderie florale en perles métalliques; boutons.

◄ **Anonyme**
Talons
Vers 1925
Talons en bois peints à l'émail et à la résine; incrustés de strass.

▶ **Faucon**
Sac de soirée
Griffe: FAUCON 38 AVE DE L'OPÉRA PARIS
Années 1910
Lamé or et motifs de feuilles en damas noir; fermoir en cuivre doré; bandoulière en cordonnet de soie; poche.

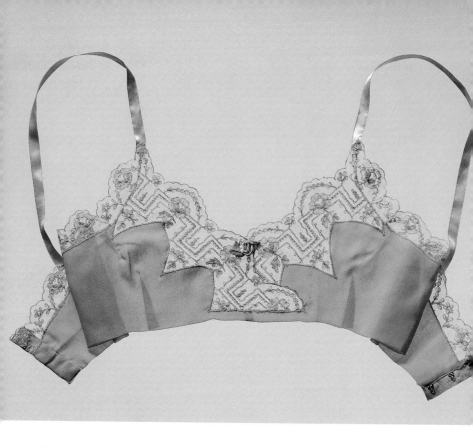

La mode du XXᵉ siècle change complètement de
cap. Le corset, qui martyrisait le corps des femmes
depuis si longtemps, est complètement abandonné
au lendemain de la Première Guerre mondiale. Il est
remplacé par le soutien-gorge, nouveau sous-vêtement
de maintien. D'une structure moins contraignante,
le soutien-gorge est mieux adapté au style libre et à
la silhouette androgyne de la «garçonne» des années
1920. La combinaison, autre sous-vêtement moderne,
apparaît à la même époque pour accompagner la robe
d'une seule pièce alors à la mode.

▲ **Anonyme**
Soutien-gorge
Années 1920
Georgette de soie rose incrustée de dentelle ;
décorations florales.

▶ **Anonyme**
Combinaison
Années 1920
Crêpe de Chine bleu incrusté de dentelle.

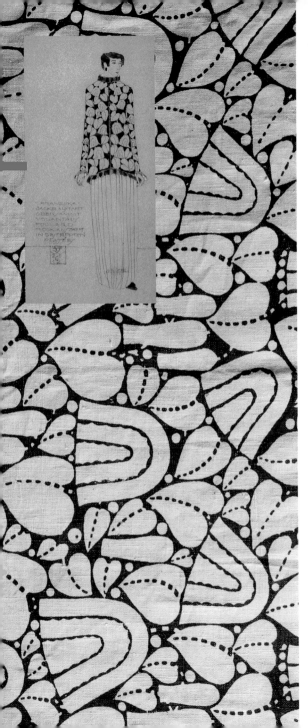

Josef Hoffmann, créateur du tissu « Jagdfalke », est l'un des fondateurs des Wiener Werkstätte de Vienne. Le tissu « Franziska » (à gauche) dessiné par Eduard J. Wimmer-Wisgrill a servi à la confection d'un manteau fait d'une seule pièce de tissu, aujourd'hui dans la collection du Österreichisches Museum für angewandte Kunst.

◄ **Josef Hoffmann**
Tissu « Jagdfalke »
Griffe : aucune
1910–1911
Lin blanc avec impressions noires au pochoir. 39 x 72,5 cm.
Don de M. Wolfgang Ruf.
Cette cape a été taillée dans le tissu « Bavaria » dessiné par Carl Otto Czeschka vers 1910. Elle a probablement été confectionnée dans le département Mode des Wiener Werkstätte. À partir du même tissu, Eduard J. Wimmer-Wisgrill signe en 1913 un manteau baptisé « Cresta ».

► **Carl Otto Czeschka**
Tissu : « Bavaria »
Cape
Griffe : aucune
Vers 1920
Mousseline de soie noire ; impressions de motifs végétaux ; garniture de plumes de marabout.

▼ **Eduard J. Wimmer-Wisgrill**
Motif « Franziska » et tissu « Jagdfalke » par Josef Hoffmann, 1912
MAK – Österreichisches Museum für angewandte Kunst/ Gegenwartskunst, Vienne

◄ **Wiener Werkstätte : Felice Rix**
Tissu : « Davos »
Robe de jour
Griffe : WIENER
WERKSTÄTTE
Vers 1920
Pongé de soie rayé gris, noir et
violet ; col et poignets en coton
blanc ; nœud papillon en taffetas
de soie noir ; boutons revêtus ;
jupe de dessus à quatre pans.

► Femme portant un pyjama réalisé
en tissu « Pan » de Dagobert Peche
Photo : Madame D'Ora-Benda, 1920
Photothèque de la Bibliothèque
nationale autrichienne, Vienne

Peche rejoint les Wiener Werkstätte
en 1915. L'Österreichische Museum
für angewandte Kunst possède
des pièces de son tissu « Pan » dans
différentes teintes. Le « Pan » était
utilisé pour des pyjamas, des châles
et des coussins.

▶ **Dagobert Peche**
Tissu « Pan »
Griffe: WIENER WERKSTÄTTE
1919
Soie blanche avec impressions
de couleurs pastel au pochoir.
46 cm x 129,5 cm.

Josef Hoffmann et Koloman Moser fondent les Wiener Werkstätte en 1903. Leur projet est de faire entrer l'art dans la vie quotidienne. C'est dans ce but qu'ils créent un département Textile en 1905, suivi d'un département Mode en 1911. Le département Textile fabrique des étoffes modernes empreintes de la même chaleur que les produits faits main. Le département Mode est en quête d'un nouveau type de vêtements ; il innove avec des modèles comme l'ample robe-sac. Le tissu de cette robe a été dessiné par Mathilde Flögl, également membre des Wiener Werkstätte. Le motif de plume de paon très stylisé est particulièrement bien mis en valeur par le fond noir.

Wiener Werkstätte :
Mathilde Flögl
Tissu : « Hoby »
Peignoir
Griffe : WIENER WERKSTÄTTE
Vers 1928
Soie *habutae* noire imprimée de motifs de plumes de paon, tissu « Hoby » ; coupe kimono ; boutons enveloppés ; ceinture et sac du même tissu.

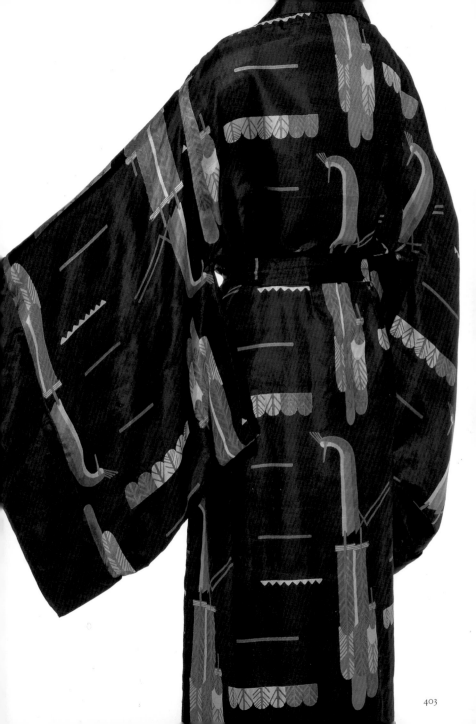

En 1909, Filippo Tommaso Marinetti publie son «Manifeste du futurisme» dans un grand élan de réforme artistique. Sur ses traces, des poètes, des peintres et des architectes italiens tentent d'intégrer l'art et la vie, à la recherche d'une harmonie de chaque instant. Le futurisme n'est pas simplement un style; c'est un véritable mouvement artistique qui touche aussi bien la littérature que la musique et la mode. Ce gilet et ce chapeau sont peut-être l'œuvre d'un artiste futuriste : la nouvelle éthique de création – mettre de l'art dans la vie – y est évidente.

▼ **Anonyme**
Gilet d'homme
Années 1920
Italie
Toile brodée de fils de laine multicolores.

◄ **Anonyme**
Chapeau
Années 1920–1930
Italie
Feutre beige et marron.

L'artiste très complète qu'est Sonia Delaunay s'intéresse aussi aux étoffes et aux vêtements. À travers ses créations, elle cherche davantage à exprimer son art qu'à lancer un style particulier. Elle reprend dans ses tissus et ses robes aux formes simples la palette de couleurs vives de ses tableaux.

Sonia Delaunay
Manteau
Griffe : aucune
Vers 1925
Lainage marron brodé de fils de soie ; ondulations en dégradé de brun.

Vionnet invente une nouvelle méthode de travail en diagonale des pièces d'étoffe, la coupe en biais. La robe illustre parfaitement la technique.

◄ **Madeleine Vionnet**
Robe du soir
Griffe : MADELEINE VION-
NET DÉPOSÉ 64396
Vers 1929
Voile de soie rose brodé de motifs en forme d'étoile ; corsage coupé en biais ; col boule ; jupe à neuf pans ; ceinture assortie.

Dans les années 1930, la mode est aux étoffes légères qui permettent d'obtenir plus facilement la ligne fluide en vogue à l'époque. Les tissus imprimés multicolores égayent les robes sans les alourdir.

► **Gabrielle Chanel**
Robe
Griffe : CHANEL 24128
Vers 1935
Mousseline de soie bordeaux imprimée de motifs blancs ; pèlerine ; robe de dessous en crêpe de Chine de même teinte.

►► **Madeleine Vionnet**
Robe
Griffe : aucune
Vers 1933
Mousseline de soie blanche imprimée de dégradés rouges et jaunes ; coupe en biais ; longue ceinture-écharpe vrillée et croisée sur le devant du corsage, puis cousue sur l'encolure pour former le col.

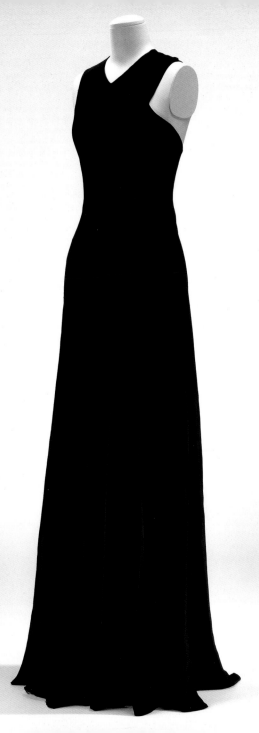

Dans les années 1930, les couturiers s'intéressent de nouveau aux lignes naturelles du corps, et découvrent les avantages de la coupe inventée par Madeleine Vionnet, laquelle perfectionne sa méthode originale : définir par des lignes les contours anatomiques du corps, puis assembler entre elles des pièces de tissu coupés en biais. La robe épurée illustrée à gauche est le fruit du rigou-reux travail d'assemblage qui a accompagné le processus de création ; les différentes textures ont été obtenues en cousant certains morceaux de tissu à la verticale et d'autres à l'horizontale. La robe présentée à droite est en jersey de rayonne élastique, coupé en biais pour épouser les lignes du corps. L'écharpe qui l'entoure lui donne une ligne élancée. Cette robe provient de la garde-robe personnelle de Madeleine Vionnet.

◄ Madeleine Vionnet
Robe du soir
Griffe : aucune
1932
Satin de soie noir ; deux
morceaux d'étoffe pour
le corsage et cinq de deux
tailles différentes pour la
jupe, coupe en biais.

► Madeleine Vionnet
Robe du soir
Griffe : aucune
Vers 1933
Jersey de rayonne noir ;
écharpe en crêpe de soie rouge
vermillon ; coupe en biais.

Dès les années 1910, Chanel fait sensation dans l'univers de la mode en adoptant pour ses robes de haute couture un textile réservé aux sous-vêtements, le jersey de laine. À gauche, cette élégante robe du soir des années 1930 a des entre-deux en dentelle, hommage discret à la lingerie la Belle Époque.

◄ **Gabrielle Chanel**
Robe du soir
Griffe: CHANEL CANNES-31, RUE CANBON PARIS-BIAR-RITZ
Vers 1930
Satin de soie beige alternant avec entre-deux en dentelle.

Dans les années 1920, la popularité croissante du sport met le pyjama de plage à la mode. Le banal pyjama pour hommes est reconverti par la mode féminine en costume de plage et de vacances, ou en tenue décontractée pour les réceptions entre amis. La robe à jupe-culotte présentée à droite reprend certains éléments du pyjama créé dans les années 1920. Le motif de dentelle noire semble incrusté sur la robe de dessous rose.

► **Madeleine Vionnet**
Robe à jupe-culotte
Griffe: MADELEINE VIONNET DÉPOSÉ
1937
Robe à jupe-culotte en mousseline de soie rose; jupe de dessus en tulle noir avec applications de dentelle; nœuds en velours; robe de dessous en crêpe de Chine.

La mode est travaillée par de profonds changements depuis les années 1920, et la haute couture parisienne entame son grand virage. Les nouveaux talents – les Edward Molyneux, Jean Patou, Maggy Rouff, Jacques Heim et autres – supplantent les grandes maisons d'avant-guerre. Molyneux, qui crée sa griffe en 1919, a dessiné la robe illustrée ci-contre à l'apogée de sa carrière. Le tissu coupé en biais épouse les lignes du corps et les coutures froncées créent un bel effet de drapé. La robe présentée sur la page de droite est un bon exemple de la simplicité qui caractérise le style Patou : une alternance de bandes d'étoffe de deux couleurs différentes dont les plis se déploient jusqu'en bas de la robe en suivant souplement les mouvements.

▶ **Edward Molyneux**
Robe du soir
Griffe : MODÈLE MOLY-NEUX 5, RUE ROYALE
Automne/hiver 1935
Robe d'une seule pièce en velours vert ; coupe dans le biais.

▶▶ **Jean Patou**
Robe du soir
Griffe : JEAN PATOU PARIS
Vers 1930
Crêpe de soie noir et vert ; jupe avec plis en pointe vers l'ourlet ; ceinture.

La robe longue réapparaît dans les années 1930, malgré la récession provoquée par le krach de 1929. Jeanne Lanvin, fidèle à ses lignes très élégantes, est parfaitement au diapason du climat des années 1930, comme en témoignent ces deux robes signées Lanvin. La robe ci-contre a des manches amovibles et son étoffe scintillante fait ressortir l'élégante précision de la coupe. La robe de la page de gauche dont la forme évoque celle de la sirène, démontre le remarquable savoir-faire de madame Lanvin, qui parvient à donner une impression de légèreté malgré la longueur de la traîne.

◄◄ **Jeanne Lanvin**
Robe du soir
Griffe : JEANNE LANVIN PARIS UNIS FRANCE ÉTÉ 1934
Été 1934
Organdi de lin noir ; motifs à carreaux brodés de paillettes ; robe de dessous en crêpe de Chine.

◄ **Jeanne Lanvin**
Robe du soir
Griffe : aucune
Automne/hiver 1937
Velventine noire ; nœud sur les manches ; boutons revêtus sur l'ouverture du dos, les manches et la bride ras du cou.

Madame Grès, qui ouvre sa boutique «Alix» en 1934, doit la fermer en 1939. Elle ouvre une nouvelle boutique en 1941 portant le nom d'artiste de son mari, «Grès». Elle se fait un nom vers le milieu des années 1930 en créant des robes finement drapées inspirées de la Grèce antique et coupées dans du jersey de soie, adoptant une technique qui lui permet de réduire le nombre de coutures apparentes. La robe présentée à droite a été créée en 1944 pour l'actrice Danièle Delorme, qui la portait dans la pièce *Antigone* de Jean Anouilh.

Madame Grès
Robe du soir
Griffe : aucune
Vers 1944
Jersey de soie blanc ; plis très étroits.

Toujours à l'affût des nouveautés artistiques et techniques, Elsa Schiaparelli va dominer le monde de la mode tout au long des années 1930. Elle travaille avec les artistes dadaïstes et surréalistes et n'hésite pas à utiliser les nouvelles matières synthétiques. Le motif illustré à gauche représente le dieu grec Apollon juché sur son char céleste. Il a été dessiné par le peintre et décorateur de théâtre Christian Bérard. Lesage, atelier de broderie fondé en 1924, se charge de broder le motif. Ces collaborations témoignent des normes d'excellence de la haute couture parisienne. À droite, la cape est garnie d'une cellophane d'un rose pétaradant – le rose «shocking» qui sera la couleur fétiche de Schiaparelli. La créatrice ne dédaigne pas les matières synthétiques, qu'elle place au même rang que les matières naturelles. Elle bat ainsi en brèche les idées toutes faites sur la qualité des tissus et entrouvre le monde de la mode à des classes sociales qui n'y avaient pas accès.

◄ **Elsa Schiaparelli**
Cape de soirée
Griffe : aucune
1938
Velours noir brodé de fils d'or,
de sequins et de perles.

► **Elsa Schiaparelli**
Cape de soirée
Griffe : SCHIAPARELLI
LONDON
Printemps/été 1937
Tulle lamé argent garni de
cellophane «rose shocking».

Entre les mains d'Elsa Schiaparelli, les robes imprimées en vogue dans les années 1930 deviennent amusantes et vraiment originales. Le motif de colonnes au logo de la couturière (robe de gauche) a sans doute été dessiné par le célèbre illustrateur Marcel Vertès. En effet, il représente la Place Vendôme, où se trouve la maison Schiaparelli, et figure dans la publicité de son parfum, signée Vertès (voir plus loin). Le motif de la robe de droite est l'allumette – l'objet banal par excellence. Pendant que les artistes détournent les objets utilitaires pour en faire des œuvres d'art, Elsa Schiaparelli les fait entrer dans le sanctuaire digne et compassé de la haute couture.

◄ **Elsa Schiaparelli**
Robe du soir
Griffe : aucune
Vers 1937
Crêpe de soie noir ; imprimé, plissé ; ceinture coordonnée.

► **Elsa Schiaparelli**
Robe du soir
Griffe : SCHIAPARELLI 21 PLACE VENDÔME PARIS ÉTÉ 1935
Été 1935
Soie noire imprimée.

Pages 422/423
Marcel Vertès
Réclame pour le parfum Schiaparelli

parfums de schiaparelli—shocking · salut · sleepi

*fatefully . . . as the moth
in the flame, you are drawn
to Schiaparelli's
night perfume, Sleeping*

*. . . dreams distilled
from rapture . . . their essence
captured in a
crystal candlestick*

parfum sleeping de schiaparelli

Sleeping
de Schiaparelli

IT LIGHTS THE WAY TO ECSTASY...

Schiaparelli's own interpretation of
a night perfume, caressing,
intoxicating, lingering.

parfums schiaparelli . . . . made in france

En 1935, Elsa Schiaparelli est la première à utiliser la fermeture à glissière sur une robe de haute couture. Ce manteau, par exemple, en a une.

Elsa Schiaparelli
Manteau de soirée
Griffe : SCHIAPARELLI
LONDON 4136
AUTOMNE/HIVER 1936
Laine lie-de-vin ; col en velours
avec applications de cuir doré
et de perles.

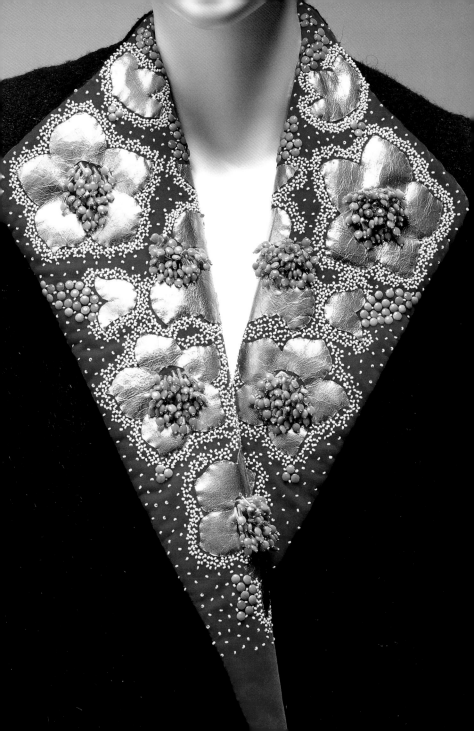

Après la Seconde Guerre
mondiale, Elsa Schiaparelli
quitte New York, où elle s'était
exilée pendant les hostilités, pour
regagner Paris. Mais le succès
n'est plus vraiment au rendez-
vous, et elle cesse ses activités en
1954. Un jeune couturier appelé
Yves Saint Laurent n'oubliera
pas la leçon de cette femme, qui
voulait intégrer l'art à la mode.

◄ **Elsa Schiaparelli**
Robe du soir
Griffe : SCHIAPARELLI 21
PLACE VENDÔME PARIS
HIVER 1939–1940
Hiver 1939
Velours lie-de-vin ; nœud
en satin de soie rayé.

► **Elsa Schiaparelli**
Robe du soir
Griffe : aucune
Vers 1947
Georgette de satin d'envers de
soie noire ; manches et ruban
en velours « rose Schiaparelli ».

En 1924, Chamonix accueille les premiers Jeux
olympiques d'hiver en 1924, suivi en 1928 de
la station suisse de Saint-Moritz. Le ski est à la
mode ; les privilégiés passent leurs étés sur les
plages de la Côte d'Azur, et leurs hivers sur les
pistes de Chamonix. Cette tenue de ski a un
pantalon, ce qui est assez rare puisque les femmes
continuent de skier en jupe jusqu'au milieu des
années 1920.

▶ **Anonyme**
Tenue de ski
Vers 1930
Ensemble chandail et pantalon
de ski en jersey de laine noir et
blanc cassé ; col roulé et poignets
à côtes ; ceinture assortie avec
pompons.

Jean Pagès
Vogue (édition britannique), 1928
The Condé Nast Publication Inc.

La mode de la « garçonne », très tendance au lendemain de la Première Guerre mondiale, estompe les différences de sexe dans le vêtement. Les femmes commencent à porter des pantalons, mais uniquement chez elles ou en villégiature. Elles ne le porteront en public qu'après la Seconde Guerre mondiale. Dans les années 1920, on prend goût aux vacances et aux bains de soleil. Le *sportswear* est de plus en plus demandé et les vêtements de sport de Patou (illustrés sur cette page), d'Elsa Schiaparelli et d'Hermès sont très appréciés dans la haute société.

◄ **Jean Patou**
Tenue de plage
Griffe : JEAN PATOU SPORT ET VOYAGE 21719
Vers 1929
Combinaison en tricot de rayonne noire avec pèlerine.

► **Simone Demaria en tenue de plage Schiaparelli**
Photo : George Hoyningen-Huene
Vogue (édition française), 1930

En 1944, Paris est libérée du joug de l'occupation. Peu de maisons parisiennes ont survécu à la guerre – elles ont fermé leurs portes ou ont déménagé ailleurs. La grande pénurie de matières premières a en effet entraîné un ralentissement massif de la production. Les épaulettes carrées et la ligne élancée d'avant-guerre restent à la mode pendant les années sombres. Jeanne Lanvin met un point d'honneur à sortir de ses ateliers des vêtements de la meilleure qualité possible malgré les restrictions, comme le montrent le beau travail de matelassage et les coutures de cette jupe.

Jeanne Lanvin
Ensemble de jour
Griffe: JEANNE LANVIN
PARIS 22 FRG ST HONORÉ
1940–1944
Ensemble veste et jupe ; tweed de laine beige-rose ; poche matelassée avec boutons.

Pendant la guerre, Londres institue le *Utility Clothing Scheme,* qui bannit toute ornementation inutile et coûteuse dans la confection : les vêtements doivent avant tout être utilitaires. La robe illustrée à gauche sort de la boutique londonienne de Callot Sœurs, fondée en 1917. Les épaules carrées, les manches rembourrées et froncées et la jupe au genou sont emblématiques des années 1940. À droite, ce manteau ample et simple arrivant au genou est signé Jaques Fath, créateur d'un style jeune et dynamique qui n'oublie pourtant pas l'élégance classique de l'après-guerre. Le dos est formé de plis souples qui suivent le mouvement du corps.

▶ **Callot Sœurs**
Ensemble de jour
Griffe : CALLOT SŒURS LTD
LONDON
Vers 1940
Ensemble haut et jupe ; laine jaune ; fourrure léopard sur le col amovible et le corsage ; ceinture assortie ; épaulettes ; jupe à plis creux.

▶▶ **Jacques Fath**
Manteau
Griffe : JACQUES FATH
PARIS 10092
Printemps/été 1949
Coton beige ; grands plis dans le dos ; manches trois-quarts à poignets doublés ; grande poche plaquée ; ouverture frontale ; fermeture à crochets au col.

Les épaules larges et les poches plaquées sur les côtés créent une ligne horizontale, tandis que la taille étroite met en valeur les lignes parallèles. Ces effets sont le résultat de la technique de coupe précise de Fath. Restrictions oblige, les vêtements doivent être simples et modestes, mais les femmes essaient de rester à la mode en portant de grands chapeaux ou des turbans qui donnent un peu de fantaisie à leur toilette.

Jacques Fath
Ensemble de jour
Griffe: JACQUES FATH PARIS
1940–1944
Ensemble veste et jupe; flanelle bleu marine; ganse en velours; plis sur le devant de la jupe.

▶ «**La mode est indestructible**»
Photo: Cecile Beaton
Vogue (édition britannique), 1941

◄ **Anonyme**
Gants
Années 1930
Crochet de coton blanc.

▼ **Anonyme**
Chapeau
Années 1930
Feutre de laine noir orné
de plumes d'autruche roses.

Page 440
À gauche
Anonyme
Chapeau
Années 1940
Aigrette noire sur peigne.

À droite
Anonyme
Chapeau
Années 1940
Aigrette marron sur peigne.

Page 441
À gauche
Marthe Schiel
Chapeau
Griffe: MODES MARTHE
SCHIEL 13, LOWER GROS-
VENOR PLACE S. W. I.
Années 1930
Feutre noir agrémenté d'une
pièce de cuir en forme de plume.

À droite
Anonyme
Chapeau
Années 1930
Faille de soie noire avec ruban
assorti ; fourrure blanche.

Avec les restrictions de la guerre et la pénurie de matières premières, la haute couture parisienne vit au ralenti. On ne trouve même plus d'épingles à cheveux, et les femmes doivent renoncer aux coiffures relevées. On ressort donc les grands chapeaux, qui tiennent les cheveux en place, donnent une certaine allure et ne sont pas soumis aux mêmes restrictions. Les hauts turbans et les chapeaux de paille surchargés de fleurs et autres ornements offrent un contraste frappant avec le style vestimentaire relativement spartiate de l'époque.

De gauche à droite
1. Marie-Louise Bruyère
Chapeau
Griffe : BRUYÈRE 22, PLACE VENDÔME, PARIS
vers 1945
Paille beige à ruban en faille de soie noire et épingle à chapeau.

2. Helen & René
Turban
Griffe: HELEN & RENÉ, vers 1945
Georgette de soie marron, haut
rembourré.

3. Caroline Ranchin
Turban
Griffe: CAROLINE RANCHIN 10
RUE DUPHOT PARIS, vers 1943
Velours rose, épingle à chapeau.

4. Albouy
Turban
Griffe: ALBOUY 49, RUE DU COLI-
SÉE ELYSÉE 91–23 PARIS, vers 1943
Tube rembourré en velours rouge.

5. Marie-Louise Bruyère
Turban
Griffe: BRUYÈRE 22,
PLACE VENDÔME, PARIS
Vers 1944

Jersey de laine gris clair, haut
rembourré.

6. Janine
Turban
Griffe: JANINE OPÉ 27–92 S4
RUE VIGNON. PARIS
Vers 1945
Crêpe de soie imprimé de
motifs bleu marine, blanc
et rouge; haut rembourré.

L'ÂGE DE L'INNOVATION TECHNOLOGIQUE
La mode durant la deuxième moitié du XXe siècle

Après les lendemains plutôt difficiles de la Seconde Guerre mondiale, l'Europe entre dans l'ère de la consommation de masse à l'aube des années 1960. Le secteur de la confection s'industrialise. L'exploration de l'espace stimule l'innovation technologique et accélère la mise au point des fibres synthétiques. On commence à trouver dans le commerce du prêt-à-porter de bonne qualité, et à un prix abordable. La haute couture, qui a si longtemps dicté la mode, ne semble plus en phase avec le style de vie moins guindé de l'après-guerre. Au début des années 1970, les goûts esthétiques évoluent radicalement. Les femmes s'émancipent, travaillent, et trouvent avec le prêt-à-porter des vêtements pratiques et passe-partout. La mode se démocratise comme jamais auparavant, et les stylistes du prêt-à-porter s'inspirent de plus en plus de la mode de la rue. À partir des années 1970, le prêt-à-porter va favoriser la diversification du secteur de la confection. Paris, jusqu'alors capitale incontestée de la mode et du beau «cousu main», est rejointe par d'autres villes qui deviennent autant de pôles de créativité originale. Les années 1980 sont celles d'un certain retour au classicisme, et les années 1990 celles du questionnement sur le sens et la nature du vêtement, du rêve d'un système idéal pour l'industrie de la mode au XXIe siècle. À la fin du millénaire, la mode est devenue grâce à la télévision et à l'Internet un phénomène planétaire, et on semble aujourd'hui s'orienter vers une certaine uniformité.

Le renouveau de la haute couture parisienne

La haute couture parisienne, qui a beaucoup souffert pendant la Seconde Guerre mondiale, redémarre à la Libération en 1944. Mais la fin des hostilités est suivie d'une période troublée qui empêche la paix de reprendre pleinement ses droits. Christian Dior est l'artisan d'une véritable renaissance. En février 1947, il présente sa première collection, aussitôt ovationnée comme le «New Look» qui définira la mode des années 1950. Épaules arrondies, poitrine haute et souli-gnée, taille fine et cintrée, jupe longue et bouffante, gants, chapeau, escarpins: le New Look est un condensé de nostalgie et d'élégance. La confection d'une robe New Look requiert des dizaines de mètres de tissu. Après les austères tenues de la période de restrictions, cette débauche d'étoffes signifie que la guerre est vraiment terminée. Tout au long des années 1950, Dior présentera chaque saison de nouvelles collections qui auront un immense impact sur la mode dans le monde entier.

L'Espagnol Cristobal Balenciaga est un autre grand nom des années 1950. Ce perfectionniste, qui a la particularité de savoir fort bien coudre, soigne le moindre ourlet et coup de ciseau. Ses lignes originales, sa palette de coloris exquise, un tombé incomparable donnent à chacune de ses créations des allures d'œuvre d'art, et c'est à juste titre qu'on le surnomme «le maître de la haute couture». Ses robes, faites pour être portées sans gaine, sont toujours confortables. Son tailleur à col rond légèrement ajusté et sa robe tunique sans ceinture des années 1950 resteront des classiques du vêtement féminin dans toute la seconde moitié du XXe siècle.

En 1954, Gabrielle (Coco) Chanel, qui avait cessé ses activités pendant la guerre, fait un retour remarqué. Quand, un peu lasses du style nostalgique des années 1950, les femmes demandent de nouveau des vêtements confortables, elle relance son célèbre «tailleur Chanel», version améliorée de son modèle à veste cardigan des années 1920. Simple et fonctionnel, le tailleur Chanel connaît un succès mondial dans les années 1960. Il inspire les stylistes du marché international du prêt-à-porter et finira par symboliser la modernité du XXe siècle.

Si elle s'éloigne toujours plus des exigences de la production de masse, la haute couture parisienne des années 1950 et 1960 fait néanmoins éclore de nouveaux talents. Car on redécouvre son indéniable aura et, deux fois par an, acheteurs et journalistes viennent du monde entier assister aux rituels défilés de mode parisiens. Du coup, Paris retrouve son statut de capitale internationale de la mode. Le secteur de la mode est du reste largement soutenu par le système de la licence, qui permet de protéger la griffe du couturier. La passion des marques, à laquelle beaucoup de femmes succombent aujourd'hui encore, vient de là. Par ailleurs, la vente réglementée de patrons déposés, qu'on appelle «toiles», ainsi qu'une puissante industrie du parfum, stimulent le marché de la mode parisienne.

La jeunesse au pouvoir

Dans les années 1960, les enfants du *baby boom* sont devenus des adolescents. On produit et on consomme sans modération. L'Union soviétique réussit à envoyer le premier homme dans l'espace en 1961. Le président John F. Kennedy est assassiné en 1963. En mai 1968, les étudiants parisiens descendent dans la rue et en 1969, l'homme fait ses premiers pas sur la Lune. Au milieu de ce maëlstrom, la jeunesse cherche ses marques du côté de la dynamique culture américaine. Elle se reconnaît dans les chansons des Beatles et des Rolling Stones, dans les films de la Nouvelle Vague. La mode s'émancipe et se permet des audaces inédites.

Les jeunes constatent que c'est en exhibant leur corps qu'ils se distinguent le plus radicalement de leurs aînés. En 1964, le styliste américain Rudi Gernreich lance le «monokini», maillot de bain sans soutien-gorge, et c'est l'avènement d'une nouvelle conscience du corps. La «mini», qui découvre les jambes jusqu'aux cuisses, deviendra l'expression la plus simple de cette nouvelle sensibilité. La mode des jambes nues, apparue timidement dans les années 1920, revient dans les années 1960. Marshall McLuhan déclare que le vêtement est un prolongement de la peau et Yves Klein ne dit pas autre chose dans ses *Anthropométries*. La styliste londonienne Mary Quant introduit la «mini» dans la mode et en fera l'un des vêtements fétiches du XXᵉ siècle. Il en va de même pour les mini-robes d'André Courrèges, qui bénéficient du sceau prestigieux de la haute couture parisienne.

À peine l'onde de choc de la mini-jupe est-elle absorbée que la révolution du tailleur-pantalon secoue l'univers de la mode. Certes, on connaît déjà le look androgyne, le style «garçonne» des années 1920 et ses vestes masculines, mais jamais auparavant les femmes n'auraient osé porter un pantalon ailleurs que chez elles ou en vacances. Aux États-Unis, le jean, conçu au départ comme un vêtement de travail, devient la tenue standard des hommes et des femmes dès les années 1930. Après la Seconde Guerre mondiale, le pantalon finit par avoir droit de cité dans les garde-robes féminines. La haute couture se met au diapason et lorsque Courrèges présente son tailleur-pantalon de soirée à Paris en 1964, l'événement fait grand bruit, mais le tabou est définitivement tombé.

Les robes ne sont pas en reste. En 1964, Pierre Cardin présente dans sa collection «Space Age» des robes futuristes aux motifs géométriques simples et coupées dans des matières synthétiques. En déboulant dans la haute couture en 1953, Cardin a enterré l'élégance classique des années 1950, mais son style minimaliste semblait plus proche de ce prêt-à-porter qui devait connaître un si grand avenir. Il lance sa ligne de prêt-à-porter en 1959. Il est alors membre de la Chambre syndicale, l'organisme de contrôle de la haute couture parisienne. Cette position de force lui donne les moyens de créer la première marque de prêt-à-porter de couturier. En 1960, il se lance dans la mode masculine, jusqu'alors domaine réservé des tailleurs en vertu d'un système quasiment inchangé depuis la Révolution française. Il pressent avec finesse l'arrivée de la mode « unisexe », expression d'une nouvelle sensibilité qui se fondra au mouvement hippie. Les garçons de la fin des années 1960 portent les cheveux longs et des vêtements aux couleurs vives agrémentés de dentelles et de falbalas. Les humoristes parlent de « la révolution des paons ».

Yves Saint Laurent, le plus respecté des jeunes couturiers, est également très sensible à l'air du temps. Il quitte la direction de Dior en 1961 et ouvre sa boutique de prêt-à-porter « Saint Laurent Rive gauche » en 1966 pour y présenter une ligne de tailleurs-pantalon de ville pour femme. On sait que les événements de mai 68 auront un profond impact sur les mœurs françaises et contribueront à démocratiser le port du pantalon chez les femmes. Et Saint Laurent se montre véritablement un homme de son époque en mariant concrètement l'art et la mode dans deux de ses robes, le look Mondrian en 1965 et le look Pop Art en 1966.

Les matières synthétiques ouvrent de nouveaux horizons à la mode minimaliste et futuriste des années 1960. Elsa Schiaparelli a certes essayé d'utiliser des fibres synthétiques dès les années 1930, mais ses tentatives ont été considérées comme de véritables anomalies. En 1966, Paco Rabanne fait des débuts remarqués dans la haute couture avec une robe presque entièrement en plastique. Il est le premier à se débarrasser de l'idée voulant qu'un vêtement soit forcément en tissu. Il persiste en utilisant le métal et les matières non tissées.

La solidité des fibres synthétiques industrielles favorise le développement du prêt-à-porter. En 1935, le Dr W. H. Carothers invente la première fibre synthétique – le nylon – pour l'entreprise américaine DuPont, qui lance le bas en nylon en 1940. Le succès est foudroyant. D'autres fibres synthétiques sont mises au point. Imperial Chemical Industries (ICI) commercialise le polyester en 1946 et DuPont lance le spandex extensible (Lycra) en 1958. Si les fibres synthétiques sont considérées au début comme des substituts inusables et bon marché aux textiles naturels onéreux, au milieu du XXe siècle, elles commencent à être appréciées pour leur fonctionnalité et leur texture intéressante.

L'essor du prêt-à-porter

Dans les années 1960, la haute couture dicte encore les tendances de la mode, mais l'âge de la société de consommation approche à grands pas. Le prêt-à-porter vient répondre à la demande d'un vaste marché en commercialisant des produits de bonne qualité. Le vêtement « tout fait » existe depuis la fin du XIXe siècle, mais sa réalisation et sa qualité sont en général médiocres. Au XXe siècle, avec l'avènement de la culture de masse et des matières synthétiques, le prêt-à-porter est enfin respecté et contribue à démocratiser la mode. En 1973, les stylistes de prêt-à-porter commencent à présenter leurs collections deux fois par an à Paris, selon un calendrier identique à celui des grands couturiers. Depuis le milieu des années 1970, ces collections sont également présentées à Milan et à New York ; Londres, Tokyo et d'autres villes ne tarderont pas à les suivre. Néanmoins, le système centré sur Paris, créé par Charles Frederick Worth à la fin du XIXᵉ siècle, joue encore aujourd'hui un rôle crucial.

Sonia Rykiel et Emmanuelle Khanh dessinent des vêtements de prêt-à-porter à la fois stylés et adaptés à la vie de tous les jours. Un autre créateur très influent, Kenzo Takada, fait ses débuts à Paris en 1970. Ses robes coupées dans des étoffes de kimono ordinaires font la couverture du magazine *Elle*. Il devient rapidement un grand défenseur du prêt-à-porter et se situe dans la contre-culture en se spécialisant dans des vêtements de tous les jours, simples et décontractés, qui utilisent de manière originale les étoffes japonaises.

Dans les années 1970, comme en réaction à la mode futuriste des années 1960, le naturel est de retour, sous l'étendard de Kenzo Takada. Le style hippie et folklorique, avec notamment les jeans, gagne du terrain. Les jeans symbolisent à la fois la prospérité américaine, le cinéma hollywoodien et la jeunesse rebelle. La guerre du Viêt Nam éclate à la fin des années 1960, et toute une génération se révolte contre l'ordre établi. Les hippies rejettent les mœurs et les valeurs morales du monde moderne et cherchent leur voie spirituelle du côté des cultures et des religions orientales. Garçons et filles portent les cheveux longs, se bricolent toutes sortes de pendentifs et ornements divers, et privilégient les jeans usés jusqu'à la trame. Des millions de jeunes leur emboîtent le pas et, des étudiants protestataires aux chanteurs *folk* anti-militaristes, tout le monde se met à porter des T-shirts et des jeans. Surfant sur la vague, les stylistes parisiens mettent à la mode les vêtements folkloriques et les jeans déchirés. Premier vêtement véritablement universel, le jean transcende les frontières générationnelles, sexuelles, sociales et géographiques.

Les années 1970 viennent greffer la mode de la rue sur le style naturaliste des hippies. Dans les années 1950, quand il était encore chez Dior, Yves Saint Laurent avait fait scandale en lançant dans la haute couture une mode inspirée des tenues des existentialistes de Saint-Germain-des-Prés. La mini-jupe et les pantalons viennent également de la rue. La hiérarchie de la mode, avec la haute couture au sommet de la pyramide, commence à s'effriter. La rue prend le pouvoir, et le style vestimentaire des punks, surfeurs, skateurs, musiciens et artistes aura l'influence que l'on sait sur la mode de la fin du XXᵉ siècle.

Le « power dressing »

Les années 1980 sont relativement calmes du point de vue politique et économique. Le classicisme reprend ses droits. En 1979, Margaret Thatcher devient la première femme premier ministre de l'Angleterre. L'égalité entre les hommes et les femmes devient un impératif moral dans les pays industrialisés. Les femmes, qui ont pris pied dans le monde des affaires et les sphères de décision, prennent soin de leur corps et adoptent un style vestimentaire appelé « power dressing », qui projette une image de pouvoir et d'autorité mâtinée d'un zeste de féminité très sexuée – une savante mixture d'éléments classiques et de mode sexy façon années 1960. Azzedine Alaïa crée un style glamour très années 1980 en utilisant des matières extensibles ultra-modernes. Chanel et Hermès retrouvent leur place avec des produits qui répondent aux attentes de la clientèle plus conformiste.

Dans les années 1970, l'industrie du prêt-à-porter n'est plus confinée à quelques pays phares. Milan, capitale de la mode italienne, réussit à anticiper les tendances en faisant des études de marché très poussées. Giorgio Armani dessine des vêtements pour l'élite professionnelle – costumes et tailleurs sophistiqués sans entoilage ni doublure. Pendant les années 1980, c'est au tour de Gianni Versace de porter très loin la réputation de la mode italienne avec son « Real Clothing » à la fois luxueux et fonctionnel. Armani et Versace vont devenir l'une et l'autre des griffes de prestige.

Épurés et près du corps, les vêtements des années 1980 n'ont plus grand-chose à voir avec les tenues volumineuses et hyper-ornementées du XIXe siècle, à tel point qu'ils en prennent l'exact contrepied. Ainsi, culte du corps oblige, les sous-vêtements de grand-mère réapparaissent comme vêtements de dessus. Des créateurs audacieux, dont le pape de la nouvelle vague parisienne Jean-Paul Gaultier et la Britannique Vivienne Westwood, recyclent les corsets et jarretières en vêtements branchés pour anatomies d'abonnées aux clubs de gym. Ce goût de la citation et du détournement des classiques relève d'une esthétique post-moderne qui restera vivace tout au long des années 1990.

Les créateurs japonais

Le vêtement occidental s'impose progressivement au Japon à l'époque Meiji (1867–1912), et le pays fait son entrée sur la scène de la mode internationale après la Seconde Guerre mondiale. Après les débuts prometteurs de Kenzo Takada à Paris en 1970 et grâce à l'essor économique du Japon, les couturiers japonais se font connaître dans le monde entier.

Issey Miyake présente sa première collection à New York en 1971 et à Paris en 1973. Son concept de base est «A Piece of Cloth», autrement dit le vêtement d'une seule pièce, un classique de l'art vestimentaire japonais. Selon Miyake, recouvrir le corps d'une pièce d'étoffe d'un seul tenant crée un *ma* (espace) intéressant entre la peau et le tissu. Chaque anatomie étant différente, le *ma* est toujours unique et crée une forme spécifique à l'individu. Cette notion est tout à fait étrangère à l'esprit occidental. À la fin des années 1980, Miyake dessine une ligne originale de vêtements plissés. D'ordinaire, on plisse le tissu d'abord, et on confectionne le vêtement ensuite. Miyake fait l'inverse : il coupe, assemble, puis procède au plissage. Il marie intimement les matières, les formes et la fonction du vêtement. Il exploite les prouesses techniques de l'industrie textile japonaise au service d'une tradition ancestrale de vénération de la belle étoffe. En 1999, Miyake lance «A-POC», ligne qui propose une toute nouvelle éthique pour les vêtements du futur. En appliquant la technologie informatique au tricot traditionnel, il crée des vêtements à taille unique livrés sous forme de tricot tubulaire. Il suffit ensuite de découper la forme souhaitée dans ce tube pour obtenir automatiquement un vêtement sur mesures.

En 1982, Rei Kawakubo et Yohji Yamamoto créent la surprise avec des vêtements monocolores, déchirés et sans fioriture qui inaugurent un look déglingué délibérément plus proche du vide que de la présence au monde. Rei Kawakubo continue de pourfendre les idées reçues. Yamamoto a trouvé sa voie dans une sorte de synthèse entre coupe européenne et sensibilité japonaise. Un jeune créateur japonais, Junya Watanabe, se distingue par une technique de coupe novatrice qui exploite les atouts des fibres synthétiques.

Les couturiers japonais expriment, consciemment ou inconsciemment, un sens esthétique très japonais qui influence considérablement les jeunes stylistes du monde entier. Leur profond impact sur la mode internationale tient peut-être au message implicite de leur travail, à savoir que la mode internationale peut être issue d'une culture non-occidentale.

La diversification des valeurs

Le Mur de Berlin tombe en 1989 et l'Union soviétique cesse d'exister en 1991. La fin du XXᵉ siècle est aussi celle de la fin des grandes utopies sociales. La mode devient un poids lourd de l'économie et exploite à fond les progrès de la télévision et de l'internet. La folie des marques montre que la mode n'est pas une simple affaire de vêtements, mais plutôt un commentaire sur soi-même et un mode de communication avec autrui. Mais la menace qui pèse sur l'environnement remet en question la culture matérialiste du système-mode, d'où un regain d'intérêt à la fois pour les vêtements usagés, recyclés ou refaçonnés et pour les créations de haute couture. C'est ainsi que le Belge Martin Margiela, qui fait ses débuts à Paris en 1989, recycle ses anciens modèles et présente inlassablement les mêmes vêtements dans ses défilés, en une sorte de protestation silencieuse contre le système-mode qui produit continuellement de nouvelles choses et se débarrasse des anciennes. Son idée de recyclage est largement plébiscitée dans les années 1990.

À la fin du XXᵉ siècle, le vêtement est réduit à sa plus simple expression. Comme il est difficile de faire moins, c'est le corps lui-même qui devient parure, «objet» à porter. Les arts ancestraux de l'ornement corporel – maquillage, piercing et tatouage – reviennent en force dans la culture occidentale.

La mode n'est qu'un éternel recommencement, dit-on. Et il est vrai que la morphologie même du corps humain limite forcément les possibilités de variations. Pourtant, le style, même s'il n'est pas nouveau, s'inscrit toujours dans un contexte entièrement différent, et peut donc être considéré comme l'expression inédite de son époque.

Le Kyoto Costume Institute (KCI) s'efforce de mettre en évidence les grands mouvements sociaux de l'histoire à travers l'histoire du vêtement, qui fait partie de notre patrimoine culturel et esthétique commun. Il s'est écoulé un quart de siècle depuis la fondation du KCI et ses premières recherches sur la mode occidentale. Chaque scène de l'histoire de l'humanité – la somptueuse culture de cour, l'éveil de la société moderne, la société de consommation – se révèle dans le vêtement. Nous sommes persuadés que la mode du XXIᵉ siècle continuera d'exprimer une nouvelle idée de la beauté.

Rie Nii, conservateur, Kyoto Costume Institute

Les robes de Dior ont toutes une ligne bien définie. Elles sont structurées par un entoilage rigide ou des baleines, comme si les tissus empesés et les sous-vêtements de maintien du passé étaient désormais intégrés à la robe. La robe de droite fait partie de la collection «Ligne Profilée» de 1952. Un jupon rigide lui donne une forme rappelant celle de la robe à la française du XVIIIᵉ siècle.

◄ **Christian Dior**
Robe de jour
Griffe: CHRISTIAN DIOR
PARIS 18027
Vers 1949
Toile de laine bleu marine; fente curviligne au milieu du dos de la jupe, portée avec une jupe de dessus.

► **Christian Dior**
Robe de jour
Griffe: CHRISTIAN DIOR
PARIS
AUTOMNE-HIVER 19522280052751
Automne/hiver 1952
Moire d'ottoman de soie gris; jupon en tulle de nylon.

La princesse Margaret d'Angleterre et la première dame d'Argentine, Evita Perón, s'habillent chez Dior, dont le style élégant séduit les femmes qui apprécient par-dessus tout le raffinement. Les broderies de la robe de gauche s'élargissent et se resserrent au gré des courbes du corps, soulignant ainsi la finesse de la taille et le déploiement de la jupe pour aboutir à cette perfection qui est l'apanage de la haute couture. Le délicat coloris pastel de la robe Dior illustrée à droite fait ressortir le lustre élégant du satin.

◄ **Christian Dior**
Robe du soir
Griffe: CHRISTIAN DIOR PARIS
MADE IN FRANCE
AUTOMNE-HIVER 195575917
Automne/hiver 1955
Satin de soie rose champagne;
superpositions de tulle brodé de fils
d'argent et de sequins.

► **Christian Dior**
Robe du soir
Griffe: CHRISTIAN DIOR PARIS
1902428944
Années 1950
Robe faite d'une double superpo-
sition de satin de soie rose nacré et
blanc; ruban noué au milieu du dos.

Roger Vivier, connu comme le «couturier de la chaussure», s'installe en 1937 et commence à dessiner des chaussures pour Dior en 1953. Ses créations originales se marient admirablement avec les robes de Dior, et il crée même un modèle pour le couronnement d'Elizabeth II d'Angleterre. Outre la reine, Vivier a une clientèle prestigieuse – la duchesse de Windsor et Elizabeth Taylor se chaussent chez lui. Vivier a créé pour Dior les trois paires d'escarpins présentées ici. Leurs bouts et leurs talons délicats sont typiques des années 1950.

▼ **Roger Vivier / Christian Dior**
Escarpins «Versailles»
Griffe : CHRISTIAN DIOR CRÉÉ PAR ROGER VIVIER RITZ
Printemps/été 1960
Toile de Jouy blanche en coton et soie avec impressions florales bleues.

◄ **Roger Vivier / Christian Dior**
Escarpins
Griffe : CHRISTIAN DIOR ROGER VIVIER
Fin des années 1950
Georgette de soie beige brodée de fils d'argent et incrustée de pierres précieuses.

► **Roger Vivier / Christian Dior**
Escarpins
Griffe : CHRISTIAN DIOR CRÉÉ PAR ROGER VIVIER RITZ
Fin des années 1950
Twill de soie vert glacé avec impression de pois noirs, ruban décoratif.

► Publicité pour les chaussures de Roger Vivier / Christian Dior
L'Officiel, mars 1960

Christian Dior

Souliers créés par

Roger Vivier

ILLANDRY
rme Chantilly en
ravelle marine
129 NF.

VERSAILLES
forme Chantilly en to
de Jouy bleu et bla
129 NF.

La robe, les sandales et le sac à
main sont tous faits du même
tissu. Les maisons de haute
couture coordonnent souvent
leurs créations de la tête aux
pieds pour plaire à leurs clientes.
Ce bel ensemble symbolise toute
l'élégance des années 1950. Le
haut ajusté de la robe présentée
ici crée un contraste frappant
avec la jupe bouffante. Le bustier
est maintenu par des baleines
intégrées. Un taffetas de soie
doublé à texture très serrée
donne du volume aux volants.

Christian Dior
Robe du soir, sandales
et sac à main
Griffe: CHRISTIAN DIOR
PARIS PRINTEMPS-ÉTÉ
195679671
Printemps/été 1956
Taffetas de soie bleu turquoise
avec impressions d'ondulations;
volants doublés sur la jupe,
jupon en tulle de soie.

En 1953, la maison Dior crée un département de franchisage. Le grand magasin japonais Daimaru demande immédiatement une franchise et ouvre le salon Daimaru Dior la même année. Des modèles haute couture de Dior seront ensuite confectionnés au Japon. Dior continue de renforcer sa base en multipliant les franchises. Cette robe est coupée dans une étoffe japonaise. Il s'agit d'un modèle exclusif à jupe à la zouave dessiné par Yves Saint Laurent, qui prend la direction de la maison en 1957. Dior utilise souvent les soies traditionnelles du Japon.

Daimaru Dior Salon
Robe de cocktail
Griffe: CHRISTIAN DIOR
EXCLUSIVITÉ POUR LE
JAPON PAR DAIMARU
Vers 1958
Rayonne orange tissée de motifs de pins en fils Dacron or et argent; ensemble robe et boléro avec soutien-gorge intégré.

Dior meurt brutalement
en 1957. Le jeune Yves Saint
Laurent, alors âgé de 21
ans, prend la direction de
la maison à un moment
charnière, entre la période de
relèvement de l'après-guerre
et le début de l'ère de la production de masse. La robe
illustrée à droite est le premier
modèle créé par Saint Laurent
dans ses nouvelles fonctions.
Sa silhouette trapézoïdale plaît
beaucoup. Tout en restant
fidèle aux dogmes techniques
de la haute couture, elle
introduit la notion nouvelle
de l'abstraction appliquée
au vêtement. Cette forme
préfigure l'ère du prêt-à-
porter, qui va devenir
la norme à partir des
années 1960.

◄◄ **Christian Dior**
Robe de jour
Griffe: CHRISTIAN DIOR
PARIS AUTOMNE-HIVER
1957 90538
Automne/hiver 1957
Don de la succession de Tina
ChowTweed de laine beige ; jupe
à plis cartouche.

◄ **Yves Saint Laurent /
Christian Dior**
Robe « Trapèze »
Griffe: aucune
1958
Don de la succession deof Tina
ChowTweed de laine gris ; nœud
au col.

Cristobal Balenciaga, grand maître de la haute couture, est la star de la mode dans les années 1950. Contrairement à la plupart de ses confrères, il sait coudre. Il sait aussi couper et peut, grâce à son excellente technique, créer des formes très élaborées. Cette robe date de 1948. Sa forme classique – qui n'est pas sans rappeler la tournure du XIXᵉ siècle – est d'une élégance nostalgique. Malgré ses flots de tissus, elle reste étonnamment légère – grâce évidemment à la savante technique du couturier.

◄ **Cristobal Balenciaga**
Robe de jour
Griffe: BALENCIAGA 10, AVE-NUE GEORGE V PARIS
Automne/hiver 1948
Taffetas de soie noir; pan de tissu enveloppant comme un châle; ceinture intégrée à la robe; jupe drapée.

Ce manteau tire pleinement parti de la texture d'un velours de qualité supérieure, grâce à une coupe simple et pourtant très calculée. Le col rabattu met en valeur la sveltesse du cou et l'originalité du vêtement.

► **Cristobal Balenciaga**
Manteau de soirée
Griffe: BALENCIAGA 10, AVE-NUE GEORGE V PARIS
Automne/hiver 1949
Velours violet; col rabattu; froncé à partir de l'empiècement frontal; fermeture à boutons revêtus.

Balenciaga s'installe à Paris en 1937, et c'est essentiellement là qu'il travaillera désormais. Mais on retrouve dans ses créations des échos des traditions vestimentaires de son pays natal, l'Espagne. Les applications en relief et les pompons (à gauche) rappellent le boléro du torero, et la cascade de volants (à droite) évoque la robe de flamenco.

◄ **Cristobal Balenciaga**
Boléro
Griffe: BALENCIAGA 10, AVE-NUE GEORGE V PARIS
1945–1949
Georgette de laine noire; applications florales façonnées dans le même tissu; pompons.

► **Cristobal Balenciaga**
Robe du soir
Griffe: BALENCIAGA 10, AVE-NUE GEORGE V PARIS 92556
Automne/hiver 1961
Soie noire avec superpositions de dentelle à motifs de roses; volants de dentelle de l'encolure au bas de la robe.

Balenciaga utilise des étoffes rigides pour obtenir ses formes sculpturales. Un tiers de ses créations sont coupées dans les fines étoffes d'Abraham, notamment le gazar. À gauche, cette robe de ligne oblique présente un ourlet court sur le devant et long dans le dos. La rigidité du gazar est pleinement exploitée. À droite, une robe composée de quatre éléments : un corsage, une jupe, une traîne et une bretelle croisée dans le dos. La coupe simple du corsage, l'ampleur du tissu à l'avant du bassin et la traîne composent une belle silhouette en trois dimensions. Le taffetas vient de chez Abraham.

◄ **Cristobal Balenciaga**
Robe de mariée
Griffe : aucune
Vers 1967
Gazar blanc ; traîne.

► **Cristobal Balenciaga**
Robe du soir
Griffe : BALENCIAGA 10,
AVENUE GEORGE V
PARIS 76902
Été 1961
Taffetas de soie chiné jaune et vert clair, tissé de motifs floraux.

Ces pièces illustrent la grande caractéristique de la robe Balenciaga: l'abstraction des formes. La jupe courte, la taille décintrée et la forme trapézoïdale qui s'évase des épaules à l'ourlet deviennent célèbres sous le nom de style «baby doll». L'ensemble de gauche est en gazar rigide. La robe de droite est coupée dans un taffetas de soie tissé de crin afin d'obtenir une forme parfaite.

◄ **Cristobal Balenciaga**
Ensemble de jour
Griffe: BALENCIAGA 10,
AVENUE GEORGE V PARIS
28463
Vers 1960
Ensemble manteau, haut et jupe en gazar jaune; col montant; fermeture en sous-patte; empiècement marquant une taille haute; manches raglan.

► **Cristobal Balenciaga**
Robe de cocktail
Griffe: EISA
Printemps/Été 1959
Taffetas de soie bleu; frange sur l'ourlet des volants de la jupe.

En 1951, Balenciaga crée le look «semi-ajusté», qui laisse de l'espace entre la robe et le corps et dicte la nouvelle tendance de la mode. Il lance ensuite la robe-tunique et la robe-sac, qui donnent au corps des formes encore plus abstraites. En fait, Balenciaga définit les normes qui feront la mode des années 1960. La robe en fuseau illustrée à gauche fait partie d'un ensemble robe et manteau. Avec sa coupe a minima, le manteau (à droite), a une très belle ligne. Il est incroyablement agréable à porter – et les clientes de Balenciaga apprécient.

◄ **Cristobal Balenciaga**
Robe de jour
Griffe: aucune
Automne/hiver 1957
Laine noire; fermeture frontale à bouton recouvert; devant et dos du corsage d'une seule pièce cousue au milieu du dos.

► **Cristobal Balenciaga**
Manteau
Griffe: BALENCIAGA 10, AVENUE GEORGE V PARIS 1960
Ottoman de soie fuchsia tissé de motifs à rayures; boutons recouverts.

La robe de gauche, relevée des deux côtés de la taille, évoque avec nostalgie le panier. Brillants comme les crocs d'un fauve, les jais acérés placés sur le haut créent un contraste intéressant. La robe de droite date de 1962, époque où Balenciaga essaie une nouvelle matière, le plastique, fabriqué depuis les années 1920, et déjà largement utilisé aux États-Unis dans les années 1950. En vrai pionnier, Balenciaga innove avec des formes et des matières modernes qui finiront par devenir courants dans la mode.

◄ **Cristobal Balenciaga**
Robe du soir
Griffe : BALENCIAGA 10, AVENUE GEORGE V PARIS 89429
Automne/hiver 1949
Faille de soie noire ; broderies de strass, de perles et de jais ; jupe de dessus faite de pans avant et arrière.

► **Cristobal Balenciaga**
Robe de cocktail
Griffe : aucune
Automne/hiver 1962
Gazar noir entièrement brodé de paillettes noires en plastique.

◄ Cette robe provient de la première collection d'Yves Saint Laurent, après son départ de chez Dior en 1961. Ses perles brodées à la main créent du relief et scintillent sur la forme simple. Elle a été conçue dans une période de transition, quand Saint Laurent passe de l'élégance haute couture à des créations plus sport.

Yves Saint Laurent
Robe
Griffe: aucune
Printemps/Été 1962
Haut en faille de soie vert clair avec broderies florales en perles et sequins; jupe en faille de soie jaune.

Pierre Balmain ouvre sa maison en 1945. Ses clientes sont essentiellement des femmes fortunées surnommées les « Jolies Madames ». Comme Dior, Balmain fait renaître l'élégance classique à Paris dans les années 1950. Les impressions fantaisie sont visiblement à la mode comme on peut s'en rendre compte sur ce modèle.

Pierre Balmain
Robe du soir
Griffe: PIERRE BALMAIN PARIS 80.030
Printemps/été 1956
Taffetas de soie chiné blanc à motifs de coquelicots rouges; applications de pièces en forme de coquelicots sur le corsage; ceinture en faille de soie noire.

Ces deux robes montrent la taille fine et la jupe bouffante typiques des années 1950. La robe de gauche date des dernières années de la maison Robert Piguet, créée en 1933. Piguet est réputé pour son savoir-faire et la beauté simple de ses vêtements, et c'est le découvreur de Dior et Givenchy, les futures stars de la haute couture parisienne des années 1950. À droite est présentée l'une des dernières créations de Jacques Fath, qui mourra subitement en 1954 à l'âge de 42 ans. L'utilisation du coton et des pois donne à cette robe de coupe classique une certaine exubérance. Le passepoil met en valeur les lignes de la robe.

Robert Piguet
Robe du soir
Griffe: ROBERT PIGUET PARIS 18962
Vers 1950
Gaze de soie bleue imprimée de motifs de rubans et de pois ; dos-nu ; robe de dessous en faille de soie et jupon en gaze.

Jacques Fath
Robe du soir
Griffe: JACQUES FATH
PARIS
Vers 1953
Coton piqué blanc imprimé
de pois noirs; passepoil noir
décoratif.

La mode américaine s'inspire de la haute couture parisienne. Pourtant, quand éclate la Seconde Guerre mondiale, elle est bien obligée de trouver sa propre voie. Avec des tissus ordinaires comme le denim et le vichy, réservés d'ordinaire aux vêtements de travail, Claire McCardell crée des vêtements féminins simples et pratiques et jette ainsi les bases d'une mode typiquement américaine. Ses modèles épurés correspondent exactement à ce qu'attendait l'Amérique : la production à l'échelle industrielle peut commencer, et les collections de prêt-à-porter sont bientôt vendues partout dans le pays.

▼ **Claire McCardell**
Robe de jour
Griffe : CLAIRE MCCARDELL
CLOTHES BY TOWNLEY
Années 1940
Satin de coton et broadcloth de coton rayés blanc, rouge et vert ; manches américaines ; col cassé ; ceinture du même tissu.

◄ **Claire McCardell**
Robe de jour
Griffe : CLAIRE MCCARDELL
CLOTHES BY TOWNLEY
Années 1940
Toile de coton à rayures multicolores ; corsage coupé en biais ; ceinture du même tissu.

► **Claire McCardell**
Robe de jour
Griffe : CLAIRE MCCARDELL
CLOTHES BY TOWNLEY
Vers 1949
Jersey de laine rouge cerise plissé ; ceinture en cuir noir à boucle dorée.

Claire McCardell met à la mode les vêtements de sport gais et confortables. En 1942, le maillot de bain «barboteuse» – un simple morceau d'étoffe partant de la nuque et passé entre les jambes – fait figure d'innovation, car il est étonnamment simple et fonctionnel. Le modèle de droite très simple ne se permet qu'un effet de bouillonné en haut et en bas. Il se porte normalement avec une ceinture.

▶ **Claire McCardell**
Maillot de bain
Griffe: CLAIRE MCCARDELL CLOTHES
BY TOWNLEY
1950–1954
Calicot de coton bleu marine à fines rayures blanches esquissées ; forme de barboteuse.

▼ **Maillot de bain de Claire McCardell**
Photo: Louise Dahl-Wolfe *Harper's Bazaar,* mai 1948

Chanel revient sur la scène de la mode en 1954. Malgré l'élégance qui caractérise les années 1950, le tailleur Chanel, aboutissement du costume à veste cardigan des années 1920, est jugé démodé. Les femmes le boudent, alors qu'il est très en avance sur son temps et annonce l'ère du prêt-à-porter. Le tailleur présenté à gauche est en jersey de laine; celui de droite est en tweed de laine. Une chaîne cousue à l'intérieur de l'ourlet donne du lest à sa belle étoffe légère.

◄ **Gabrielle Chanel**
Ensemble de jour
Griffe: CHANEL
1954
Don du Fashion Institute of Technology, State University of New York
Veste et jupe en jersey de laine bleu marine; gansé de laine blanche; boutons revêtus aux poignets.

► **Gabrielle Chanel**
Ensemble de jour
Griffe: aucune
Vers 1966
Tweed de laine à carreaux roses, jaunes et violets; ensemble veste et jupe; boutons dorés; doublure et chemisier en twill de soie à carreaux matelassé.

►► **Gabrielle Chanel**
Ensemble de jour
Griffe: CHANEL
Vers 1969
Don du Fashion Institute of Technology, State University of New York
Tweed de laine à carreaux roses, jaunes et bleus; ensemble veste et jupe; boutons dorés; doublure et chemisier en twill de soie à carreaux matelassés; poignets amovibles du même tissu.

Hommage à Chanel par Yohji Yamamoto, qui lance le look «mendiante» dans les années 1980. Le tailleur est de bonne qualité, mais les manches et le bas de la jupe ne sont pas ourlés et les fils n'ont pas été coupés.

Yohji Yamamoto
Tailleurs, chapeaux et chaussures
Griffe: YOHJI YAMAMOTO
Printemps/été 1997
◄◄ Tweed de soie noir, gris et blanc gansé de rayonne noire; ensemble veste, jupe, chapeau et chaussures; chemisier en satin de soie noir avec nœud.
◄ Tweed de soie noir et blanc brodé de sequins dorés; ensemble veste, jupe, chapeau et chaussures; chemisier en crêpe de satin.

Gabrielle Chanel meurt en 1971 à l'âge de 87 ans, mais sa marque lui survit. Les créations présentées ici sont signées Karl Lagerfeld, directeur artistique de Chanel depuis 1983. Le style Chanel est toujours là, mais avec quelques notes modernes comme la jupe coupée au-dessus du genou et la griffe bien visible. Lagerfeld sait comme personne deviner l'air du temps et aller de l'avant en s'appuyant sur l'inébranlable solidité du «style Chanel».

Karl Lagerfeld / Chanel
Ensemble et Robe manteau
Griffe: CHANEL
Automne/hiver 2000
► Manteau beige en alpaga et tweed de laine; chandail en fibres synthétiques; jupe-culotte en crêpe de soie et mousseline de soie imprimés du logo Chanel; collants avec impressions du double C entrelacé de Chanel.
►► Tweed de laine blanc gansé de noir; foulard, collier, camélia; collants avec impressions du double C entrelacé de Chanel.

La mini-jupe naît dans les années 1960 sous l'impulsion d'une nouvelle génération de couturiers, où la mode commence à passer aux mains des jeunes générations (le mot «mini» vient de «minimal», et il désigne les jupes qui découvrent les cuisses). André Courrèges, qui débute en 1961, la lance en 1965. Auréolée du prestige de la haute couture, elle cessera bientôt de choquer. En 1963, le couturier avait déjà lancé une nouveauté, le tailleur-pantalon de soirée : il contribuera à banaliser le pantalon, que les femmes ne portaient jusqu'alors que pour faire du sport ou se détendre.

◄ **Robes d'André Courrèges**
Photo: Guégan
L'Officiel, septembre 1967

► **André Courrèges**
Tailleur-pantalon
Griffe: COURRÈGES PARIS
Automne/hiver 1969
Veste et pantalon en twill de
coton blanc; boutons dorés;
poches plaquées.

▼ **André Courrèges**
Robe
Griffe: COURRÈGES PARIS
Automne/hiver 1967
Satin de coton blanc recouvert
d'organdi de soie à broderies florales
vert clair; pièce d'organdi de soie
à la taille.

Les années 1960 marquent le triomphe de la silhouette en A. Les jeunes couturiers, et notamment Courrèges, adoptent un style simple et géométrique, utilisent des textiles synthétiques et signent des collections futuristes et inventives.

◄ **André Courrèges**
Robe
Griffe: COURRÈGES PARIS
60351
Vers 1967
Mélange coton et laine noir avec décorations blanches du même tissu; fermeture à glissière sur le devant.

► **André Courrèges**
Robe manteau
Griffe: COURRÈGES PARIS
104110
Vers 1970
Vinyle orange; col montant; ceinture assortie; boutons blancs sur le devant, logo Courrèges à gauche sur la poitrine.

La révolte étudiante de mai 68 transforme en profondeur la société française. Saint Laurent, déjà au diapason, crée un look nouveau basé sur le pantalon, dont le port en public est encore jugé tabou. À droite, la saharienne d'inspiration «safari» fait partie de la collection printemps-été 1968. Saint Laurent détourne le classique costume de chasse en tenue de ville féminine. Le tailleur de ville illustré à gauche est censé avoir le même rôle qu'un costume d'homme.

➤ **Yves Saint Laurent**
Tailleur-pantalon «City Pants»
Griffe: aucune
Automne/hiver 1967
Don de Mlle Shoko Hisada
Veste en jersey de laine gris anthracite avec ceinture et pantalon; poches plaquées à rabat.

▼ **Yves Saint Laurent** Saharienne
Griffe: SAINT LAURENT RIVE GAUCHE PARIS / Printemps/été 1968
Veste en gabardine de coton kaki avec cordonnet de laçage sur le devant, poches plaquées et pantalon.

Page 493
Verushka dans la saharienne
d'Yves Saint Laurent
Photo : Franco Rubartelli, 1968

Yves Saint Laurent
Robe
Griffe : YVES SAINT
LAURENT PARIS
Printemps/été 1967
Fond en organdi de soie beige
brodé de fils métalliques, de
perles, de perles de bois et de
strass ; filet de perles non doublé
autour de la taille.

Cette mini-robe de style « africain » est décorée de coquillages et de perles en forme de dents d'animal. Exotique et excentrique, elle bouscule l'image figée de la haute couture. Avec elle, Saint Laurent dépasse le style moderniste et urbain des années 1960 pour aller voir du côté du style « retour à la nature » qui sera la grande passion des années 1970.

Yves Saint Laurent
Robe
Griffe : YVES SAINT LAURENT PARIS 015494
Printemps/été 1967
Twill de soie imprimé de motifs psychédéliques noirs, roses, jaunes, rouges et verts ; empiècement brodé de perles en bois et en verre.

Dans les années 1950, Vivier dessinait de beaux escarpins qui s'harmonisaient avec le style classique et élégant alors en vogue ; mais les couturiers des années 1960 aimeraient des modèles plus originaux et futuristes. Vivier saisit la balle au bond en créant des chaussures décontractées à bout large et talon épais comme ceux présentés ici. Le cuir vernis et les miroirs s'assortissent bien aux tissus synthétiques des vêtements des années 1960.

▼ Roger Vivier
Escarpins
Griffe: ROGER VIVIER PARIS, 1960–1965
Faille de soie blanche ; talons incrustés de morceaux de miroir.

▼▼ Roger Vivier
Escarpins
Griffe: ROGER VIVIER PARIS
Vers 1965
Cuir vernis noir avec boucle.

► Yves Saint Laurent
Robe « Mondrian »
Griffe: YVES SAINT LAURENT PARIS
Automne/hiver 1965
Don d'Yves Saint Laurent
Jersey de laine blanc, rouge et noir.

Malgré l'hégémonie de la confec-tion industrielle dans les années 1960, la superbe qualité artisanale de la haute couture reste très appréciée. Les savantes broderies et les coutures parfaites de ces modèles révèlent un impressionnant savoir-faire.

◄ Pierre Cardin
Robe
Griffe: PIERRE CARDIN PARIS
Automne/hiver 1966
Mini-robe à motifs d'ondulations obliques brodés de sequins dorés, argentés et de paillettes.

► Yves Saint Laurent
Veste et robe
Griffe: YVES SAINT LAURENT PARIS
Printemps/été 1966
Veste: fond en soie bleu marine brodé de sequins bleu marine, blancs et argentés. Robe: haut argenté avec col en V et jupe bleu marine brodée de sequins.

Le style futuriste inspiré de la conquête spatiale a été introduit par Pierre Cardin en 1966. Ses vêtements au design géométrique innovaient tout en étant fonctionnels et ils étaient parfaitement adaptés au marché déjà bien établi du prêt-à-porter des années 1960. Les deux modèles de gauche ont probablement été créés pour les États-Unis. Après l'apparition du prêt-à-porter dans les années 1960, ce sont les contrats de licence qui assurent la survie financière des maisons de haute couture. L'ensemble présenté à droite date de 1966. La coupe en biais et la précision des coutures mettent en valeur sa forme, et sa « mini-longueur » est pleine de fraîcheur.

◄◄ **Pierre Cardin**
Robe-chasuble
Griffe : PIERRE CARDIN PARIS NEW YORK
Vers 1970
Jersey de laine bleu marine ornée d'une bande en vinyle rouge.

◄ **Pierre Cardin**
Robe
Griffe : PIERRE CARDIN PARIS NEW YORK
Vers 1968
Mini-robe en jersey de laine noir ornée de rectangles en vinyle blanc.

► **Pierre Cardin**
Ensemble
Griffe : PIERRE CARDIN PARIS
Automne/hiver 1966
Tweed de laine à carreaux beiges et noirs ; ensemble veste et mini-jupe ; haut col roulé ; haut sans manches en jersey de laine camel.

Le costume d'homme n'a pratiquement pas évolué depuis qu'il est apparu au lendemain de la Révolution française. Sentant venir la mode unisexe, Cardin crée en 1960 une ligne très mode de vêtements pour homme. Sur le modèle de gauche, il a utilisé des fermetures à glissière, franchissant une étape de plus vers l'élimination des différences vestimentaires entre les sexes. Les cravates sont imprimées de motifs ikat et batik de style ethnique, grande tendance des années 1970.

◄ **Pierre Cardin**
Gilet, knickerbockers et pull-over
Griffe: (gilet) PIERRE CARDIN BOUTIQUE PARIS, (pull) LES TRICOTS DE PIERRE CARDIN PARIS
Vers 1966
Don de Richard Weller
Gilet en flanelle rouge foncé à col roulé, fermetures à glissière et ceinture en cuir vernis; knickerbockers; pull en laine blanc.

► **Pierre Cardin**
Cravates
Griffe: PIERRE CARDIN PARIS
1965–1974
Don de Richard Weller
Soie multicolore, laine, etc.

Paco Rabanne signe son entrée
dans la haute couture en 1966 par
un coup d'éclat : des vêtements
en plastique et autres matières
synthétiques. Tous ceux qui
croient qu'un vêtement doit
obligatoirement être en tissu
et être cousu avec du fil sont
évidemment choqués. Les deux
modèles présentés ici datent de
cette époque. Le « tissu » métallique
contraste avec la texture de la
peau. Le miroitement métallique
de l'argent a inspiré beaucoup
d'artistes et de cinéastes des
années 1960.

◄ **Paco Rabanne**
Robe
Griffe : aucune
Vers 1967
Mini-robe en plaques d'aluminium
et fil de cuivre.

► **Paco Rabanne**
Haut et jupe
Griffe : PACO RABANNE PARIS
Printemps/été 1967
Haut ultra-court et mini-jupe
moulante en disques d'aluminium
reliés par un fil de métal.

▼ **Paco Rabanne**
Robe
Griffe : aucune
Printemps/été 1969
Mini-robe en disques en
plastique chromé et en acier
reliés par des bagues en inox.

▶ **Paco Rabanne**
Haut
Griffe : aucune
Vers 1969
Disques en plastique roses et
blancs et perles blanches reliés
par des bagues en inox.

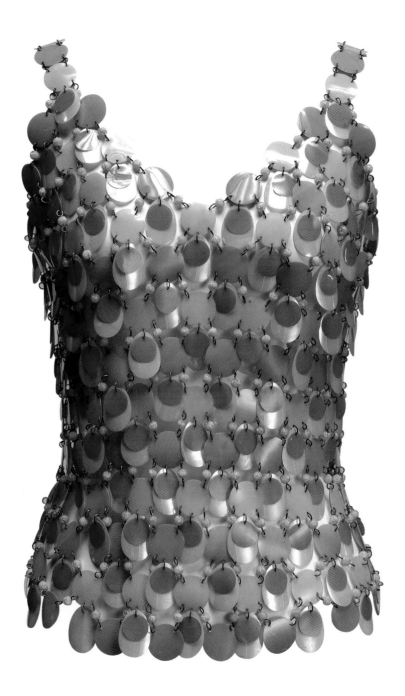

▶ **Anonyme**
Robe
Vers 1965
États-Unis
Vinyle à carreaux blancs et noirs ;
impression Op Art ; col montant
et fermeture à glissière.

▶▶ **Harry Gordon**
Robe en papier « Poster Dress »
Griffe : POSTER DRESS
Vers 1968
Mini-robe en matière non tissée
imprimé blanc et noir.

▼ **Masahiro Nakagawa et
Lica / 20471120**
Tailleur-pantalon
Griffe : 20471120
Automne/hiver 1995
Don de Sumiyo Koyama
Veste et pantalon noirs en nylon
et coton ; motif de grille blanche.

SOUP
SOUP
Campbell's
Campbell's
SOUP
SOUP
Campbell's
Campbell's

Andy Warhol expose pour la première fois en 1962 et son tableau *32 Soup Cans,* entre autres, le rend célèbre dans le monde entier. Le Pop Art, ou comment faire de l'art avec des produits de consommation courants, attire l'attention d'un large public. La robe en papier présentée ici est indissociable du Pop Art. Elle symbolise la société de consommation des années 1960. Warhol crée la «banana dress» et la «fragile dress» en 1966.

▶ **Anonyme**
Robe en papier «Souper Dress»
Griffe: SOUPER DRESS
Vers 1966
États-Unis
Mini-robe en matière non tissée imprimée de motifs de boîtes de conserve «Campbell's Soup» et gansée de ruban noir coupé en biais.

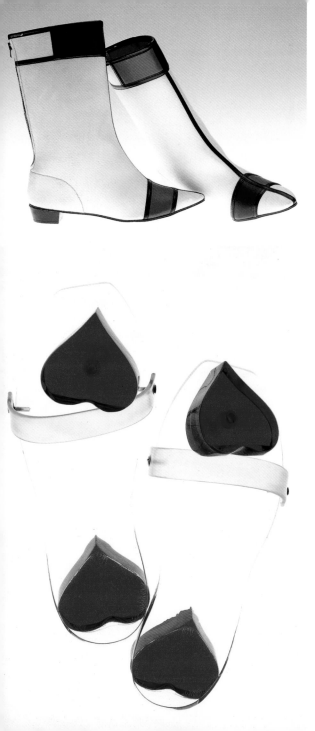

◄ **Hi Brows**
Bottes
Griffe : HI BROWS
1965–1969
Pièces en simili cuir blanc,
noir, rouge et bleu cousues « à la
Mondrian » ; fermeture à glissière.

▲ **Anonyme**
Sandales
Années 1960
Sandales en plastique transparent
et rouge avec décorations en forme
de cœur ; talons ; bride en vinyle.

▶ **Beth Levine / Herbert Levine**
Sandales « Barefoot in the Grass »
Griffe : aucune
Vers 1968
Gazon artificiel ; vinyle transparent ;
semelle en caoutchouc.

Emilio Pucci débute à Florence vers 1950. Avec ses tenues décontractées en tissus imprimés inspirés des classiques italiens, il conquiert le marché américain. Dans les années 1960, son style est copié dans le monde entier ; ses associations de couleurs audacieuses et ses motifs psychédéliques deviennent presque des must. Les tenues illustrées, en soie fine et légère, sont très appréciées de la jet set.

Emilio Pucci
Cape
Griffe : EMILIO PUCCI
FLORENCE-ITALY
1965–1969
Cape à capuche en georgette de soie rose ; imprimée de motifs de masques, se porte sur un maillot de bain ou une combinaison.

Rudi Gernreich, qui vit aux
États-Unis, crée le maillot de
bain sans haut en 1964. L'année
suivante, il invente un soutien-
gorge en nylon fin de couleur
chair connu sous le nom de
« No Bra ». Les Américaines
découvrent, chose inouïe,
qu'elles ont un corps.
Le monokini illustré à gauche
est l'objet du scandale. À droite,
un maillot de bain à bretelles
noires croisées. La peau ne se
cache plus ; elle s'expose, comme
une sorte de beau vêtement.

▶ **Rudi Gernreich**
Monokini
Griffe : RUDI GERNREICH
DESIGN FOR HARMON
KNITWEAR
1964
Jersey de laine rayé noir et
taupe ; deux bretelles croisées
sur les seins nus.

▶▶ **Rudi Gernreich**
Maillot de bain
Griffe : RUDI GERNREICH
DESIGN FOR HARMON
KNITWEAR
1971
Jersey de laine noir et taupe
à bretelles noires.

Pages 520/521
Kenzo Takada fait ses débuts à Paris en 1970, au moment où le marché parisien du prêt-à-porter est en plein essor. L'une de ses robes, coupée dans un tissu de kimono ordinaire, fait la couverture du magazine *Elle*. Il devient une star du jour au lendemain. Simples et décontractées, ses tenues font pourtant la part belle au côté ésotérique du Japon, ce qui correspond tout à fait à l'esprit de l'après-mai 68. Les chandails à manches kimono se portent sur une chemise à manches longues, avec un jean ou un mini-short.

Kenzo Takada
Chandails
Griffe : JAP PARIS TOKYO
1970

À gauche : tricot de laine blanc, rose, rouge et violet ; col, ourlet et manches à côtes.
À droite : tricot de laine blanche ; motif d'ancre rouge tricoté ; col, ourlet et manches à côtes.
L'industrie du prêt-à-porter des années 1970 produit des vêtements très mode mais très bien adaptés à la vie quotidienne. La haute couture ne lance plus les modes, ce rôle revenant désormais au prêt-à-porter. De nombreux jeunes créateurs arrivent sur la scène. Daniel Hechter ouvre une boutique en 1962 et devient célèbre pour ses tenues sport et décontractées. La même année, Sonia Rykiel commence à créer des vêtements en maille qui exaltent la sveltesse. Elle met à la mode les humbles vêtements ordinaires que sont le chandail et le cardigan.

◄ Daniel Hechter
Manteau
Griffe : DANIEL HECHTER PARIS
Vers 1970
Don de Yoshiko Okamura
Twill de laine à carreaux jaunes, rouges, bleu marine et vert clair ; grandes poches plaquées.

► Sonia Rykiel
Chandail
Griffe : SONIA RYKIEL
Vers 1971
Don de Yoshiko Okamura
Tricot vert foncé tissé d'un motif de jeune fille sur le devant ; manches et ourlet à côtes.

►► Sonia Rykiel
Chemisier et gilet
Griffe : (chemisier) SONIA RYKIEL
1974
Chemisier en gaze de coton rouge avec impressions de fruits ; gilet en tricot jacquard noir et rouge, mohair noir au col et aux emmanchures, ourlet à côtes.

Vers la fin des années 1960, l'opposition à la guerre du Viêt Nam se fait plus vive. Les hippies rejettent les valeurs de la civilisation moderne et se tournent vers les cultures et les religions orientales. Les garçons comme les filles se laissent pousser les cheveux et portent des vêtements faits main, accompagnés par exemple de jeans découpés. Des jeunes du monde entier les imitent. Les couturiers parisiens vont s'emparer de cette mode de la rue et signer des vêtements d'inspiration folklorique, notamment des jeans en patchwork.

Page 525, à gauche
Emmanuelle Khanh
Tunique
Griffe: EMMANUELLE KHANH DIFFUSION FROISA PARIS.
Printemps/été 1971
Don de Yoshiko Okamura

Gaze de coton blanche brodée de paysages multicolores en fils de coton près du col carré; broderie de motifs de fleurs et de papillons.

Levi's
Jean
Griffe: LEVI'S
Vers 1971
Patchwork de pièces de denim bleu clair et bleu foncé; pattes d'éléphant.

Page 525, en haut à droite
À gauche: **Thea Porter**
Robe
Griffe: THEA PORTER LONDON
Vers 1970
Fond jaune et coton indien à rayures rouges; coton orange avec applications de miroirs sur le devant; ruban de velours bleu.

À droite: **Barbara Hulanicki / BIBA**
Robe
Griffe: BIBA

Début des années 1970
Laine beige rosé; impression florale; large décolleté carré; ceinture assortie.

Page 525, en bas à droite
À gauche: **Giorgio Sant'Angelo**
Tunique et pantalon
Griffe: SANT'ANGELO
Vers 1970
Tunique en tricot rouge avec col roulé et poignets violets et orange, longue cravate avec frange; pantalon en tricot de polyester rouge.

À droite: **Stephen Burrows**
Tunique et pantalon
Griffe: STEPHEN BURROWS
Début des années 1970
Tunique en tricot vert avec manches jaune clair; piqûre rouge à l'ourlet et aux poignets.

▼ La chanteuse Joan Baez et l'actrice Vanessa Redgrave à une démonstration contre la guerre du Viêt Nam, 1965

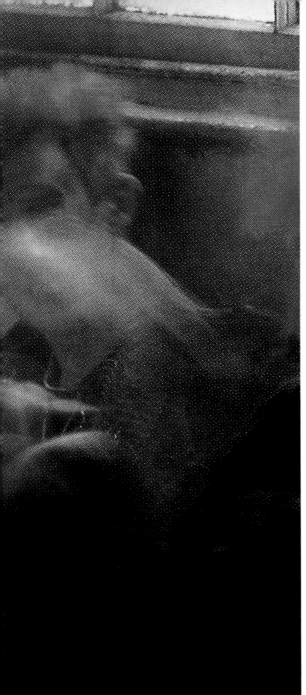

En 1976, Malcolm McLaren lance le groupe punk des Sex Pistols. Dans leurs chansons, les Sex Pistols s'en prennent ouvertement à la société de classes. Ils s'affichent dans des tenues plus ou moins sado-maso et des guenilles attachées par des épingles à nourrice vendues chez « Seditionaries », la boutique de McLaren et Vivienne Westwood. Cette fusion entre mode et musique fait des adeptes passionnés chez les jeunes. Vivienne Westwood n'a jamais oublié l'esprit surréaliste de l'ère punk.

Page 528
Vivienne Westwood
et Malcolm McLaren pour
Seditionaries
Chemise
Griffe: SEDS 430 KING'S RD., CHELSEA
TEL: 3510764
Vers 1977
Gaze de coton blanche avec photo de seins nus imprimée ; bretelle ; Velcro ; métal.

Page 529
Vivienne Westwood
Mules
Griffe: VIVIENNE WESTWOOD MADE IN ENGLAND
Printemps/été 2000
Mules en cuir beige à bouts en forme d'orteils.

Punks dans un pub de King's Cross, Londres, 1987
Photo : Gavin Watson

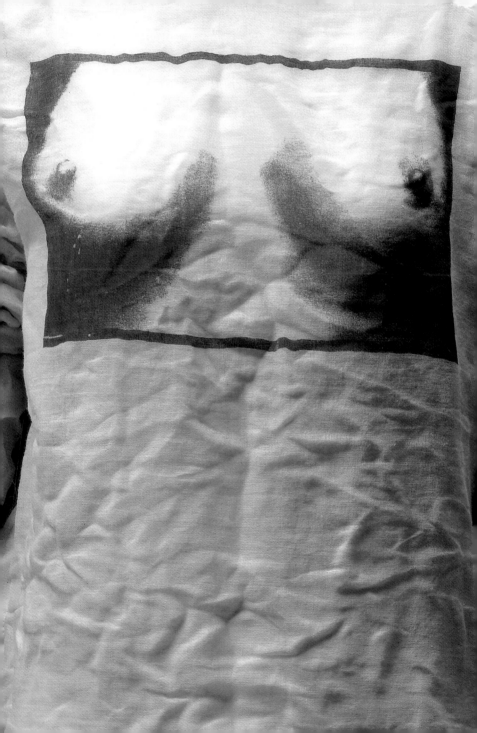

Sur les deux hauts présentés ici, Alexander McQueen a pressé du cuir et Issey Miyake a transformé le plastique en seconde peau. Leur nouvelle perception du corps humain comme base du vêtement y apparaît clairement.

◄ **Alexander McQueen pour Givenchy**
Haut et pantalon
Griffe: GIVENCHY COUTURE
Automne/hiver 1999

Haut en cuir pressé rouge; pantalon en cuir blanc.

▼ **Issey Miyake**
Haut
Griffe: aucune
Automne/hiver 1980
Don du studio de création Miyake
Haut en plastique rouge; moulé de l'intérieur.

Pages 532/533
En 1979, l'Angleterre élit
sa première femme Premier
ministre et l'égalité des sexes
est plus évidente que jamais.
Les femmes font leur chemin
dans la société et commencent
à dévoiler leurs corps toniques
avec fierté. Le culte du corps
apparu dans les années 1960 refait
surface. Azzedine Alaïa tire parti
des tissus tricotés extensibles
(qui deviennent de plus en
plus courants) pour définir le
style sexy et fonctionnel des
années 1980.

Page 532
Azzedine Alaïa
Robe
Griffe : ALAÏA PARIS
1987
Jersey de laine vert.

Page 533
Azzedine Alaïa
Robe
Griffe : ALAÏA PARIS
Vers 1987
Robe noire en mélange de
rayonne, de nylon et de Lycra ;
coutures au crochet.

Ces deux exemples montrent comment s'y prennent les Occidentaux pour créer un style capable d'épouser le corps en une forme idéale. L'une des solutions consiste à recourir aux matières extensibles ; l'autre est le style traditionnel de la haute couture. Le modèle de gauche est un tailleur de Galliano réalisé à Londres. John Galliano, devenu styliste de la maison Dior en 1996, s'inspire des vêtements historiques et ethniques pour créer les styles d'aujourd'hui. La robe de droite est signée Alaïa. Le Lycra, créé par DuPont en 1958, s'améliore d'année en année, gagnant en qualité et en élasticité.

◄ **John Galliano /
Christian Dior**
Tailleur et ras-du-cou
Griffe : CHRISTIAN DIOR
HAUTE COUTURE AH97
PARIS 29374
Automne/hiver 1997
Ensemble veste et jupe en
tweed de laine gris ; ourlet de
veste rembourré ; jupe longue
avec traîne courte ; ras-du-cou
composé de 35 cercles d'argent
de deux teintes différentes.

► **Azzedine Alaïa**
Robe
Griffe : ALAÏA PARIS
1985–1989
Lycra de rayonne bleu marine ;
large décolleté en V dans le dos ;
lignes de couture et plis sur
l'ourlet.

Jean-Paul Gaultier fait ses débuts en 1976. Dans les années 1980, cet amateur de parodie s'empare de sous-vêtements traditionnels comme le corset et la gaine pour les transformer en vêtements de dessus et leur redonner leur noblesse. Cette transformation est un phénomène majeur de la fin du XXᵉ siècle, conséquence directe du culte du corps des années 1980 et du souci de la forme et de la santé.

Jean-Paul Gaultier
Robe
Griffe: JEAN-PAUL GAULTIER POUR GIBO
Printemps/été 1987
Robe rouge en mélange satin de soie, nylon et Lycra; partie en nylon élastique transparent sur les côtés et dans le dos.

▶ Robe de Gaultier,
Printemps/été 1987

Gaultier utilise de nouveaux types de tissu et essaie de créer des vêtements assez fonctionnels pour être portés tous les jours tout en conservant un style vivant et original. Le pantalon présenté à gauche, ainsi que la jupe et les gants présentés à droite, sont coupés dans un tissu extensible qui colle à la peau. Le haut est coupé dans un tissu contrecollé qui donne au corps un aspect tridimensionnel.

▶ **Jean-Paul Gaultier**
Veste, soutien-gorge et pantalon
Griffe : JEAN-PAUL
GAULTIER POUR GIBO
Printemps/été 1987
Veste en rayonne noire ; soutien-gorge en mélange synthétique et soie, même tissu utilisé au centre du pantalon ; pans transparents sur les côtés du pantalon.

▶▶ **Jean-Paul Gaultier**
Haut, jupe et gants
Griffe : JEAN-PAUL GAUL-
TIER POUR EQUATOR
Automne/hiver 1987
Haut noir en tricot de polyester contrecollé ; jupe et gants en polyester extensible de couleur bronze.

Pages 540/541
Gaultier a supprimé la brillance
artificielle du tissu extensible
pour lui donner l'aspect de la
vraie peau. Le moiré en forme de
silhouette humaine est imprimé
pour créer un effet de flou.

Jean-Paul Gaultier
Robe
Griffe: JEAN-PAUL
GAULTIER MAILLE
Printemps/été 1996
Tricot de nylon bleu imprimé
de motifs moirés bleu marine
et beige en forme de silhouette
humaine.

Gaultier revendique son goût pour l'art et la musique. Pour la collection présentée ici, il s'est inspiré de l'œuvre de l'artiste américain Richard Lindner, qui représente souvent des femmes en corset pour exprimer des sentiments complexes d'agressivité et de retenue.

◄ **Jean-Paul Gaultier**
Combinaison
Griffe: JEAN-PAUL GAULTIER
Printemps/été 1990
Taffetas rayé bleu, vert, orange et brun doré, Lycra, bouillonné élastique, ruban noir et fermeture à glissière.

Sacrée reine du punk, Vivienne Westwood crée sa propre griffe en 1983. Après un séjour à Paris, elle revient à Londres en 1987 et ressort les vêtements d'antan – corsets, crinolines et tournures – que ses mannequins portent comme vêtements de dessus. Avec Gaultier, elle exprime un nouveau style de féminité. Le haut présenté ici ressemble à un corsage et s'accompagne d'une petite culotte. Les associations détonantes de sous-vêtements classiques et de fermetures à glissière métalliques sont typiques de Vivienne Westwood.

► **Vivienne Westwood**
Veste, corsage, petite culotte, gaine et jarretières
Griffe: VIVIENNE WESTWOOD LONDON
Automne/hiver 1997
Veste, corsage et culotte en matière synthétique beige métallique; tricot extensible baleiné sur les côtés du corsage, corsage pouvant être fixé à la veste par deux fermetures à glissière.

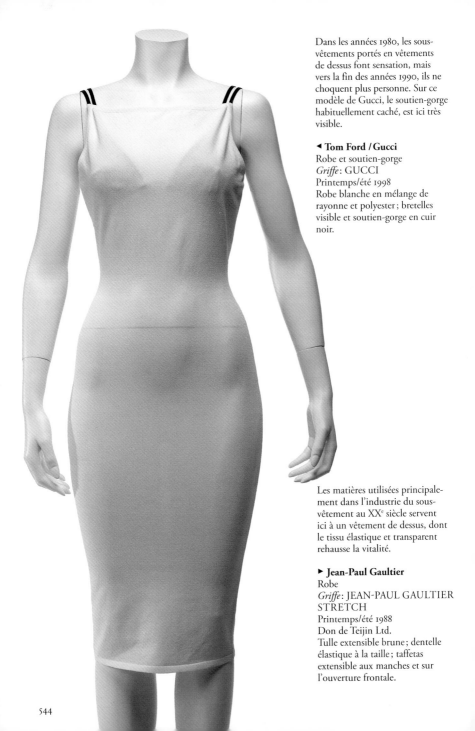

Dans les années 1980, les sous-vêtements portés en vêtements de dessus font sensation, mais vers la fin des années 1990, ils ne choquent plus personne. Sur ce modèle de Gucci, le soutien-gorge habituellement caché, est ici très visible.

◄ **Tom Ford / Gucci**
Robe et soutien-gorge
Griffe : GUCCI
Printemps/été 1998
Robe blanche en mélange de rayonne et polyester ; bretelles visible et soutien-gorge en cuir noir.

Les matières utilisées principale-ment dans l'industrie du sous-vêtement au XXe siècle servent ici à un vêtement de dessus, dont le tissu élastique et transparent rehausse la vitalité.

► **Jean-Paul Gaultier**
Robe
Griffe : JEAN-PAUL GAULTIER STRETCH
Printemps/été 1988
Don de Teijin Ltd.
Tulle extensible brune ; dentelle élastique à la taille ; taffetas extensible aux manches et sur l'ouverture frontale.

Thierry Mugler, qui débute en 1973, compte parmi les forces vives du « power dressing », le style vestimentaire de la « battante » des années 1980. Ses modèles sexy et énergiques dessinent l'image de la femme parfaite. Les larges épaulettes typiques des années 1980 créent une silhouette en forme de triangle renversé.

◄◄◄ **Thierry Mugler**
Veste
Griffe: THIERRY MUGLER PARIS
Automne/hiver 1988
Don de Sumiyo Koyama
Veste jaune en mélange polyester-triacétate; coupe en zigzag sur l'ourlet; manches à poignets obliques.

◄◄ **Thierry Mugler**
Jacket
Griffe: THIERRY MUGLER PARIS
Printemps/été 1990
Don de Sumiyo Koyama
Patchwork en gabardine de laine à huit couleurs; boutons-pression de cinq couleurs différentes sur le devant; ourlet coupé à l'oblique sur la droite.

◄ **Thierry Mugler**
Veste
Griffe: THIERRY MUGLER PARIS
Fin des années 1980
Don de Sumiyo Koyama
Gabardine de laine rose saumon; col montant.

Les femmes sont de plus en plus nombreuses à travailler. Imitant les hommes, elles portent des tailleurs aux coloris subtils. Pour les femmes actives de Milan, Giorgio Armani crée des tailleurs dans des matières souples et non rigidifiées ; à Paris, Claude Montana et Anne-Marie Beretta proposent des tailleurs aux formes simples et stylisées.

Giorgio Armani
Tailleur-pantalon
Griffe : GIORGIO ARMANI
1985–1989
Veste à rayures rouges et grises en laine double face, coupe en biais ; pantalon en gabardine de laine grise.

Giorgio Armani
Tailleur-pantalon
Griffe : GIORGIO ARMANI
1985–1989
Ensemble veste et pantalon en twill de laine rayé bleu marine et blanc.

Anne-Marie Beretta
Tailleur
Griffe : ANNE MARIE
BERETTA PARIS
Vers 1983
Veste et jupe en flanelle mille-
raies ; poche plaquée ; jupe
fendue sur le devant.

Claude Montana
Tailleur
Griffe : CLAUDE MONTANA
Vers 1990
Veste et jupe en flanelle mille-
raies avec fermeture à glissière.

Romeo Gigli fait ses débuts à
Milan en 1983. Se débarrassant
des épaisses épaulettes à la mode,
il dessine une silhouette aux
épaules légèrement arrondies.
La silhouette en cocon est une
autre caractéristique de son
travail. Le manteau très ample
semble léger grâce à son tissu
tricoté façon dentelle.

Romeo Gigli
Manteau
Griffe : ROMEO GIGLI
Printemps/été 1991
Manteau à capuche en tricot
de raphia noir façon dentelle.

► **Christian Lacroix**
Boléro et robe
Griffe : CHRISTIAN
LACROIX PRÊT-A-PORTER
Vers 1990
Don de Mari Yoshimura
Boléro en toile jacquard de satin
de soie violet tissée de motifs
floraux noirs ; volants en taffetas
de soie ; robe en soie violette
imprimée de motifs d'anges,
d'animaux et de plantes.

◄ **Vivienne Westwood**
Haut et jupe
Griffe : aucune
Printemps/été 1986
Haut en jersey de coton rose à
pois imprimés ; jupe en satin de
rayonne gris avec trois cerceaux
intégrés ; volants sur l'ourlet ;
cordons de serrage.

En 1980, Tokio Kumagai ouvre une boutique de chaussures. Inspiré par des peintres comme Dalí et Pollock, il invente un style inédit de chaussures. Dans la série *Taberu Kutsu* («chaussures à manger»), les chaussures s'ornent de reproductions hyperréalistes de tranches de bœuf, haricots rouges ou sorbets (on pense aux imitations de sushi en plastique que présentent les restaurants japonais). Elsa Schiaparelli avait inventé le chapeau en forme d'escarpins; Kumagai crée la surprise avec ses chaussures à bouts «comestibles».

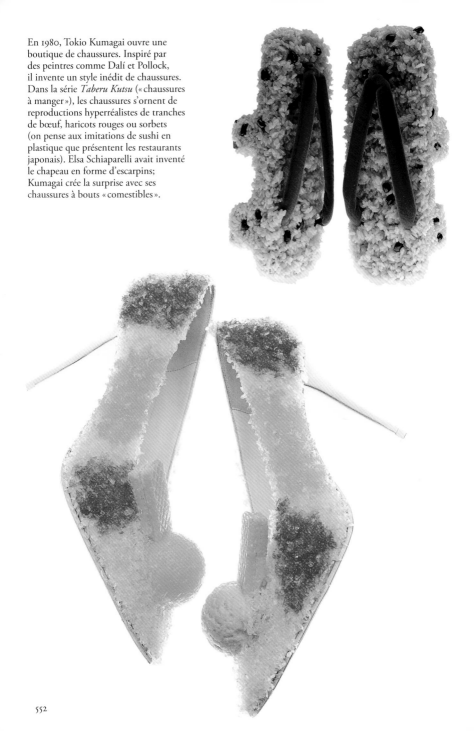

Tokio Kumagai
Taberu Kutsu («chaussures
à manger»)
Griffe: TOKIO KUMAGAÏ
PARIS
Vers 1984
Don de M. Tokio Kumagai
Résine

TOKIO KUMAGAÏ
PARIS
MADE IN ITALY
TOKIO KUMAGAÏ
PARIS
MADE IN ITALY

Ce modèle est inspiré par *Le Baiser* (1908) de Constantin Brancusi, sculpteur roumain connu pour son travail sur les formes abstraites. L'escarpin gauche est un profil d'homme, celui de droite un profil de femme.

◄ **Tokio Kumagai**
Escarpins
Griffe : TOKIO KUMAGAÏ
PARIS
Vers 1984
Don de M. Tokio Kumagai
Cuir noir retourné avec bande
élastique, applications de ruban,
de bague et de cuir.

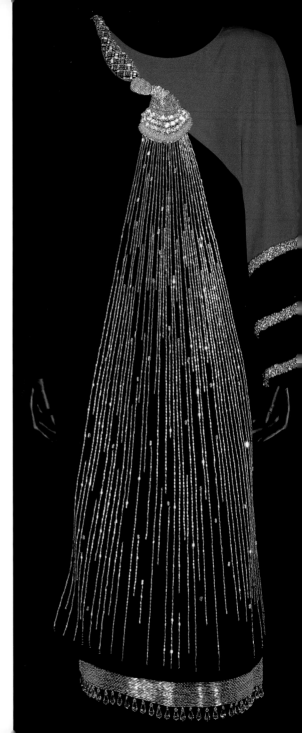

Le motif de jet d'eau brodé sur le corsage se glisse jusqu'au dos et s'enroule autour de la manche gauche. Le surréalisme n'est pas très loin. Création de Lagerfeld, styliste de Chloé de 1963 à 1984.

► **Karl Lagerfeld / Chloé**
Robe et jupe
Griffe : CHLOÉ
Automne/hiver 1983
Robe en satin d'envers d'acétate
rouge et noir brodé d'un motif
de jet d'eau en perles et strass ;
jupe en crêpe de Chine noir,
perles brodées sur l'ourlet.

En octobre 1982, Rei Kawakubo et Yohji Yamamoto présentent leur deuxième défilé parisien de prêt-à-porter. Les robes aux couleurs sobres, en lambeaux et trouées qu'ils lancent cette année-là glorifient la «guenille». On parle désormais beaucoup du «look mendiant», qui traduit une conception japonaise de la beauté, la beauté de la misère lucide. Leur collection heurte les canons vestimentaires occidentaux et suscite une controverse dans le milieu parisien de la mode. Le choc est rude : les créateurs japonais démontrent pour la première fois que des vêtements reconnus dans le monde entier peuvent venir d'ailleurs que d'Europe occidentale.

◄ **Rei Kawakubo / Comme des Garçons**
Tunique et robe
Griffe : COMME DES GARÇONS
Printemps/été 1983
Don de Comme des Garçons Co., Ltd.
Tunique en jersey de coton blanc cassé avec applications de ruban en coton ; robe blanc délavé composée d'un patchwork de pièces en toile pour drap et en satin de rayonne.

► **Yohji Yamamoto**
Veste, robe et pantalon
Griffe : YOHJI YAMAMOTO
Printemps/été 1983
Veste et pantalon : don de Hiroshi Tanaka ; robe : don de Sumiyo Koyama
Veste, robe et pantalon en coton blanc ajouré.

Rei Kawakubo n'a jamais suivi
les préceptes établis dans son
travail de création. Et pourtant,
ses modèles sont toujours
empreints d'une certaine
noblesse. Ce chandail semble
complexe, mais il est structuré
simplement par un seul pan de
coupe droite. Il est extrêmement
ample et lorsqu'on ouvre les
manches sur le côté, sa forme
rappelle celle du kimono
japonais.

Rei Kawakubo /
Comme des Garçons
Chandail et jupe
Griffe : TRICOT COMME
DES GARÇONS (chandail),
COMME DES GARÇONS
(jupe)
Automne/hiver 1983
Don de Comme des Garçons
Co., Ltd.
Chandail en tricot de laine blanc
cassé à points mousse, ourlet
à côtes ; jupe en jersey de laine
blanc cassé.

Chandail et jupe de Rei Kawakubo
Photo : Peter Lindbergh, 1983

Ces deux modèles, parmi les premiers créés par Rei Kawakubo, vont complètement à l'encontre de la mode occidentale, qui cherche à dessiner le corps. À gauche, le haut est doublé, mais non le bas. Certaines parties sous les bras ne sont pas cousues. Cette coupe unique donne à la pièce une forme irrégulière qui change en fonction du vent ou des mouvements. À droite, un élastique a été cousu dans toutes les directions sur cette robe confortable, créant une silhouette asymétrique. Le tissu rappelle l'*ai-zome* (teint en bleu indigo) qui servait à confectionner les vêtements quotidiens des Japonais ; il donne une présence nostalgique et chaleureuse à la robe.

◄ **Rei Kawakubo /**
Comme des Garçons
Robe
Griffe : COMME DES
GARÇONS
Printemps/été 1984
Don de Comme des Garçons
Co., Ltd.
Robe en toile de coton blanche
à broderie ajourée, effets de
bouillonné.

► **Rei Kawakubo /**
Comme des Garçons
Robe
Griffe : COMME DES
GARÇONS
Automne/hiver 1984
Don de Comme des Garçons
Co., Ltd.
Acétate bleu marine rappelant
l'*ai-zome* (teint en bleu indigo),
impressions style pochoir de motifs
de chrysanthèmes.

Les deux modèles de droite sont des tailleurs-pantalon de coupe asymétrique. Yamamoto combine l'esthétique japonaise de l'asymétrie et la coupe symétrique des créations occidentales.

◄ **Yohji Yamamoto**
Veste, gilet et jupe
Griffe : YOHJI YAMAMOTO
Automne/hiver 1990
Veste en nylon vert mousse rembourrée de duvet ; manches amovibles avec fermeture à glissière ; jupe en polyester vert mousse rembourrée de coton et matelassée ; gilet en cuir marron.

► **Yohji Yamamoto**
Tailleur-pantalon
Griffe : YOHJI YAMAMOTO
Automne/hiver 1984
Don de Sumiyo Koyama
Veste et pantalon en chaly de laine noir, doublure en chaly de laine blanc ; pantalon de coupe asymétrique avec jambe gauche surdimensionnée.

►► **Yohji Yamamoto**
Tailleur-pantalon
Griffe : YOHJI YAMAMOTO
Automne/hiver 1986
Veste et pantalon en gabardine de laine gris-beige ; pièce en cuir marron sur la veste ; pans en cuir marron sur le pantalon.

En 1971, Issey Miyake fait
ses débuts à New York avec
sa collection de justaucorps.
Sur une matière extensible de
couleur chair, il imprime des
images comme tatouées de Jimi
Hendrix et Janis Joplin. Vingt
ans plus tard, il lance le «Tattoo
Body». La texture donne presque
l'impression d'un vrai tatouage
sur la peau. L'association entre
l'élasticité du textile synthétique
et la fonction décorative du
tatouage, art pratiqué depuis
les temps anciens, crée quelque
chose qui peut être considéré
comme un nouveau type de
peau. Au défilé, la robe présentée
à gauche était portée par-dessus
le collant.

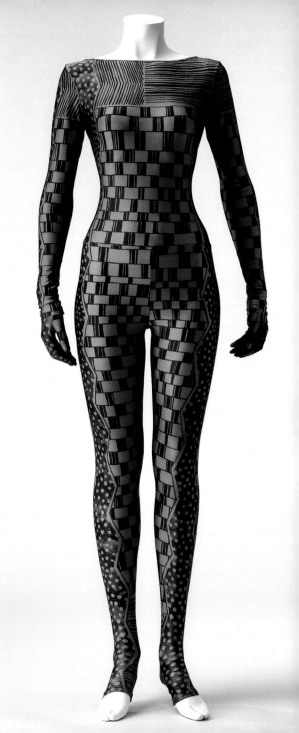

◄ **Issey Miyake**
Robe
Griffe : aucune
Automne/hiver 1989
Organdi de polyester marron
plissé.

► **Issey Miyake**
Collant «Tattoo Body»
Griffe : aucune
Automne/hiver 1989
Don du studio de création
Miyake
Tricot de polyester marron
imprimé de motifs de tatouage.

En 1976, Miyake présente
des modèles faits d'une seule
pièce d'étoffe, technique qui, à
beaucoup d'égards, est l'essence
même du vêtement japonais.
Vers la fin des années 1980,
Miyake prolonge l'idée dans ses
plissés. Il procède à l'inverse de
la méthode habituelle, puisqu'il
coud d'abord le vêtement et le
plisse ensuite. Tous les atouts du
polyester sont exploités, forme et
fonction se mariant intimement
pour donner naissance à un
nouveau type de vêtement.
Le manteau illustré ici a
été réalisé en utilisant cette
technique novatrice. Il rappelle
par sa forme les costumes de
scène du théâtre *No* japonais.

Issey Miyake
Manteau
Griffe : ISSEY MIYAKE
Printemps/été 1995
Monofilament de polyester
plissé rose transparent avec
applications de pièces rouges,
bleues et vertes.

Miyake poursuit son exploration du plissé avec une collection plus décontractée baptisée «Pleats Please». À partir de 1996, d'autres artistes collaborent au projet Pleats Please, qui prend alors le nom de «Pleats Please Issey Miyake Guest Artist Series». Les modèles ci-dessous sont les premiers créés en collaboration avec un artiste, en l'occurrence le Japonais Yasumasa Mori-mura. Les plis du vêtement de Morimura, inspiré de *La Source* d'Ingres (1856, musée d'Orsay, Paris) créent une illusion d'optique. Le deuxième artiste à avoir été sélectionné pour la collection «Pleats Please Issey Miyake Guest Artist Series», est Nobuyoshi Araki (pages 570–571), photographe célèbre pour l'érotisme – parfois poussé à l'extrême – de ses photos. L'impression de gauche est «Iro-shojo» et celle de droite «Araki». Le contraste entre le côté *clean* et les couleurs pop de la collection Pleats Please et la sourde angoisse qui se dégage des photos d'Araki donne à la série un tour intéressant.

Issey Miyake
Robe: «Pleats Please Issey Miyake Guest Artist Series No.1: Yasumasa Morimura on Pleats Please»
Griffe: PLEATS PLEASE automne/hiver 1996
Don du studio de création Miyake

▶ Robe plissée en polyester orange avec impression.

▼ Yasumasa Morimura
Portrait (La Source 1, 2, 3),
1986–1990

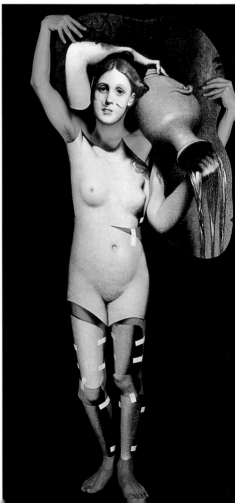

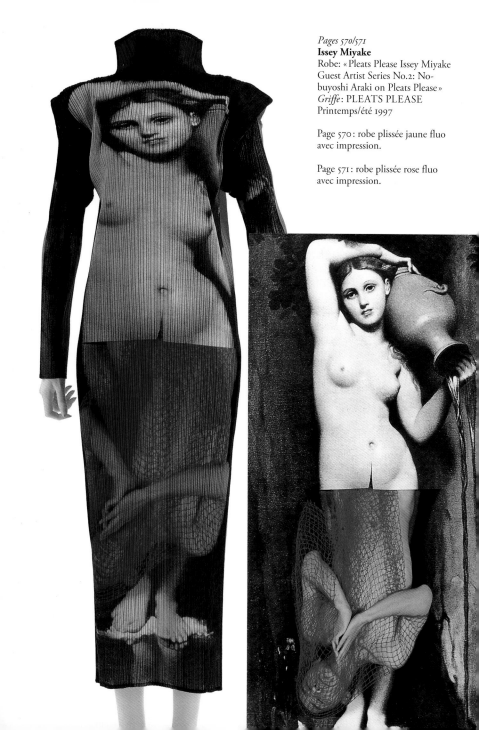

Pages 570/571
Issey Miyake
Robe: « Pleats Please Issey Miyake
Guest Artist Series No.2: No-
buyoshi Araki on Pleats Please »
Griffe: PLEATS PLEASE
Printemps/été 1997

Page 570 : robe plissée jaune fluo
avec impression.

Page 571 : robe plissée rose fluo
avec impression.

En 1998, Miyake commence à
s'intéresser aux tricots tubulaires
et à leurs applications fonctionnelles.
Le résultat de ses recherches est un
tricot revu par la technologie de pointe.
La griffe «A-POC» est née. Le haut
illustré ici est en fait un tube en tricot
plié aux épaules, déroulé jusqu'à la
taille et recouvrant les bras. Cette forme
enfermant les bras est d'autant plus
frappante qu'elle contredit toutes les
caractéristiques fonctionnelles du tricot
– légèreté, infroissabilité et souplesse.

Issey Miyake
Robe
Griffe: ISSEY MIYAKE
Printemps/été 1998
▶ Robe beige en tricot de nylon
d'aspect laineux ; jupe en mélange
de coton et soie.
▶▶ Robe beige rosé en tricot de nylon
d'aspect laineux ; combinaison en
mélange de coton et soie.

Un tissu high-tech pour une forme qui rappelle celle de la crinoline : le cliché voulant que «chimique» signifie forcément «artificiel» vole en éclats avec cette création empreinte de douceur et de grâce. La tenue de droite ressemble à la tournure, vêtement de dessous porté au XIXe siècle pour projeter la croupe vers l'arrière. Rei Kawakubo tente ici d'exprimer la dissonance entre le corps et la forme du vêtement.

◄ **Rei Kawakubo /**
Comme des Garçons
Robe de mariée
Griffe : COMME DES
GARÇONS
Automne/hiver 1990
Don de Comme des Garçons
Co., Ltd.
Robe blanche en matière non-tissée avec ruban brodé sur l'ourlet ; jupon du même tissu.

► **Rei Kawakubo /**
Comme des Garçons
Haut et jupe
Griffe : COMME DES
GARÇONS NOIR
Automne/hiver 1995
Haut en tricot acrylique rose layette ; jupe longue assortie avec broderies ; tube en forme de tournure cousu au dos de la jupe ; jupon en tulle.

«Rien de déjà vu, aucune répétition; au contraire, de nouvelles découvertes tournées vers l'avenir, libérées et vivantes»: tel est le message de Comme des Garçons au printemps 1997. Les tenues présentées ici intègrent des pièces rembourrées de duvet cousues à l'intérieur du vêtement de façon à créer des formes irrégulières. Elle déforme donc le corps et bouscule les canons habituels. Car si le vêtement du XXe siècle a dénudé le corps, il en a toujours épousé les formes. Avec cette nouvelle silhouette, Rei Kawakubo cherche à affranchir le vêtement de la tyrannie du corps.

◄ **Rei Kawakubo / Comme des Garçons**
Robe
Griffe: COMME DES GARÇONS
Printemps/été 1997
Tissu blanc en nylon uréthane extensible avec impressions vichy bleu clair; rembourrage en duvet.

► **Rei Kawakubo / Comme des Garçons**
Robe
Griffe: COMME DES GARÇONS
Printemps/été 1997
Nylon uréthane orange extensible; rembourrage en duvet; robe de dessous en mélange de polyester extensible et polyuréthan.

Dans sa collection automne-
hiver 1994, Rei Kawakubo
présente une nouveauté : une
robe qui semble avoir été portée
pendant des années. L'effet a
été obtenu par rétrécissement
au lavage. La partie ample de la
robe illustrée ici a été tordue,
chiffonnée et recousue pour
former des protubérances
étranges, puis le tissu a été usé
et rétréci par lavage. Sa trame
s'est détendue. Le vêtement
a un look délibérément
dérangeant.

Rei Kawakubo /
Comme des Garçons
Robe
Griffe : COMME DES
GARÇONS NOIR
Automne/hiver 1994
Mélange laine et nylon gris
avec effet de rétrécissement ;
tissu tordu en forme de tube
sur le devant.

Cette robe ressemble à un
gros cylindre à plissé accordéon.
La forme du corps a entièrement
disparu.

◄ **Rei Kawakubo /**
Comme des Garçons
Robe
Griffe: COMME DES
GARÇONS
Printemps/été 1998
Base en linon de coton blanc cassé;
neuf épaisseurs du même tissu,
plissées et cousues ensemble pour
former le corsage et la jupe; couche
supérieure imprimée et enduite
de vinyle.

L'entoilage est en général invisible,
mais ici il est cousu à l'extérieur
du vêtement.

► **Rei Kawakubo /**
Comme des Garçons
Chemisier, jupe et jambières
Griffe: COMME DES
GARÇONS
Automne/hiver 1998
Ample chemisier en coton blanc,
empiècement en toile tailleur de
laine beige dans le dos; gilet et
parties de la jupe en toile tailleur;
jupe plissée en laine bleu marine;
jambières en jersey de laine.

Les robes en papier étaient très portées au Japon au temps de Kamakura (1192–1333), et les élégantes de l'époque Edo (1603–1867) s'en faisaient confectionner à grands frais. Cette robe en papier s'inscrit dans la grande tradition du vêtement japonais. Rei Kawakubo aime les stencils en papier découpé utilisés pour les motifs *goshoguruma* et *momiji*. Ils lui font penser à de la dentelle. Et elle trouve dommage que leurs qualités esthétiques intrinsèques ne soient pas mieux exploitées. D'où l'idée de les mettre en vedette sur une robe en papier. Rei Kawakubo montre là l'originalité de sa conception des étoffes.

Rei Kawakubo /
Comme des Garçons
Robes
Griffe : COMME DES GARÇONS NOIR
Printemps/été 1992
Don de Comme des Garçons Co., Ltd.
Robes en mélange de rayonne, polyester et papiers découpés.
Motifs japonais *goshoguruma* à gauche, *momiji* à droite.

Une robe presque rectangulaire, obtenue par nouage du jersey de laine dans le dos, ce qui renfle légèrement les côtés. Yamamoto revisite le rapport entre le kimono et sa ceinture pour l'appliquer à un vêtement moderne.

◄ **Yohji Yamamoto**
Robe
Griffe: Yohji Yamamoto
Printemps/été 1995
Don de Comme des Garçons
Co., Ltd.
Jersey de soie/rayonne noir
et blanc et textile synthétique
rouge et or broché de motifs
de chrysanthèmes.

Ces créations de Rei Kawakubo sont très «européennes», mais elles sont confectionnées dans une étoffe créée par un peintre de kimono japonais *yuzen*. La décoration de l'ourlet rappelle le *fuki* des kimonos.

**Rei Kawakubo /
Comme des Garçons**
Robes
Griffe: COMME DES
GARÇONS NOIR
Automne/hiver 1991
Don de Comme des Garçons
Co., Ltd.
► Robe en taffetas de soie blanc avec pin peint à la main; ourlet ouatiné lamé or.
►► Robe en taffetas de soie noir avec grues en vol peintes à la main; ourlet ouatiné rouge.

Le couturier japonais Yohji Yamamoto a une vision très originale de la mode, qu'il a mise au service du vêtement de tradition occidentale. Après plus de dix ans de collections parisiennes, il propose pour la saison automne-hiver 1994 une réinterprétation moderne du kimono qui lance ce qu'on appellera le «néo-japonisme».

◄ **Yohji Yamamoto**
Robe
Griffe: YOHJI YAMAMOTO
Automne/hiver 1993
Robe noire en serge de laine
avec piqûre en ficelle blanche.

► **Yohji Yamamoto**
Robe-manteau
Griffe: YOHJI YAMAMOTO
Printemps/été 1995
Robe en crêpe de soie de Chine
bleu clair; coupe droite; teinture
shibori.

Le Japon continue d'inspirer les couturiers du monde entier. Dans les années 1960, Rudi Gernreich reprend la forme du kimono dans ses créations en maille et s'intéresse tout autant aux costumes de samouraï, aux tenues de sumo et aux uniformes d'écoliers. Trente ans plus tard, John Galliano convoque les matières transparentes, la micro-minijupe et le porte-jarretelles pour créer la geisha sexy des temps modernes. Sa maîtrise technique est manifeste.

◀ **Rudi Gernreich**
Robe « Kabuki »
Griffe: RUDI GERNREICH DESIGN FOR HARMON KNITWEAR
Automne 1963
Tricot jacquard en laine noir et blanc ; carreaux ; col V de style kimono ; ceinture-écharpe et bande du même tissu.

John Galliano
Ensembles
Griffe: JOHN GALLIANO
Automne/hiver 1994
▶ Robe en organdi de soie rose et ceinture-écharpe à broderies florales.
▶▶ Robe en laine noire et ceinture-écharpe recouverte de dentelle à broderies florales.

Au printemps 1994, le Kyoto Costume Institute présente à Kyoto l'exposition «Le japonisme dans la mode», qui retrace l'histoire de l'influence du Japon sur la mode. L'exposition se rend à Paris et Tokyo en 1996, puis aux États-Unis en 1998. Coïncidence ou conséquence directe de cet événement, la mode de la fin du XXe siècle est très japonisante.

▼ Consuelo Castiglioni / Marni
Haut et jupe
Griffe: MARNI
Printemps/été 2000
Haut en georgette de soie couleur lavande avec volants imprimés; jupe en mélange de soie et cupro avec impressions de chrysanthèmes et sequins brodés.

◄ Hiroshige Maki / Gomme
Ensembles
Griffe: GOMME
Printemps/été 1997
Don de Maki Hiroshige Atelier Co., Ltd.

▼ Veste noire en polyester avec lettre G imprimée en écusson; ceinture en cuir; combinaison noire à impressions florales; ganse en vinyle.
◄ Tunique en polyester marron foncé avec lettre G imprimée en écusson; drapé asymétrique; pantalon en polyester.

► Masaki Matsushima
Robe
Griffe: MASAKÏ MATSUSHÏMA
Printemps/été 1997
Don de Masaki Matsushima International Co., Ltd.
À gauche: robe en coton noir avec motifs d'écaille imprimés sur l'envers.
À droite: robe en coton noir avec motifs d'écaille blancs imprimés. Pour le défilé de la collection, la robe de droite était portée sur celle de gauche.

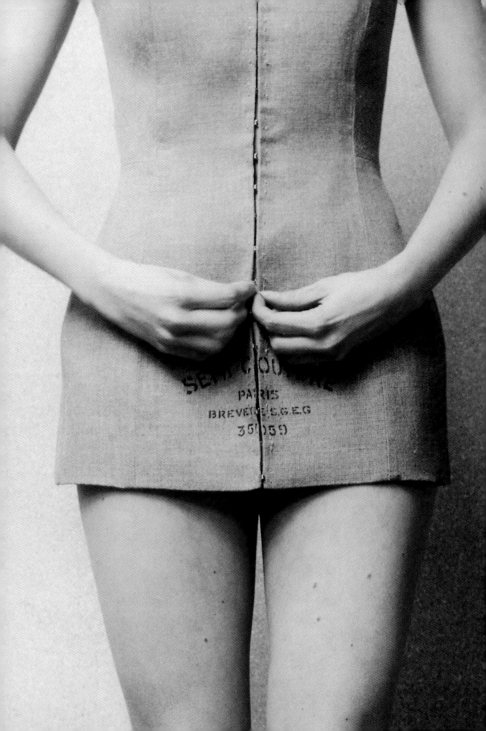

Le buste d'atelier utilisé en haute couture (une invention de Stockman) apparaît vers la fin du XIXᵉ siècle et deviendra indispensable au système de production industrielle qui se développe au XXᵉ siècle. Alors qu'il diffère pour chaque individu, le corps est catégorisé en tailles correspondant à celles des bustes de couturière sur lesquels sont coupés les vêtements. Il est donc normalisé de gré ou de force. Cette veste de Margiela, qui épouse la forme d'un

buste de Stockman, révèle crûment la dure réalité : dans la mode actuelle, le corps individuel est presque totalement nié.

▼ **Martin Margiela**
Veste
Griffe : (RUBAN EN COTON BLANC)
Printemps/été 1997
Forme de buste en lin beige ; « 42 » imprimé à la nuque, inscription « SEMI COUTURE PARIS BREVETE. S. G. E. G 35059 » imprimée au bas de la veste.

◄ Veste de Martin Margiela,
photo : Anders Edström

L'idée japonaise du vêtement plat a un impact très fort sur la mode occidentale, particulièrement dans les années 1920 et 1980. Margiela, qui est sur la même longueur d'ondes que les créateurs japonais, présente sa collection printemps-été 1998 avec Rei Kawakubo. Quelques modèles sont illustrés ici. Les emmanchures sont déplacées vers l'avant et pressées après l'assemblage. Présentés sur un cintre, ils semblent plats, mais ils prennent du relief une fois portés.

◄ **Martin Margiela**
Veste
Griffe : (RUBAN EN COTON BLANC)
Printemps/été 1998
Veste en polyester blanc ; emman-chures placées sur l'avant et pressées après l'assemblage.

Très appréciée dans les années 1960, l'impression de photo sur étoffe fait de grands progrès et, 30 ans plus tard, la technique est très au point. Le motif illustré ici est une photo de mailles imprimée sur un textile tricoté. Le subtil décalage entre l'impression photographique et le tissu crée une dissonance intéressante entre la texture du tricot au toucher et celle qu'en garde la mémoire.

► **Martin Margiela**
Cardigan, pull-over, robe et ceinture
Griffe : (RUBAN EN COTON BLANC)
Printemps/été 1996
Cardigan marron en tricot de rayonne ; pull en maille de nylon ; robe en acétate ; impressions de photo sur toute la surface ; ceinture en vinyle.

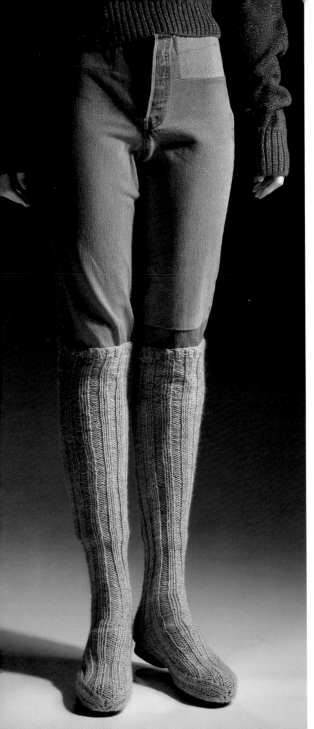

Dans les années 1990, la mode est aux vêtements d'occasion refaçonnés, et le neuf d'aspect usagé gagne ses lettres de noblesse. À gauche est présenté un couvre-chaussure de Margiela, amovible et lavable. Retiré, il révèle le cuir tout neuf de la chaussure, et remis en place il crée une sorte de métamorphose. On en revient à la notion des soins à apporter aux objets pour les conserver le plus longtemps possible. Plus loin à droite, une jupe en jean « vieillie ».

◄ **Martin Margiela**
Pull, jean, mocassins
et couvre-chaussures
Griffe : (RUBAN DE COTON BLANC)
Automne/hiver 1999
Pull en tricot lamé violet rosé ;
jean rapiécé ; mocassins en cuir
noir ; couvre-chaussures en tricot
de laine.

► **Tom Ford / Gucci**
Pull et jupe
Griffe : GUCCI
Printemps/été 1999
Pull en tricot jaune ; jupe en jean
avec broderies florales en fils de
soie et sequins.

Les créateurs de mode de la fin du XXᵉ siècle sont constamment à la recherche de nouvelles formes. Et avec les progrès de la technologie, ils peuvent inventer de nouvelles méthodes pour façonner les vêtements. La forme de la robe présentée à gauche est obtenue avec du fil de fer torsadé qui, intégré dans l'étoffe, lui donne vie et dynamisme. La forme ondulée de la jupe illustrée à droite est créée par un tissu synthétique tissé de plastique.

◄ **Junya Watanabe**
Robe et jupe
Griffe : JUNYA WATANABE
COMME DES GARÇONS
Automne/hiver 1998
Robe-chemise en coton blanc ; jupe en serge de laine verte, soutenue par du fil de fer.

► **Yohji Yamamoto**
Robe
Griffe : YOHJI YAMAMOTO
Printemps/été 1999
Don de Yohji Yamamoto Inc.
Polyester blanc imprimé de rayures grises ; robe matelassée.

Cette robe ne doit sa forme ni à des pinces ni à sa coupe, mais à une méthode primitive : la torsion du tissu.

► **Yohji Yamamoto**
Robe
Griffe : YOHJI YAMAMOTO
Printemps/été 1998
Satin blanc en mélange de soie et laine ; étoffe torsadée jusqu'aux bretelles.

Créations de Yohji Yamamoto
Printemps/été 1998
Photo : Peter Lindbergh
Vogue (édition italienne), janvier 1998

Après son premier défilé parisien – une collection de vêtements asymétriques aux pans libres – Yamamoto revient à un style occidental plus classique vers le milieu des années 1980.
La robe en feutre présentée à droite est un rappel nostalgique des costumes historiques. Cette robe au dos et aux hanches fortement accentués propose une nouvelle perception du corps.

Yohji Yamamoto
Robe
Griffe : YOHJI YAMAMOTO
Automne/hiver 1996
Feutre noir et blanc ; tricot noir sous la jupe.

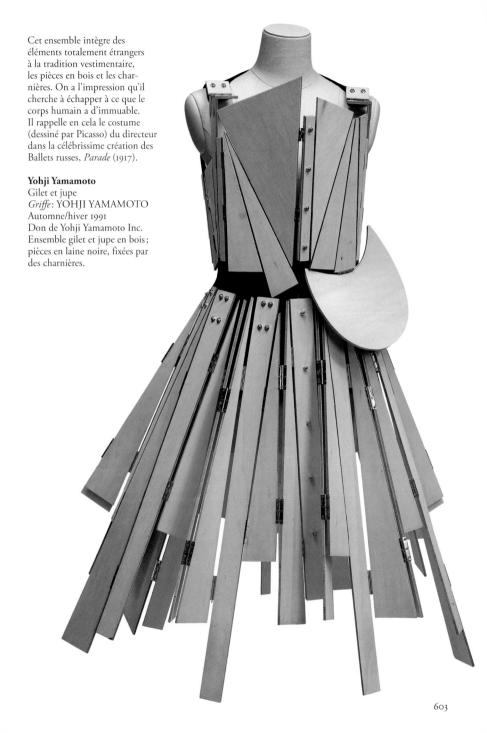

Cet ensemble intègre des éléments totalement étrangers à la tradition vestimentaire, les pièces en bois et les charnières. On a l'impression qu'il cherche à échapper à ce que le corps humain a d'immuable. Il rappelle en cela le costume (dessiné par Picasso) du directeur dans la célébrissime création des Ballets russes, *Parade* (1917).

Yohji Yamamoto
Gilet et jupe
Griffe : YOHJI YAMAMOTO
Automne/hiver 1991
Don de Yohji Yamamoto Inc.
Ensemble gilet et jupe en bois ;
pièces en laine noire, fixées par
des charnières.

Hussein Chalayan débute à Londres en 1994.
Il aborde le corps et le vêtement dans une optique
technologique ; ses créations témoignent d'une
originalité assumée sans complexe. Quand il est
porté, ce corsage en bois colle à la peau et on
a l'impression que ses boulons en métal sont
littéralement vissés dans le corps.

Hussein Chalayan
Corset
Griffe : (marque courbée) P' BEN 95
Automne/hiver 1995
Quatre pièces en bois ; devant, dos et côtés attachés
par des boulons en métal.

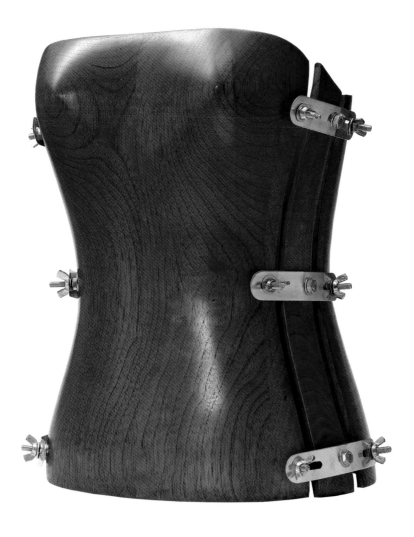

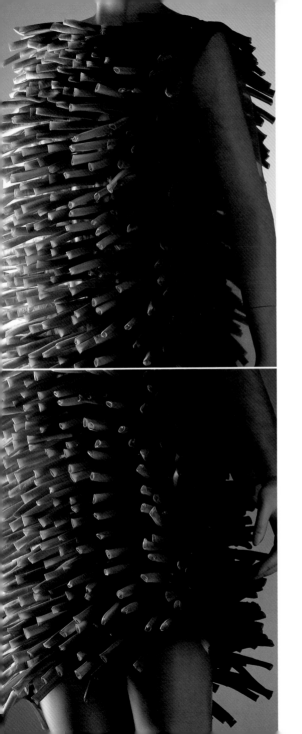

Les créateurs de la fin du XXe siècle explorent dans toutes les directions la problématique de la peau et de son rapport au vêtement. Maurizio Galante débute à Milan en 1987 et à Paris en 1991. Il présente des vêtements modernes au style chaleureux et dynamique. La robe de gauche est agrémentée de tubes d'organdi qui oscillent à chaque mouvement comme des anémones de mer – et l'effet visuel est assez troublant. Le pull-over de droite est en *shibori,* une soie japonaise torsadée et teinte, ce qui lui donne au toucher une texture originale.

◄ **Maurizio Galante**
Robe
Griffe : MAURIZIO GALANTE CIRCOLARE
Printemps/été 1992
Robe en organdi de soie vert pâle décorée de tubes du même tissu sur toute la surface.

► **Maurizio Galante**
Pull-over
Griffe : MAURIZIO GALANTE
Automne/hiver 1994
Don de Maurizio Galante
Arimatsu shibori vert.

La soie japonaise torsadée
appelée *shibori* est utilisée
pour son élasticité ; elle épouse
librement et sculpturalement le
corps grâce à sa coupe en biais.

◄ **Fukuko Ando**
Robe
Griffe : FUKUKO ANDO
1996
Robe en synthétique vert foncé
avec effet *shibori ;* patchwork en
mousseline de soie rouge ; piqûre
festonnée

Cette robe en latex ressemble
à une peau tendue. Le nom
« Gomme » (sous-entendu : de
caoutchouc) de la marque veut
du reste évoquer l'idée d'une
matière qui épouse la peau,
comme le latex justement.

► **Hiroshige Maki / Gomme**
Robe
Griffe : aucune
Automne/hiver 1993
Don de Maki Hiroshige Atelier
Co., Ltd.
Robe composée de bandes
de latex.

La mode du XXᵉ siècle n'a cessé
d'enlever des épaisseurs de vêtements.
À la fin du siècle, il ne reste plus grand
chose à ôter, et «porter» son corps
devient le nouveau credo. À l'aube
du troisième millénaire, le maquillage,
le piercing, le tatouage et autres
décorations corporelles remontant
à des temps fort anciens sont à l'avant-
garde de la mode. Takahashi a peint
des tatouages là où la robe découvrait
la peau. Le vêtement devient peau, la
peau devient vêtement, et la frontière
entre les deux se brouille.

Jun Takahashi / Undercover
Ensemble
Griffe: UNDER COVER
JUN TAKAHASHI
automne/hiver 2000
Ensemble veste, pull, jupe, pantalon,
écharpe, ceinture, sac, gants, collants
et perruque; six matières différentes,
notamment laine, mohair et simili cuir;
motifs à carreaux peints, imprimés,
brodés de sequins et de perles.

►► Créations de Jun Takahashi;
Automne/hiver 1997
Photo: Taishi Hirokawa
ZOLA, novembre 1997

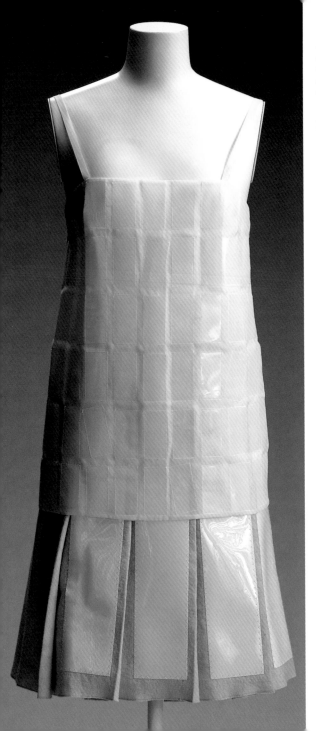

Dans les années 1990, les matières synthétiques telles que le papier et les matières non tissées apparaissent dans les collections du monde entier, avec une touche rétro très années 1960. Prada, qui présente des collections à Milan depuis 1988, s'inspire de la mode des années 1960, mais avec une sensibilité des années 1990 qui donne naissance à un style citadin plus fonctionnel et mesuré. Les ensembles de droite sont de Watanabe, qui débute à Paris en 1994 et excelle dans la coupe audacieuse et l'utilisation de fibres synthétiques. Son goût des couleurs vives et des matières synthétiques des années 1990, allié à des techniques de coupe et de pliage originales, a donné naissance à ces ensembles futuristes.

◄ **Prada**
Haut et jupe
Griffe: PRADA
Automne/hiver 1998
Haut blanc en mousseline de soie et organdi, pans de plastique transparent à l'intérieur; jupe plissée en matière non tissée avec application de pans de plastique.

Junya Watanabe
Chemisier, tunique et pantalon
Combinaison, tunique et pantalon
Griffe: JUNYA WATANABE
COMME DES GARÇONS
Printemps/été 1996
► Chemisier en nylon rouge vermillon; tunique rose en matière non tissée; pantalon en nylon.
►► Combinaison en nylon bleu; tunique en nylon orange; pantalon en nylon noir.

À la fin du XXᵉ siècle, les bottiers-créateurs s'affranchissent de leurs dernières contraintes. La marque de diffusion de Prada, Miu Miu, commercialise des sandales à semelle remontant sur le talon. La matière est le caoutchouc, comme dans les chaussures de tennis. Le revêtement anti-dérapant est à la fois fonctionnel et décoratif.

▼ **Miu Miu**
Sandales
Griffe: MIU MIU MADE IN ITALY
Automne/hiver 1999
Daim vert avec semelle en caoutchouc.

La couturière allemande Jil Sander débute à Paris en 1976 et présente ses collections à Milan dès 1982. Depuis plus de 20 ans, elle reste fidèle à son style épuré et très maîtrisé. Cette robe, qui doit ses lignes rondes à sa coupe et à l'utilisation de pinces, semble venue d'un autre monde.

▶ **Jil Sander**
Robe
Griffe: JIL SANDER
Printemps/été 1999
Toile jacquard de polyester doré.

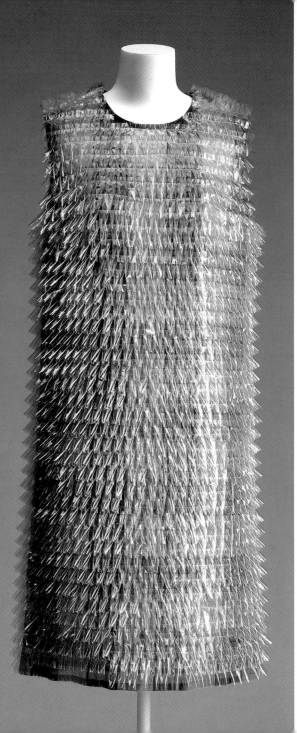

Pour sa collection printemps-été 2000, Watanabe utilise le tissu japonais hi-tech par excellence : une microfibre ultra-légère résistante à l'eau. La femme qui porte cette robe peut sans problème traverser la ville sous la pluie. À droite, l'ensemble est composé de plusieurs épaisseurs de tissu synthétique ultra-léger. La jupe, qui se déploie comme une ruche, peut être pliée à plat.

◄ **Junya Watanabe**
Robe
Griffe : JUNYA WATANABE
COMME DES GARÇONS
Printemps/été 2000
Polyester imprimé de carreaux orange, gris et marron ; surface entièrement cousue de morceaux de plastique transparent repliés ; capuche assortie.

► **Junya Watanabe**
Veste et jupe
Griffe : JUNYA WATANABE
COMME DES GARÇONS
Automne/hiver 2000
Veste en polyester rouge ; jupe en polyester jaune.

À la fin du XXᵉ siècle, la menace qui pèse sur l'atmosphère terrestre se confirme. Conséquence directe, les vêtements conçus pour protéger le corps font leur réapparition. Tsumura dessine un manteau en nylon baptisé « Final Home ». Il pourrait aussi bien s'agir d'une veste de survie en milieu urbain : le vêtement compte une quarantaine de poches qui, bourrées de papier journal, le transformeraient en « second chez-soi » douillet. Le manteau dessiné par Margiela utilise une couette en duvet. Avec sa protection, il peut être porté même par temps de pluie et reste toujours chaud et léger.

◄ **Kosuke Tsumura**
Manteau « Final Home »
Griffe : FINAL HOME
1994
Don de Kosuke Tsumura
Nylon, fermetures à glissière.

► **Martin Margiela**
Manteau
Griffe : (RUBAN EN COTON BLANC)
Automne/hiver 1999
Double épaisseur de toile de coton blanche remplie de duvet ; passepoil en coton marron sur les bordures ; forme dépliée rectangulaire ; manches amovibles.

CRÉATEURS ET MAISONS DE COUTURE

Alaïa, Azzedine (1940–2017)

Né en Tunisie. Après avoir étudié la sculpture, Azzedine Alaïa travaille chez Dior et Guy Laroche à Paris avant de créer sa propre griffe. Il se fait un nom dans les années 1980 avec des vêtements en cuir et jersey zébrés de fermetures à glissières. Il n'hésite pas à essayer les matières extensibles les plus diverses et enchaîne les collections, présentant des robes aux lignes épurées, des mini-jupes et des *body suits*. Le culte du corps des années 1980 lui a inspiré des robes hypermoulantes qui semblaient collées à même la peau.

Albouy (1938–1964)

Modiste parisien célèbre pour ses chapeaux aux garnitures de style baroque. En 1941, sous l'Occupation allemande, Albouy créé d'adorables petits chapeaux à voilette en recyclant du papier journal. Sa création la plus célèbre est le « mollusque », un chapeau confectionné sans le moindre entoilage.

Ando, Fukuko (né en 1964)

Née au Japon, Fukuko Ando arrive France en 1991. Elle travaille en free-lance depuis 1995. Utilisant les techniques du « tie-dye » et des cordonnets faits de petites chutes de tissu, elle fabrique et commercialise des vêtements qui se veulent « ni haute couture, ni prêt-à-porter ».

Arakawa, Shinichiro (né en 1966)

Né au Japon, Shinichiro Arakawa arrive en France en 1989 et présente sa première collection aux défilés parisiens printemps-été 1994. Depuis la saison automne-hiver 1995, il participe également aux défilés de Tokyo. Ses créations déclinent le thème du détournement. Il porte sur le vêtement le même regard que sur la peinture ou la sculpture.

Armani, Giorgio (né en 1934)

L'Italien Giorgio Armani fonde sa marque en 1975. Tirant habilement parti de sa longue expérience de tailleur pour homme, il crée des vêtements souples aux entoilages non rigides. Ses tailleurs irréprochablement coupés sont très appréciés dans le monde entier, et surtout aux États-Unis. Dans les années 1980, porter « un Armani » est un symbole de réussite professionnelle. Armani a profité de l'industrialisation de ses savantes techniques de coupe et de couture pour produire des vêtements de prêt-à-porter qui feront date.

Babani (1895–1940)

Originaire du Moyen-Orient, Vitaldi Babani ouvre sa boutique à Paris en 1895. Il importe et vend des œuvres d'art, des objets d'artisanat, des articles de décoration intérieure, des broderies et des soieries. Vers 1904, il propose des robes de style kimono coupées dans des tissus japonais qui lui valent une immense renommée. Dans les années 1910 et 1920, il collabore avec Fortuny et Liberty & Co. – sa production de l'époque est marquée par cette influence. Il aurait paraît-il possédé des manufactures de broderie à Constantinople (l'actuelle Istanbul) et à Kyoto.

Balenciaga, Cristobal (1895–1972)

Cristobal Balenciaga est né en Espagne. Il ouvre sa première boutique à San Sebastian en 1919. Quand éclate la guerre civile espagnole, il se réfugie à Paris où il crée sa maison en 1937. Après la Seconde Guerre mondiale, il présente des robes aux formes abstraites qui mettent à profit ses techniques de coupe et de couture parfaitement maîtrisées. Inventant sans cesse de nouvelles formes, il commence à simplifier ses lignes et s'intéresse aux étoffes bien avant les années 1960, époque où ces idées seront plus largement acceptées. Sa robe-tunique, sa robe-sac ou encore sa robe « baby doll », précurseurs du prêt-à-porter, sont aujourd'hui des classiques. Ses créations très originales et servies par un grand savoir-faire ont hissé la haute couture au rang d'un art à part entière. Balenciaga est l'un des couturiers les plus représentatifs du XXᵉ siècle.

Balmain, Pierre (1914–1982)

Né en France. Après avoir appris le métier chez Molyneux et Lelong, Pierre Balmain fonde sa maison de couture en 1945. Les robes à taille fine et à longue jupe évasée qu'il dessine pendant la période de restrictions et de pénurie semblent préfigurer le New

Look de Dior. Balmain recherche la beauté parfaite
en créant une silhouette élégante et classique. Avec
Balenciaga et Dior, il est dans les années 1950 l'un
des «Trois Grands» de la haute couture. Son parfum
«Jolie Madame», lancé en 1957, symbolise à la perfection ses thèmes de prédilection.

Beer (1905–1929)

Le couturier allemand Gustav Beer ouvre la maison
Beer à Paris en 1905. Il y applique sa conception
de la mode – «une élégance classique pour des clients
classiques» – avec des vêtements d'une élégance
luxueuse, sans véritable audace, mais agrémentés de
magnifiques détails qui en font tout le prix. Beer fut
un businessman avisé, qui n'hésitait pas à se rendre
dans les grands palaces pour présenter ses collections
aux touristes étrangers.

Beretta, Anne-Marie (née en 1938)

Née en France, Anne-Marie Beretta crée sa griffe en
1974. Son travail se distingue par ses couleurs sobres
et des formes simples et néanmoins très construites et
dynamiques. C'est l'une des meilleures stylistes de
prêt-à-porter des années 1980.

Biba (1964)

Boutique ouverte à Londres par la Polonaise Barbara
Hulanicki (née en 1936) et haut lieu de la mode londonienne des années 1960. Les jeunes en rébellion
adoptent avec enthousiasme ses vêtements amples
et, relativement peu coûteux, qui se démarquent
du style guindé de l'époque. Biba a fermé ses
portes en 1975, mais la marque a été reprise dans
les années 1990.

Bruyère (1928)

Maison parisienne fondée en 1928 par Marie-Louise
Bruyère, une ancienne de Callot Sœurs et de Lanvin.
La maison Bruyère a présenté des collections haute
couture jusqu'aux années 1950 avant de se consacrer
exclusivement au prêt-à-porter.

Bulloz (dates inconnues)

Maison parisienne. On ne dispose d'aucune infor-
mation précise sur cette maison. Elle était située
à Paris, au 140 avenue des Champs-Élysées. Elle
apparaît à plusieurs reprises dans *Vogue* dans les
années 1910.

Burrows, Stephen (né en 1943)

Né aux États-Unis, Stephen Burrows ouvre sa boutique en 1968. Il est célèbre pour son sens aigu de la
couleur, ses compositions graphiques et surtout pour
son style avant-gardiste. C'est le premier couturier
noir à avoir une stature internationale.

Callot Sœurs (1895–1954)

Maison parisienne créée par quatre sœurs : Marie,
Marthe, Régine et Joséphine Callot, nées en France
dans une famille d'origine russe. En 1888, les sœurs
Callot ouvrent une boutique de lingerie et de dentelle ; elles créent leur maison de haute couture en
1895. Marie (Mme Gerber), chef d'atelier et aînée du
clan, a créé de magnifiques pièces décorées de dentelles et de délicates broderies faites main. Les vêtements des sœurs Callot étaient confectionnés dans
des matières précieuses – dentelle ancienne, velours,
soie de Chine. Ils avaient souvent un côté oriental et
beaucoup portent l'empreinte du japonisme.

Cardin, Pierre (né en 1922)

Français né en Italie. À 17 ans, Pierre Cardin entre
comme apprenti chez un tailleur. Il travaille pour
Paquin et Schiaparelli dès 1945. Chez Dior, il travaille
sur la collection New Look qui, à sa présentation en
1947, marquera un tournant décisif dans l'histoire de
la mode. Il ouvre sa propre maison à Paris en 1950.
De plus en plus gêné par les excès et la réglementation tatillonne de la haute couture, il s'oriente avant
tout le monde vers le prêt-à-porter. Dans les années
1960, il dessine des vêtements fermés sur le devant
par une fermeture à glissière – c'est l'élimination de
l'élément sexué suggéré par le sens du boutonnage.
En 1964, il présente «Space Age», collection futuriste
qui amplifie encore sa notoriété. Pionnier du commerce des licences, Cardin a apposé son nom sur
toutes sortes de produits. Il est le premier couturier à
siéger à l'Académie française des beaux-arts, où il a
été élu en 1992.

Chalayan, Hussein (né en 1970)

Originaire de Chypre, Hussein Chalayan fait ses
débuts à Londres pour la saison automne-hiver 1994.
Depuis, il signe des collections où s'expriment des
thèmes abstraits très personnels. Ses insolites ensembles totalement oublieux du rapport au corps défient
constamment l'idée même de prêt-à-porter.

Chanel, Gabrielle (1883–1971)

Née à Saumur, surnommée «Coco», Gabrielle Chanel devient modiste en 1909; en 1910, elle se lance dans la création de haute couture et en 1916, elle présente des tailleurs fonctionnels taillés dans du jersey, matière bon marché essentiellement réservée à la confection des sous-vêtements. En 1921, elle ouvre sa propre maison, rue Cambon. Elle impose une nouvelle élégance, plus sobre, plus légère, puisée dans la mode masculine. Mince, nerveuse, coiffée court, Coco Chanel est elle-même l'image de la «garçonne», ce nouvel idéal féminin né au lendemain de la Première Guerre mondiale. Après une retraite forcée pour cause de Seconde Guerre mondiale, elle rouvre sa maison à l'âge de 71 ans. Le «tailleur Chanel», succès mondial des années 1960, rétablit sa réputation. Il est aujourd'hui considéré comme une véritable icône de la mode féminine du XXe siècle. Coco Chanel meurt en 1971. Karl Lagerfeld devient le directeur artistique de la maison, et la griffe Chanel prend un nouveau départ.

Chloé (1952)

Maison fondée en 1952. Alors que la haute couture n'a jamais été aussi prospère, Chloé invente un nouveau type de boutique de prêt-à-porter. Le couturier allemand Karl Lagerfeld (né en 1938) est à la barre entre 1963 et la collection printemps-été 1984, puis de la saison printemps-été 1993 à la saison automne-hiver 1997. Stella McCartney lui succède jusqu'à la saison printemps-été 2002. La maison est actuellement dirigée par Phoebe Philo.

Courrèges, André (1923–2016)

Né en France. Après avoir travaillé chez Balenciaga, André Courrèges monte sa propre maison en 1961. Vers 1964, il introduit la mode de la rue dans un défilé de haute couture avec la fameuse mini-jupe. Il présente en 1965 une version très courte qui met en valeur les jambes nues et vigoureuses de ses mannequins. Le succès est immédiat dans le monde entier. Dès 1963, il avait dessiné un ensemble de soirée avec pantalon – un vêtement encore tabou dans la haute couture. Le nouveau culte du corps qui naît dans les années 1960 lui donne l'opportunité de créer des vêtements encore plus audacieux. Au milieu des années 1960, à l'instar de Pierre Cardin, il présente des collections «cosmiques», futuristes et saisissantes

d'inventivité. Dès la fin de la décennie, il abandonne la haute couture en faveur du prêt-à-porter.

Creed (depuis 1710)

Boutique londonienne de luxe spécialisée dans les tenues d'équitation pour homme et pour femme, célèbre bien avant la Révolution française. En 1854, Creed ouvre une succursale à Paris. La maison Creed est très réputée pour ses tailleurs et costumes d'équitation féminins au fini impeccable. Elle a notamment pour clients la famille royale d'Angleterre, l'impératrice Eugénie et la célèbre comédienne Réjane. La maison doit fermer ses portes pendant la Seconde Guerre mondiale, mais Charles Creed VII (1909–1966) rouvre la boutique de Londres en 1945. C'est là que ses costumes classiques, élégants et sophistiqués retrouveront leur réputation.

Czeschka, Carl Otto (1878–1960)

Né à Vienne, Carl Otto Czeschka étudie les arts plastiques à l'Akademie der bildenden Künste avant d'entamer sa carrière de professeur dans des écoles d'arts appliqués à Vienne et à Hambourg. À l'automne 1905, il rejoint les ateliers des Wiener Werkstätte pour lesquels il continuera de travailler, même après son installation à Hambourg. Il a créé des meubles, des sculptures, des laques, des textiles et des bijoux pour l'Atelier viennois.

Delaunay, Sonia (1885–1979)

Née en Ukraine. Après des études de peinture à Saint-Pétersbourg, la jeune Sonia s'installe à Paris en 1905. Elle y épouse le peintre Robert Delaunay. Le couple s'intéresse à des expressions géométriques, rythmiques et abstraites très influencées par le cubisme. Sonia voudrait que chaque objet de la vie quotidienne devienne une œuvre d'art, et que par exemple l'art investisse la mode. Créatrice totale et originale, elle a taillé de magnifiques robes dans ses étoffes peintes de grands motifs abstraits aux couleurs vives.

Dior, Christian (1905–1957)

Né en France. Christian Dior travaille d'abord comme marchand de tableaux avant d'apprendre le métier chez Piguet et Lelong. En 1946, il ouvre sa propre maison à Paris avec l'aide de Boussac, le «roi du coton». Avec leurs jupes évasées et leur silhouette nostalgique, ses créations de 1947 applaudies dans le monde entier et prennent le nom de « New Look ». Dior donne un nouveau souffle à une haute couture parisienne en perte de prestige depuis la fin de la guerre. Pendant les dix années qui précèdent sa mort à l'âge de 52 ans, il lance successivement les lignes « Tulipe », « H », « Trapèze » et « Y », entre autres, et dicte la tendance de la mode tout au long des années 1950. Après la mort de Dior, Yves Saint Laurent, Marc Bohan, Gianfranco Ferré et d'autres couturiers prendront tour à tour la direction artistique de la maison. John Galliano était directeur de la création chez Dior de 1997 à 2011.

Doucet, Jacques (1853–1929)

Né à Paris. Jacques Doucet transforme la boutique de lingerie familiale en maison de haute couture. Il crée des robes élégantes agrémentées d'une profusion de dentelle et autres ornements. Il a pour clientes à peu près toutes les têtes couronnées de la planète et beaucoup de célébrités parisiennes – Réjane et Sarah Bernhardt entre autres. Doucet utilise avec délicatesse la soie et les coloris clairs et traite la fourrure comme une étoffe légère. Son style inspire la silhouette féminine de la Belle Époque. Il fait travailler les meilleurs illustrateurs de mode et collectionne l'art rococo. C'est également lui qui a découvert le jeune Paul Poiret. À la mort de Doucet, sa maison fusionne avec celle de Doeuillet. Elle devient la maison Doucet-Doeuillet, et fermera ses portes dans les années 1930.

Dubois (dates inconnues)

Peu de renseignements disponibles. Cette maison française vendait des robes et des manteaux pendant la seconde moitié du XIXᵉ siècle au 29 avenue de Wagram à Paris.

Dunand, Jean (1877–1942)

Sculpteur et décorateur né en Suisse. Jean Dunand est connu pour son travail de la laque. Son œuvre est très représentative du mouvement Art déco en France. Il commence par créer des objets décoratifs en cuivre avant d'être initié par des Japonais à une technique de laquage traditionnelle qui lui permettra de laquer des objets en métal. Il reprend les couleurs si particulières des laques japonaises dans ses dessins géométriques, unissant ainsi les motifs Art déco à la palette de couleurs de l'Orient. Il est réputé pour ses

créations méticuleuses et complexes. Il a perfectionné sa technique en ajoutant des petits morceaux de coquille d'œuf dans la laque.

Mrs. Evans (dates inconnues)

Peu d'informations disponibles. Dans les années 1880, sa maison se trouvait aux 52 et 53 Sloane Street à Londres.

Fath, Jacques (1912–1954)

Né en France. En 1937, Jacques Fath fonde une maison qui connaîtra une expansion considérable après la Seconde Guerre mondiale. En 1948, il s'associe avec Joseph Halpert Inc., grand fabricant américain de vêtements de confection, devenant ainsi l'un des précurseurs du prêt-à-porter. Fath est particulièrement célèbre aux États-Unis. Il se spécialise dans les vêtements aux lignes douces et aux formes structurées. La maison ferme ses portes en 1957.

Flögl, Mathilde (1893–1958)

Née en Autriche, Mathilde Flögl étudie les arts plastiques à l'Akademie der bildenden Künste et devient membre des Wiener Werkstätte. De 1916 à 1931, elle travaille en indépendante et crée des objets en bois, des céramiques, des cloisonnés, des décorations en verre, des accessoires, des vêtements, des textiles, des papiers peints, etc.

Ford, Tom (né en 1961)

Né au Texas, Tom Ford fait ses études à la Parsons School of Design de New York. Il rejoint la maison italienne Gucci en 1990 et prend la direction de la création en 1994. Le renouveau de Gucci doit beaucoup au style moderne et sexy de Ford, qui réinterprète divers éléments des années 1960 et 1970. De 2001 à 2004, il dessine également pour la marque de prêt-à-porter d'Yves Saint Laurent.

Fortuny, Mariano (1871–1949)

Né en Espagne, Mariano Fortuny a travaillé dans divers domaines, notamment la peinture, la mode, les décors de théâtre et l'éclairage. En 1889, il s'installe à Venise où il créera pendant dix ans des textiles et des vêtements imprimés au pochoir de motifs or et argent inspirés du Moyen-Âge, de la Renaissance et de l'Orient (Proust les a longuement évoqués dans *À la recherche du temps perdu*). Vers 1907, il dessine la robe «Delphos», superposition délicate de soies japonaises et chinoises plissées, inspirée de la Grèce antique. *Tombant des épaules, les plis se déploient le long du corps avec une sensualité discrète mais puissante.* La forme près du corps inventée par Fortuny préfigure la mode du XXᵉ siècle, et elle fait encore référence aujourd'hui.

Galante, Maurizio (né en 1963)
Né en Italie. Maurizio Galante fait ses débuts à Milan en 1987 et présente sa première collection à Paris pour la saison automne-hiver 1991. Il rejoint le circuit de la haute couture deux ans plus tard. Galante recherche les formes simples et aime explorer les nouvelles matières.

Gallenga, Maria Monaci (1880–1944)
Née en Italie. Maria Monaci Gallenga commence à dessiner des robes en 1914, puis ouvre des ateliers à Rome et à Florence au début des années 1920. Elle s'installe à Paris en 1927, où elle rejoint le mouvement des Préraphaélites et continue de créer des robes «médiévales» avec de belles impressions au pochoir (dans l'esprit de Fortuny) qui lui valent le premier prix de l'Exposition des arts décoratifs de 1925. Elle prend sa retraite en 1938.

Galliano, John (né en 1960)
Anglais né à Gibraltar. En 1984, John Galliano présente à la St. Martin's School of Art de Londres le travail de fin d'études qui le fait remarquer. Il s'installe à Paris pour la saison automne-hiver 1990. En 1996, il travaille pour Givenchy, puis prend la direction artistique de Dior de 1997 à 2011. Il adore transformer les costumes historiques et ethniques en vêtements branchés très inattendus. Ses défilés sont réputés pour leur côté spectaculaire et théâtral.

Gaultier, Jean-Paul (né en 1952)
Né à Paris. Après avoir travaillé pour Cardin et Patou, Jean-Paul Gaultier présente sa première collection de prêt-à-porter à Paris en 1976. Ses vêtements véhiculent toujours un message social. Pour la saison printemps-été 1983, il reconvertit des articles de lingerie en vêtements de dessus, en particulier le symbole suprême de la féminité qu'est le corset. Ce style auquel il est resté fidèle est devenu le signe de ralliement des femmes libérées. Pour la collection printemps-été 1985, il présente de troublants vêtements androgynes. Doué d'une imagination apparemment sans limites, il réinterprète les vêtements anciens et non occidentaux en des créations étonnament novatrices. Il lance sa collection haute couture au printemps-été 1997. Gaultier, technicien exigeant toujours à la pointe des nouvelles matières, marie avec élégance le style de la rue et la mode classique.

Gernreich, Rudi (1922–1985)
Né en Autriche. Ancien danseur et créateur de costumes, Rudi Gernreich débute à New York en 1948 avant d'ouvrir son propre atelier en 1958. Après la mode très construite des années 1950, il lance une mode plus jeune et plus libérée. Au début des années 1960, il crée des vêtements qui mettent en valeur l'anatomie des jeunes femmes. Son «monokini», maillot de bain sans soutien-gorge lancé en 1964, fait scandale. Cela ne l'empêche pas de récidiver avec le soutien-gorge «No Bra» en 1965. Dans les années 1970, il crée cette mode unisexe promise à l'avenir que l'on sait. Sa grande idée a toujours été de libérer le corps, sans se préoccuper des conventions de la mode.

Gigli, Romeo (né en 1950)
Né en Italie, Romeo Gigli présente sa première collection à Milan pour la saison printemps-été 1983. Ses robes taillées dans des étoffes aux coloris profonds enveloppent délicatement le corps – on est très loin des tailleurs à larges épaules qui caractérisent alors la mode milanaise. Gigli présente ses collections à Paris depuis l'automne-hiver 1989. Il affectionne les vêtements de couleurs vives, les ornementations, les styles ethniques.

Givenchy (depuis 1952)
Maison créée en 1952 par le couturier Hubert de Givenchy (né en 1927). Audrey Hepburn appréciait le style raffiné et élégant de cette quasi-institution qui fit l'âge d'or de la haute couture française. Hubert de Givenchy prend sa retraite en 1995 et les designers John Galliano et Alexander McQueen prennent la direction de la maison. Julien MacDonald prend la suite à partir de la saison printemps-été 2002.

Grès, Alix (1903–1993)
Née à Paris, Alix Grès est plus connue sous le nom de Madame Grès. Abandonnant le rêve de devenir

sculpteur, elle ouvre sa maison, « Alix », en 1934. Elle est obligée de la fermer pendant la Seconde Guerre mondiale (1939), mais rouvre ses portes en 1941 sous le nom d'artiste de son mari « Grès ». Elle est célèbre pour ses robes délicates aux superbes drapés en jersey de soie, qui rappellent les sculptures de la Grèce antique.

Gucci (1921)

Maison de maroquinerie italienne. Guccio Gucci ouvre une modeste sellerie à Florence en 1921. Trente ans plus tard, la marque Gucci est devenue l'un des fleurons de la mode italienne. La maison décline après les années 1970. De 1994 à 2004, elle est reprise en main par le styliste américain Tom Ford qui supervisa toutes les créations Gucci. La marque a retrouvé son prestige et son image de luxe et de modernité.

Hechter, Daniel (né en 1938)

Né en France, Daniel Hechter ouvre sa première boutique en 1962. En 1966, en collaboration avec le fabricant de papier américain Scott, il présente une robe en papier largement saluée comme une création d'avantgarde. Il est connu pour son goût des couleurs vives et ses vêtements décontractés inspirés du *sportswear* et des tenues de travail. C'est l'un des grands noms du prêt-à-porter des années 1960 et 1970, qui a subsisté, même après le départ de Daniel Hechter.

Iida Takashimaya (depuis 1831)

Magasin japonais. En 1831, Shinshichi Iida ouvre une boutique de vêtements d'occasion et de coton à Karasuma (Kyoto). Par la suite, la boutique vendra également des tissus de kimono. En 1900, la maison ouvre des succursales d'exportation à Tokyo et Yokohama, et devient une société par actions en 1918. En 1922 s'ouvre la boutique d'Osaka, préfiguration des grands magasins actuels. Iida Takashimaya se met à fabriquer des articles d'exportation qu'il va présenter dans les expositions internationales. Ses magasins au Japon vendent également des soies fabriquées spécialement pour les vêtements occidentaux ou des robes de style kimono. En 1899, la chaîne ouvre son premier bureau à Lyon et fonde Takashimaya Iida Inc., société indépendante issue de son département Export. Takashimaya est aujourd'hui encore l'une des plus grandes chaînes de grands magasins du Japon.

Jenny (1909–1940)

Maison parisienne fondée par Jeanne Adèle Bernard (1872–1962), plus connue sous le nom de Jenny. Les vêtements Jenny sont élégants mais simples et agréables à porter. Fort bien gérée, la maison devient célèbre dans le monde entier. Elle traverse sans encombres la Première Guerre mondiale, mais commence à décliner dans les années 1930. Elle ferme définitivement ses portes en 1940.

Kawakubo, Rei (née en 1942)

Née au Japon. En 1975, Rei Kawakubo présente sa collection sous la griffe Comme des Garçons à Tokyo. Elle fait ses débuts à Paris en 1981. Son look « chiffonnière », présenté à Paris pour la saison printemps-été 1983, fait sensation. Sa technique très originale traduit une esthétique proprement japonaise, à savoir l'utilisation de matières brutes et l'élimination de tout effet de coquetterie. Rei Kawakubo ne cesse de remettre en question la notion de mode, un phénomène à ses yeux fluide et mouvant et une sorte d'intériorisation inconsciente des valeurs esthétiques du moment, en revisitant le déjà-vu. Son travail de sape systématique des idées reçues a beaucoup influencé les jeunes créateurs des années 1990.

Khanh, Emmanuelle (1937–2017)

Née à Paris. Emmanuelle Khanh, ancien mannequin, devient dessinatrice de mode en 1961. Elle travaille pour de nombreuses marques avant de présenter sa première collection de prêt-à-porter en 1964 et de créer sa griffe en 1970. Emmanuelle Khanh se démarque délibérément de la haute couture avec des vêtements relativement abordables et décontractés destinés à une clientèle jeune. Elle est connue pour son goût du « fait-main », les appliqués et la broderie notamment.

Kumagai, Tokio (1947–1987)

Tokio Kumagai est né au Japon. À partir de 1970, il travaillera essentiellement à Paris. Il présente sa première collection pour homme en 1980 avant de devenir styliste bottier. Il crée et fabrique alors d'extraordinaires chaussures qui témoignent d'une grande liberté d'imagination. Kumagai a toujours été convaincu que les chaussures pouvaient être des œuvres d'art à porter tous les jours.

Lacroix, Christian (né en 1951)

Né en France. Après avoir travaillé pour Patou et d'autres griffes, Christian Lacroix ouvre sa maison de haute couture en 1987. À la fin des années 1980, en plein règne de l'épure et du minimalisme, ses robes exubérantes et ensoleillées provoquent un électrochoc dans le monde de la haute couture. Depuis 1989, il présenta également des collections de prêt-à-porter. La maison ferma ses portes après la collection haute couture de l'automne-hiver 2009 à Paris.

Laforcade (dates inconnues)

Peu d'informations disponibles sur cette maison, sise au 59 Fifth Avenue à New York dans les années 1880.

Lagerfeld, Karl (né en 1938)

Karl Lagerfeld est né à Hambourg. Il s'installe à Paris en 1952. Après un passage chez Balmain, il devient l'une des têtes pensantes de la création chez Fendi, Chloé et d'autres dès les années 1960. Son flair légendaire le met toujours en avance d'une mode. En 1983, il devient directeur de la création chez Chanel et dépoussière complètement l'image de la maison. Il présente sa première collection sous son propre nom en 1984.

Lanvin, Jeanne (1867–1946)

Née en France. Jeanne Lanvin ouvre une boutique de modiste à Paris en 1888 puis, en 1890, un magasin de tenues assorties pour les mères et leurs filles, qui deviendra plus tard sa maison de haute couture. Elle présente des « robes de style » aux jupes fluides et à la taille fine façon XVIIIe siècle, ainsi que des « robes tableaux » d'allure victorienne somptueusement brodées. En pleine vogue du modernisme, elle reste fidèle à un style romantique très apprécié par sa clientèle. Ses vêtements élégants, souvent ornés de belles broderies, témoignent d'un savoir-faire raffiné. La nuance de bleu qu'elle utilise de façon récurrente finira par s'appeler le « bleu Lanvin ». La maison Lanvin existe toujours, Alber Elbaz en est le directeur artistique.

Le Monnier (1921–?)

Boutique de modiste ouverte en 1921 au 231, rue Saint-Honoré par Jeanne Le Monnier, née à Paris en 1887. Les broderies et découpages de Le Monnier

étaient réputés. La boutique était particulièrement courue dans les années 1930.

Lelong, Lucien (1889–1958)

Né à Paris, Lucien Lelong fonde sa maison en 1919. Ce couturier, aussi admiré pour sa maîtrise technique que pour ses modèles, préfère mettre en valeur la beauté des étoffes que l'originalité de la coupe. Il se lance dans la confection en 1934. Président de la Chambre syndicale de la couture de 1937 à 1947, il a beaucoup œuvré pour la survie de la mode parisienne pendant la Seconde Guerre mondiale.

Herbert Levine, Inc. (1948–1975)

Marque de chaussures créée en 1948 aux États-Unis par le couple Herbert et Beth Levine. Fantasques, uniques et réjouissantes, les créations d'inspiration pop de Beth Levine ont connu un très grand succès, particulièrement aux États-Unis.

Liberty & Co. (depuis 1875)

En 1875, Arthur L. Liberty (1843-1917) fonde à Londres une maison de négoce de soieries et d'objets artisanaux d'Orient qu'il appelle « East India House » et qu'il rebaptisera plus tard Liberty & Co. En 1884, il crée un département Vêtements pour dame qu'il consacre à la recherche d'un idéal de beauté universelle. En 1889, ses créations sont présentées à l'Exposition universelle de Paris où elles remportent un vif succès. Elles exerceront une grande influence sur la naissance de l'Art nouveau, que l'on appellera d'ailleurs « style Liberty » en Italie. Liberty est le premier à proposer un « art de vivre » qui donne une qualité artistique aux objets les plus banals. Au XXe siècle, l'entreprise est à la pointe des technologies du textile. L'idée des impressions à la planche pour les motifs cachemire, par exemple, est à mettre à son crédit.

Likarz, Maria (1893–1971)

Maria Likarz étudie les arts plastiques avec Josef Hoffmann et d'autres professeurs à l'Akademie der bildenden Künste de Vienne. Elle travaille dans les Wiener Werkstätte de 1912 à 1914, ainsi que de 1920 à 1931. Elle est connue pour son graphisme, ses poteries et ses cloisonnés. Elle participe également à la réalisation d'un livre de dessins de mode intitulé *Die Mode 1914/15*.

Linker, Amy (dates inconnues)

Peu d'informations disponibles. Cette maison se trouvait rue Auber à Paris. Son nom apparaît dans les pages et les réclames des revues de mode entre les années 1910 et les années 1950.

Lucile (Lady Duff Gordon) (1863–1935)

Lucile ouvre sa première boutique de mode à Londres avec sa mère dans les années 1890, puis des succursales à New York, Paris et ailleurs. Elle avait une clientèle extrêmement huppée, qui appréciait le côté romantique et théâtral de ses créations.

Maki, Hiroshige (né en 1957)

Après avoir travaillé pour Y's, l'une des marques de Yohji Yamamoto, Hiroshige Maki crée sa propre griffe, Gomme, en 1989. Le terme «gomme» convient fort bien en l'occurrence, puisque les vêtements de Maki épousent le corps comme un revêtement en gomme de caoutchouc. Le couturier présente son premier défilé à Tokyo en 1993 et à Paris 1998. Il veut créer des vêtements qui bougent et soulignent la beauté du corps dans toute son individualité.

Margiela, Martin (né en 1957)

Né en Belgique. Frais émoulu de l'Académie royale des beaux-arts d'Anvers, Martin Margiela devient dès 1984 styliste en second chez Jean-Paul Gaultier. Son premier défilé personnel à Paris présente sa collection printemps-été 1988 et il fonde la maison Martin Margiela. Au début des années 1990, il est à la pointe du look «grunge»: il affectionne particulièrement les fripes dénichées aux Puces et retravaillées à sa façon, les vieilles nippes informes, barbouillées de peinture et enfilées les unes sur les autres. Son travail est une critique de l'insatiable consommation qui caractérise le système de la mode; il l'exprime en recyclant des vêtements usagés et en refaçonnant ses créations anciennes. Ses défilés sont toujours surprenants. Tout en restant fidèle à ses audaces, Margiela a su rehausser le prestige de la mode belge sur la scène internationale. De 1998 à 2004, il fut également directeur de la création de la maison de prêt-à-porter féminin d'Hermès.

Marni (depuis 1994)

Marque fondée en 1994 par la couturière suisse (et ex-fourreuse) Consuelo Castiglioni. Marni privilégie le romantisme et la délicatesse des coloris. À mille lieues du minimalisme contemporain, cette maison crée d'intéressants vêtements de style artisanal agrémentés de broderies, patchwork et autres falbalas.

Jane Mason & Co. (dates inconnues)

Peu d'informations sur cette maison autrefois située aux 159 et 160 Oxford Street à Londres.

Matsushima, Masaki (né en 1963)

Né au Japon. En 1985, Matsushima entre chez Tokio Kumagai International Co. Ltd. Il devient le styliste de la maison après la mort de Kumagai, puis présente une collection sous sa propre griffe au printemps-été 1993. Ses collections sont présentées à Paris depuis la saison printemps-été 1995. Il est constamment en quête de matières et matériaux inédits.

McCardell, Claire (1905–1958)

Née aux États-Unis. En 1940, Claire McCardell commence à dessiner des vêtements pour sa propre griffe chez Townley Frocks Inc., entreprise de prêt-à-porter basée à New York. Elle cherche à créer des vêtements flatteurs et agréables à porter. En 1937, elle présente un maillot de bain drapé comme une couche de bébé qui évoluera par la suite vers une sorte de barboteuse. Simples et fonctionnels, ses vêtements sont coupés dans des tissus alors négligés, comme le coton, le denim, le vichy ou le jersey. Dans les années 1950, elle abolit la frontière entre tenue de jour et tenue de soirée en créant des robes du soir en calicot et des vêtements de loisirs en soie. Elle cultive la décontraction et définit le nouveau «look américain», qui aura une grande influence sur le prêt-à-porter.

McQueen, Alexander (1969–2010)

Né en Angleterre. Après avoir appris le métier à Savile Row, Alexander McQueen crée sa griffe en 1993. Il prend la direction de Givenchy et dessinera toutes les collections de la maison du printemps-été 1997 à l'automne-hiver 2001. Il a apporté à la maison Givenchy un style original, inventif mais très structuré, comme en témoignent ses tailleurs coupés et façonnés au cordeau.

Miu Miu (depuis 1994)

Marque Prada lancée en 1994, destinée à une clientèle jeune.

Miyake, Issey (né en 1938)

Né au Japon. Issey Miyake présente ses premières collections à New York en 1971 et à Paris en 1972. «A Piece of Cloth» (1976), étude du rapport entre l'étoffe bidimensionnelle et le corps humain tridimensionnel, amorce une réflexion que Miyake n'aura de cesse de poursuivre dans toute son œuvre. Depuis 1988, il signe pour sa série «Pleats Please» des vêtements plissés qu'il conçoit comme des produits industriels de haute qualité associant intimement matière, forme et fonction. À la fois pratiques et d'une grande beauté, les «Pleats Please» sont parfaitement adaptés à la vie des femmes d'aujourd'hui. Au printemps-été 1999, le couturier présente son système «A-POC», application de technologies informatiques de pointe à la confection d'un vêtement en tricot. Miyake déclare volontiers que le tandem T-shirt et jeans est la tenue idéale. Ses vêtements, parfaits pour la vie de tous les jours et reproductibles à l'échelle industrielle, sont pour cette raison éminemment modernes.

Molyneux, Edward (1891–1974)

Né en Angleterre. En 1919, Edward Molyneux ouvre sa maison à Paris. A la fin des années 1930, il se retrouve à Londres mais revient à Paris après 1945. Il a dans sa clientèle de nombreuses actrices qui apprécient ses formes simples et son style élégant et sophistiqué. Il prend sa retraite en 1950, mais rouvre sa boutique parisienne en 1965 et s'occupe de vêtements de prêt-à-porter aux États-Unis.

Montana, Claude (né en 1949)

Né en France. Après une brève carrière de styliste dans une maison de maroquinerie, entre autres, Claude Montana présente sa première collection en 1977. Ses vêtements dynamiques aux lignes nettes séduisent les jeunes battantes des années 1980. Les lignes très accentuées et les épaules carrées qui caractérisent les vêtements de l'époque se retrouvent également chez d'autres créateurs comme Thierry Mugler.

Mugler, Thierry (né en 1948)

Né en France. Thierry Mugler fait ses débuts à Paris en 1975 avec une collection printemps-été. Sexy et près du corps, ses vêtements épousent les courbes féminines. Le style Mugler – courbes provocantes, larges épaules carrées, taille très marquée, allure puissante d'amazone – connaît un succès phénoménal dans les années 1980. Le couturier affectionne les couleurs vives, les coupes audacieuses et les matériaux insolites comme le métal ou la peau de serpent.

Paquin, Jeanne (1869–1936)

Née en France. Jeanne Paquin, ancienne de chez Rouff, ouvre sa maison à Paris en 1891. Luxueuses, romantiques et parfaitement coupées, ses robes drapées sont très appréciées par les riches bourgeoises et les comédiennes du début du XXᵉ siècle. Portée par sa réputation, Paquin est chargée du département Mode de l'Exposition universelle de Paris en 1900. Avec une longueur d'avance sur les autres couturiers, elle ouvre des succursales dans de nombreuses villes à travers le monde, en commençant par Londres. Sa maison est également connue pour sa lingerie et son choix de fourrures. Paquin a pris sa retraite en 1920 et sa maison a fermé ses portes en 1954.

Patou, Jean (1880–1936)

Né en France. En 1912, Jean Patou ouvre à Paris une boutique de mode pour dames baptisée Maison Parry. Il sert sous les drapeaux pendant la Première Guerre mondiale, puis ouvre le salon Jean Patou en 1919. Au début des années 1920, il dessine des vêtements pour la championne de tennis Suzanne Lenglen et fait figure de précurseur de la mode *sportswear*. Ses robes et ses costumes sport sont adoptés par les «garçonnes» des années 1920. Il travaille avec le fabricant textile français Bianchini-Férier, entre autres, à la mise au point de nouvelles matières pour les maillots de bain et les vêtements de sport.

Peche, Dagobert (1887–1923)

Né en Autriche. Dagobert Peche commence sa carrière en 1915 à Vienne. Il travaille pour les Wiener Werkstätte, dont il deviendra l'un des couturiers les plus importants. Il exerce également ses talents dans d'autres domaines – décoration intérieure, décors de théâtre, argenterie, broderie, etc. Son style agréable et vibrant d'énergie est de nouveau très apprécié.

Perugia, André (1895–1977)

Né en Italie et élevé à Nice, André Perugia apprend le métier de cordonnier auprès de son père jusqu'à l'âge de 16 ans. Dès le début de sa carrière, il dessine des chaussures pour Poiret et gagne l'estime de ses pairs. En 1920, il s'installe à son compte à Paris et crée des chaussures de facture artistique pour Chanel, Schiaparelli et bien d'autres. Après la Seconde Guerre mondiale, il reste l'un des fournisseurs préférés des grands couturiers.

Piguet, Robert (1898–1953)
Né en Suisse. Robert Piguet commence sa formation à Paris dès 1918, et s'installe à son compte en 1933. Surtout actif pendant les années 1930, il crée des robes longues et de romantiques ensembles près du corps. Proche des écrivains et des artistes, il a dessiné de nombreux costumes pour le théâtre.

Pingat, Emile (dates inconnues)
Peu d'informations disponibles. Emile Pingat ouvre sa maison dans les années 1860. Sa principale période d'activité se situe entre 1860 et 1896, ce qui coïncide avec l'apogée de Worth, autre couturier de premier plan. Ses créations élégantes expriment sa sensibilité délicate et sont très appréciées par les Américains.

Poiret, Paul (1879–1944)
Né à Paris. Paul Poiret travaille pour Doucet et Worth avant de fonder sa propre maison en 1903. En 1906, il présente une robe droite à taille haute qui libère les femmes de la tyrannie du corset. Influencé par le japonisme et les Ballets russes, il lance successivement diverses modes orientales : le manteau kimono, la jupe entravée, le style « abat-jour », etc. Ses créations extravagantes et théâtrales aux couleurs audacieuses lui valent son surnom de « Sultan de la mode ». Au début du XXᵉ siècle, son esprit pionnier vient à point nommé révolutionner l'univers de la mode. Poiret est également le fondateur de l'école Martine, atelier d'apprentissage de la couture pour jeunes filles. C'est également le mécène de nombreux jeunes artistes, tels Raoul Dufy. Son étoile décline rapidement après la Première Guerre mondiale.

Porter, Thea (1927–2000)
Née à Jérusalem. Thea Porter vit dans différents pays du Moyen-Orient avant de s'installer à Londres en 1966. Elle se réclame de l'esthétique orientale mais aussi du goût gothique et victorien. Elle est connue pour son travail sur les broderies, ses ornementations

« ethniques » et ses robes aux lignes fluides connaissent un succès phénoménal dans une Amérique alors en pleine fièvre hippie.

Prada (depuis 1913)
Maison italienne autrefois spécialisée dans la maroquinerie, Prada change de cap avec l'arrivée de Miuccia Prada (née en 1949) en 1978 et se met à produire des sacs en nylon très fonctionnels. En 1988, elle lance sa première ligne de prêt-à-porter. Ses créations sont des réinterprétations modernes qui reprennent l'essence des vêtements traditionnels et remportent un succès mondial grâce à un style particulièrement minimaliste qui révolutionne l'image de la mode milanaise.

Pucci, Emilio (1914–1992)
Né en Italie. Les créations *sportswear* d'Emilio Pucci sont très appréciées dans les années 1950. Dix ans plus tard, son style bariolé et psychédélique a fait des émules dans le monde entier. À la fin du XXᵉ siècle, ses vêtements excentriques et reconnaissables entre tous font le bonheur des post-modernistes.

Rabanne, Paco (né en 1934)
Né en Espagne. En 1966, Paco Rabanne fait des débuts remarqués à Paris avec une collection printemps-été de robes faites de disques en plastique reliés par de fines bagues en fil de fer. Sa technique de « couture » révolutionnaire sans étoffe, fil, ou aiguille est baptisée « la mode des vis et des pinces ». Dans les années 1960, beaucoup artistes délaissent comme lui les techniques et les matières traditionnelles et se lancent dans l'expérimentation. Au fil des années, Rabanne a signé toute une série de vêtements très intéressants.

Reboux, Caroline (1837–1927)
Modiste née à Paris. Elle ouvre sa boutique parisienne vers 1870. Pendant les années 1920, elle s'impose comme un personnage incontournable de la mode parisienne avec ses créations simples, souvent en feutre. Elle crée des chapeaux pour Madeleine Vionnet et d'autres couturiers.

Redfern (années 1850–années 1920)
Salon de couture réputé pour ses tailleurs. Dès les années 1850, l'Anglais John Redfern (1820–1885)

travaille comme drapier sur l'île de Wight. En 1881, il ouvre son salon à Londres puis à Paris, s'ensuivent ensuite des boutiques dans d'autres villes comme à New York. En 1888, il est nommé couturier de la reine Victoria, ce qui établit définitivement la réputation de sa boutique de tailleurs et de tenues *sportswear*. Il ouvre des succursales à Paris, New York et dans d'autres villes. En 1916, il dessine le premier uniforme pour dame de la Croix-Rouge.

Rix (-Ueno), Felice (1893–1967)

Née à Vienne. Après avoir étudié entre autres avec Josef Hoffmann, Felice Rix dessine des papiers peints et des textiles dans les ateliers des Wiener Werkstätte. Elle excelle dans les motifs aux couleurs vives et aux lignes fines. Après son mariage avec un Japonais, elle s'installe à Kyoto en 1935, où elle se consacre à la création d'objets de décoration, et fonde l'école municipale des beaux-arts de Kyoto.

Peter Robinson Ltd. (dates inconnues)

Peu d'informations disponibles. La maison a existé sur Regent Street à Londres dans les années 1860.

Rodrigues, N. (dates inconnues)

Peu d'informations disponibles. Maison parisienne de la fin du XIXᵉ siècle.

Rouff (dates inconnues)

Peu d'informations disponibles. Maison parisienne de la seconde moitié du XIXᵉ siècle, installée boulevard Haussmann (à ne pas confondre avec Maggy Rouff, célèbre maison du début du XXᵉ siècle). Jeanne Paquin y aurait été formée.

Rykiel, Sonia (1930–2016)

Née à Paris. En 1968, Sonia Rykiel ouvre sa boutique à Paris, où ses pulls originaux connaissent rapidement un grand succès. Elle donne ses lettres de noblesse au tricot, jusqu'alors considéré comme une matière extrêmement triviale, et gagne son surnom de «reine de la maille». Elle invente une technique révolutionnaire, le «sans couture», qui expose les coutures et les ourlets sur l'extérieur du vêtement. Ses vêtements, généralement simples, se déclinent dans des coloris sourds proches du noir. Elle juge volontiers sa démarche «démodée», mais beaucoup de femmes restent fidèles à un style qui leur laisse une grande liberté vestimentaire.

Saint Laurent, Yves (1936–2008)

Français né en Algérie. En 1954, il est recruté par Christian Dior, qui nourrit de grands espoirs pour le jeune prodige. Dior meurt prématurément en 1957, et Saint Laurent reprend les rênes de la maison à l'âge de 21 ans. En 1958, il présente la ligne «Trapèze», qui témoigne d'une recherche sur le corps humain comme objet abstrait. En 1961, il fonde sa propre maison et présente sa première collection. En 1965, il applique des tableaux abstraits et géométriques sur ses robes et son «look Mondrian» fait école. L'année suivante, son thème est le Pop Art, et la peinture reste le fil directeur de ses collections des années 1970 et 1980. Le «look Smoking» en 1966 et le «look Safari» en 1968 s'aventurent du côté de la mode masculine et préfigurent le style unisexe. Avec «See-Through», sa collection très avant-gardiste de 1968, Saint Laurent annonce le thème du corps comme sujet d'expression. Très conscient des bouleversements qu'annonce l'ère de la consommation de masse, il ouvre dans les années 1960 une boutique de prêt-à-porter qu'il baptise «Rive Gauche». Cet homme toujours au diapason de son temps a eu une influence considérable sur la mode de la fin du XXᵉ siècle. Il a présenté sa toute dernière collection printemps-été en 2002.

Sander, Jil (née en 1943)

Née en Allemagne. Après avoir travaillé dans la mode à Hambourg, Jil Sander fait ses débuts à Milan en 1985 avec une collection automne-hiver. Elle affectionne les matières riches et de belle qualité, les teintes sobres comme le bleu marine ou le noir, les lignes épurées, minimalistes et sans afféterie. Après la fusion de son entreprise avec Prada, elle met fin à sa carrière de styliste après la collection automne-hiver 2000. En février 2012, Jil Sander reprend la direction de sa propre maison, fondée 44 ans plus tôt.

Sant'Angelo, Giorgio (1936–1989)

Né en Italie. Giorgio Sant'Angelo ouvre une boutique de prêt-à-porter à New York. Son style folklorique et son look «gitan» aux couleurs vives et aux superpositions multiples – très influencés par la mode hippie – lui valent une notoriété certaine à la fin des années 1960 et au début des années 1970. Il a été l'un des premiers à utiliser des fibres synthétiques et des tissus extensibles.

Schiaparelli, Elsa (1890–1973)

Née à Rome. En 1927, Elsa Schiaparelli ouvre sa boutique « Pour le sport » à Paris. Elle se fait d'abord remarquer avec un pull-over noir en tricot décoré d'un nœud blanc en trompe-l'œil. Elle crée « Schiaparelli » en 1935 et se fait le chantre de la pollinisation de la mode par l'art. Elle signe des vêtements primesautiers qui utilisent à bon escient les nouvelles matières synthétiques. Elle est proche de Dalí, le chef de file du surréalisme, de Cocteau, Picabia, Bérard et d'autres artistes à qui elle fait volontiers appel. La nuance de rose qu'elle obtient avec l'aide de Bérard devient célèbre sous le nom de « shocking pink ». La branche couture de Schiaparelli ferme en 1954. Les activités accessoires et parfums continuent brièvement, puis la maison ferme définitivement ses portes.

Shiino Shobey Silk Store (1864–1923)

Maison spécialisée dans l'exportation de soies japonaises de Yokohama, fondée par Shiino Shobey (1839–1900) pendant la première période de l'ère Meiji (1867–1912). Ce magasin vendait des soieries aux étrangers vivant au Japon. Après sa participation à l'Exposition universelle de Vienne en 1873, la compagnie crée et exporte des articles en soie destinés au marché européen.

Takada, Kenzo (né en 1939)

Né au Japon. En 1965, Kenzo Takada s'installe en France. En 1970, il ouvre sa boutique de prêt-à-porter, « Jungle Jap », à Paris. Ses vêtements inspirés de la tradition vestimentaire japonaise (kimonos et costumes paysans) font sensation et lui valent la couverture de *Elle* en 1970. Son style éblouissant, ses superpositions d'étoffe, sa manière de marier avec une grande liberté les motifs, les coloris et les formes tranchent sur le côté très architecturé des créations de haute couture. Ses vêtements « déstructurés », amples et décontractés, ouvrent la voie de la mode des années 1970. Homme ouvert à toutes les cultures, Kenzo s'impose comme un grand de la scène parisienne avec des créations aux coloris éclatants qu'il marie avec bonheur. Il prend sa retraite après la présentation de sa collection printemps-été 2000. La marque Kenzo est aujourd'hui une filiale du groupe LVMH.

Takahashi, Jun (né en 1969)

Né au Japon. Jun Takahashi lance « Undercover » avec des amis alors qu'il est encore étudiant à l'école des arts de la mode. Il propose d'abord des T-shirts puis présente sa première collection automne-hiver à Tokyo en 1994. Le style urbain, hard et vaguement punk d'Undercover traduit les goûts de Takahashi, ex-musicien dans un groupe punk-rock, et l'originalité d'une contre-culture qui galvanise la jeunesse japonaise. Takahashi est devenu une personnalité-culte de « Ura-Harajuku » (haut lieu de la mode underground japonaise). Ses vêtements apparemment très simples sont des mines d'idées passionnantes. Takahashi est aujourd'hui considéré comme l'une des stars de la nouvelle mode tokyoïte.

Tsumura, Kosuke (né en 1959)

Né au Japon. En 1983, Kosuke Tsumura travaille chez Issey Miyake. Pour la saison automne-hiver 1994, il présente à Paris « Final Home », manteau en nylon doté de plusieurs dizaines de poches et véritable vêtement de survie urbain pouvant être rapporté au magasin pour être recyclé au lieu d'être simplement jeté à la poubelle. Refusant la logique de l'éphémère qui caractérise la mode, Tsumura tente de définir des normes réalistes pour la création contemporaine. Il a participé à la Biennale d'architecture de Venise en 2000.

Misses Turner (dates inconnues)

Peu d'informations disponibles. Maison sise au 151 Sloane Street à Londres dans les années 1870.

Vionnet, Madeleine (1876–1975)

Née en France. Madeleine Vionnet travaille d'abord chez Callot Sœurs et Doucet puis ouvre sa maison en 1912 à Paris. Après la parenthèse de la Première Guerre mondiale, elle reprend ses activités et devient dans les années 1920 un grand nom de la haute couture. Madeleine Vionnet dessine des vêtements dont la coupe originale met en valeur la beauté du corps féminin. Au début des années 1920, elle présente des robes simplissimes influencées par le kimono japonais. Plus tard, elle invente la nouvelle technique de la « coupe en biais », et applique une méthode exclusive qui consiste à draper le tissu sur un mannequin demi-taille. Madeleine Vionnet cesse ses activités en

1939. Sa remise en question de la relation entre le corps et le vêtement a profondément influencé la mode du XXᵉ siècle.

Vivier, Roger (1907–1998)

Né à Paris. Après avoir étudié la sculpture, Roger Vivier devient créateur-bottier. Il crée sa société vers 1936. En 1953, il devient styliste au département Chaussures de Dior. Il est célèbre pour ses chaussures aux formes originales confectionnées dans des matières insolites et décorées de broderies multicolores, de bijoux et de fourrure.

Watanabe, Junya (né en 1961)

Né au Japon. Junya Watanabe rejoint Comme des Garçons en 1984, après avoir été responsable du département Maille depuis 1982. Il fait ses débuts à Tokyo en 1992 avec une collection automne-hiver signée « Comme des Garçons Junya Watanabe », puis à Paris pour les collections printemps-été 1994. Depuis, il ne cesse de perfectionner sa technique de coupe et d'exploiter les spécificités des différentes étoffes, utilisant avec bonheur des matières high-tech de très haute qualité. Son style original est apprécié dans le monde entier.

Westwood, Vivienne (née en 1941)

Née en Angleterre. En 1971, Vivienne Westwood et Malcolm McLaren (1946–2010) ouvrent à Londres la boutique « Let It Rock », temple du style punk qui porte haut et clair l'étendard d'une jeunesse urbaine en rébellion et dicte la mode de la rue. En 1982, Vivienne Westwood présente à Paris une collection originale qui multiplie les citations vestimentaires, plastiques et littéraires. Ses vêtements sexy et avant-gardistes, à mille lieues du style confortable et fonctionnel de rigueur à l'époque, marquent une certaine réaction à la libération du corps.

Worth, Charles-Frederick (1825–1895)

Né en Angleterre. Charles-Frederick Worth s'installe à Paris en 1845 et devient vendeur au grand magasin de tissus de luxe Gagelin, avant de diriger le rayon Confection pour dames. Son travail est plébiscité aux expositions universelles de Londres et de Paris. En 1857, il ouvre sa maison de haute couture à Paris. En homme d'affaires avisé, il y fait – déjà – des défilés de mode (en fait, c'est lui qui a jeté les bases de la haute couture moderne). Il fait grand usage des luxueuses soieries de Lyon. Sa clientèle prestigieuse compte l'impératrice Eugénie et une kyrielle de têtes couronnées, de respectables bourgeoises, des comédiennes, des demi-mondaines et de riches Américaines. À sa mort, ses deux fils Gaston et Jean-Philippe prennent sa succession jusqu'en 1924. La maison Worth est rouverte en 1952, mais ferme définitivement ses portes en 1954.

Yamamoto, Yohji (né en 1943)

Yohji Yamamoto présente ses premières collections à Tokyo en 1977 et à Paris en 1981. Son défilé du printemps-été 1983 est une succession d'amples guenilles étonnamment élégantes. Le côté délibérément inachevé de ses vêtements relève d'une esthétique très japonaise. Il devient avec Rei Kawakubo la coqueluche des fans de la mode en Europe et aux États-Unis. Yamamoto traque la beauté du corps se mouvant sous la délicate enveloppe du vêtement. Si ses créations récentes sont plus « occidentales », il n'en continue pas moins à explorer l'interaction entre l'étoffe et le corps. Il attache la plus grande importance à la silhouette et à la coupe du vêtement et travaille avec la minutie d'un artisan.

Zimmermann (dates inconnues)

Peu d'informations disponibles. Maison parisienne située au 10 rue des Pyramides, dont le nom apparaît dans Vogue vers 1910.

20 471 120 (1994)/Nakagawa, Masahiro et Lica (nés en 1967)

20 471 120 a été lancé en 1994 par deux stylistes japonais, Masahiro Nakagawa et Lica, déjà remarqués à Osaka et qui présentent une première collection printemps-été à Tokyo en 1995. Audacieuse et extrême, leur mode urbaine nourrie de contre-culture et d'art underground a toujours séduit la jeunesse japonaise.

GLOSSAIRE

Les mots en majuscule renvoient à d'autres définitions dans le glossaire

Alençon Type de dentelle à l'aiguille qui doit son nom à la ville française d'Alençon, France. *Voir* DENTELLE À L'AIGUILLE

Amazone
Ensemble ou tenue d'équitation pour femme popularisée au XIXᵉ siècle. Ainsi nommée en référence aux Amazones, guerrières de la mythologie grecque.

Argençon
Type de dentelle à l'aiguille proche de la dentelle d'Alençon. *Voir* DENTELLE À L'AIGUILLE

Aumônière
Petit sac en soie ou en cuir de l'époque médiévale utilisé par les hommes et les femmes pour les aumônes ; adopté comme accessoire de mode féminin au XIXᵉ siècle. C'est le prototype du RÉTICULE et du sac à main.

Baby doll
Terme désignant un style de robe caractérisé par des manches courtes bouffantes, une longueur courte et une taille non cintrée ; coupe courante pour les chemises de nuit. Ce terme s'est démocratisé grâce au film *Baby Doll* (1956).

Barboteuse
Vêtement d'une seule pièce formé par une chemise et des BLOOMERS cousus ensemble à la taille. La barboteuse a d'abord été introduite dans la mode pour enfant au début du XXᵉ siècle.

Berthe
Pèlerine pour femme conçue afin de recouvrir le décolleté, introduite au XIXᵉ siècle.

Bicorne
Chapeau d'homme en forme de croissant porté pendant la période napoléonienne, créé en pressant le bord arrière contre le bord avant pour former des pointes de chaque côté ; couvre-chef favori de Napoléon Iᵉʳ.

Bijou fantaisie
Bijou en pierres artificielles ou en gemmes moins onéreuses ressemblant à des pierres précieuses. Démocratisé par Gabrielle Chanel, qui portait de faux bijoux dans les années 1920.

Binche
Dentelle aux fuseaux flamande, ainsi nommée d'après la ville de Binche en Belgique. *Voir* DENTELLE AUX FUSEAUX

Bloomers
Caleçon ou pantalon de gymnastique pour femme, avec jambes amples resserrées sous le genou par un élastique. Ainsi nommé d'après Amelia Bloomer, qui portait des pantalons de ce type au milieu du XIXᵉ siècle pour faire changer les normes de la garde-robe féminine.

Bonnet phrygien, bonnet rouge
Bonnet porté par les Phrygiens de la Grèce antique, puis bonnet à jugulaire en feutre ou en cuir, terminé par une pointe recourbée vers l'avant. Adopté par les révolutionnaires français comme un emblème de liberté.

Brassière
Haut exposant la naissance de la poitrine et recouvrant le torse jusqu'à la taille ou aux hanches.

Cache-col
Foulard d'homme resserré par un nœud au milieu du col. À l'origine en mousseline ou en soie, à la mode de la fin du XVIIᵉ siècle à la fin du XIXᵉ siècle.

Cannelé
Tissu dont la surface côtelée ou cannelée est obtenue au moyen de boucles continues de fils de chaîne ; tissu français typique du XVIIIᵉ siècle.

Cardigan
Gilet, ou veste, en tricot sans col ouvert sur le devant, ainsi nommé en l'honneur de James Thomas Brudenell, comte de Cardigan (1797–1868) et membre de l'armée britannique qui a inventé ce modèle pendant la guerre de Crimée.

Carmagnole
Veste à col large, revers et boutons en métal portée par les révolutionnaires français à la fin du XVIIIᵉ siècle. Modèle inspiré d'une veste que portaient en France les ouvriers venus de Carmagnola, Italie.

Chambre syndicale de la couture parisienne
Association fondée en 1911 pour promouvoir et protéger les traditions parisiennes de la HAUTE COUTURE. Ses activités incluent l'organisation et la réglementation des collections, les relations avec la presse, la défense des droits des marques et l'administration des écoles professionnelles.

Chantilly
Type de dentelle aux fuseaux ainsi nommé d'après la ville française de Chantilly. *Voir* DENTELLE AUX FUSEAUX

Chaussures à talons compensés
Chaussures à semelle intermédiaire épaisse, souvent en liège ou caoutchouc mousse. À la mode dans les années 1940 et 1970.

Chemise à la reine
Type de robe démocratisé par la reine Marie-Antoinette, épouse du roi de France Louis XVI, dans les années 1780. Plus légère que la plupart des robes de l'époque, elle est à l'origine de la ROBE-CHEMISE.

Chemisier
Terme apparu dans les années 1890 pour désigner les chemises de femme taillées comme des chemises d'homme ; désigne également une robe pour femme avec patte de boutonnage sur le devant.

Chenille
Fil en coton, soie, laine ou rayonne à poil crépu dépassant de tous les côtés.

Chiné, chiné à la branche
Technique d'impression textile consistant à imprimer le motif sur la chaîne avant le tissage ; le tissu fini présente ainsi un motif aux contours flous. Proche du tissu japonais *hogushi,* issu d'une technique *kasuri.*

Chintz
Calicot de poids moyen généralement imprimé d'une finition en glaçage. Utilisé à l'origine comme tissu d'ameublement pour les rideaux et les housses avant d'être intégré dans la mode.

Cloche
Chapeau ajusté à fond profond à la mode dans les années 1920.

Cocarde
Rosette de ruban plissé ; insigne militaire à l'origine.

Col boule
Col drapé de forme ronde déployé autour des épaules comme un capuchon de moine.

Combinaison
Sous-vêtement féminin, le plus souvent à bretelles, composé d'un haut et d'un bas remplaçant le jupon. Porté comme fond de robe.

Compères
Deux pans de tissu portés sur les robes ouvertes au milieu du XVIIIe siècle, attachés à l'intérieur du corsage par des agrafes ou des boutons. Nettement plus pratiques que la PIÈCE D'ESTOMAC, qui devait être épinglée à la robe à chaque habillage.

Confection
Terme désignant les vêtements bon marché produits en série vers le milieu du XIXe siècle.

Corps, corps à baleines
Voir CORSET

Corset
Sous-vêtement pour femme d'une seule pièce conçu pour dessiner la forme du corps, généralement sous la forme d'un corsage sans manches renforcé par des fanons de baleine, des tiges de métal ou de bois et resserré par un cordonnet de laçage. Le terme « corset » apparaît au XIXe siècle pour désigner le sous-vêtement appelé « corps » ou « corps à baleines » au XVIIIe siècle.

Coupe en biais
Méthode consistant à couper le tissu dans la diagonale par rapport au droit fil pour lui donner de l'élasticité. En mode, cette élasticité fait coller le tissu aux courbes du corps. Technique démocratisée par la couturière française Madeleine Vionnet dans les années 1920 et 1930.

Coutil
Toile serrée et croisée en coton ou en lin à motif chevron utilisée dans la confection de sous-vêtements, en particulier les CORSETS.

Crinoline
Jupon rigidifié conçu pour donner un volume important aux jupes vers le milieu du XIXe siècle. La crinoline doit son nom au crin de cheval et au lin qui la composent. La crinoline-cage composée de cerceaux d'acier ou de baleines fait son apparition dans les années 1850.

Culotte
Sorte de caleçon pour homme et pour femme apparu au début du XIXᵉ siècle.

Culottes
Pantalon moulant s'arrêtant au genou avec un léger effet bouffant, porté par les hommes au XVIIIᵉ siècle.

Culottes de harem
Culottes bouffantes resserrées par des rubans aux chevilles, d'inspiration moyen-orientale.

Dandy
Terme qui désignait au début du XIXᵉ siècle les hommes très soucieux de l'élégance de leur mise.

Dentelle à l'aiguille
Dentelle entièrement réalisée avec une aiguille de couture à la place des fuseaux et travaillée sur un patron de papier avec des points de feston et de languette. Les types de dentelle à l'aiguille incluent notamment le point de Venise, le point d'Alençon et la dentelle d'Argençon.

Dentelle aux fuseaux
Nom générique désignant la dentelle confectionnée à la main sur un coussin où les motifs sont marqués par des épingles entre lesquelles la dentellière entrelace ses fuseaux. Les différents types de dentelle aux fuseaux incluent notamment la dentelle de Bruxelles, la dentelle de Binche, la DENTELLE CHANTILLY et la DENTELLE DE MALINES.

Dentelle Chantilly
DENTELLE AUX FUSEAUX très fine produite dans les villes françaises de Bayeux, Caen et Chantilly. À la mode du milieu du XVIIIᵉ siècle au XIXᵉ siècle. Fabriquée à l'origine avec des fils de SOIE DE CHINE non teints de couleur crème.

Dentelle de Malines
Type de dentelle aux fuseaux, fragile et originaire de la ville de Malines en Belgique. *Voir* DENTELLE AUX FUSEAUX

Dentelle irlandaise au crochet
Dentelle faite à la main en utilisant le point de chaîne, copiant le style de la DENTELLE À L'AIGUILLE d'Espagne et de Venise, produite à l'origine en Irlande.

Dolly Varden
Mode féminine des années 1870–1880 caractérisée par le retour de la ROBE À LA POLONAISE. Ainsi nommée d'après l'héroïne du roman *Barnaby Rudge* (1841) de Charles Dickens.

Droguet
Au XVIIIᵉ siècle, étoffe de soie fantaisie ornée de petits dessins très détaillés.

Dust ruffle
Volant cousu à l'intérieur de l'ourlet d'une robe longue ou d'un jupon long pour éviter que la robe ne se salisse lors des promenades en plein air, utilisé de la fin du XIXᵉ au début du XXᵉ siècle.

Échelle
Série de nœuds de rubans décorant le devant du corsage des femmes, à la mode de la fin du XVIIᵉ à la fin du XVIIIᵉ siècle.

Engageantes
Double ou triple couche de volants de manche, en dentelle fine ou en OUVRAGE À FILS TIRÉS; portées aux XVIIᵉ et XVIIIᵉ siècles.

Fichu
Type d'écharpe ou de foulard décoratif pour femme, généralement en mousseline, porté aux XVIIIᵉ et XIXᵉ siècles.

Fly-fringe
Frange en fils de soie composée de touffes ou de petits pompons, souvent utilisée pour ganser les robes des femmes au XIXᵉ siècle.

Frac
Terme français dérivé de l'anglais *frock coat* désignant un manteau d'homme droit ou croisé à revers rabattus; porté de la fin du XVIIIᵉ au début du XIXᵉ siècle.

Fuki
Doublure en relief sur l'ourlet et le bas des manches du KIMONO japonais, souvent d'une couleur différente et parfois fortement rembourré.

Gaine
Sous-vêtement féminin conçu pour mouler la partie inférieure du torse et parfois les jambes.

Gaine-combinaison
Sous-vêtement composé d'un soutien-gorge et d'une GAINE.

Garçonne
Terme utilisé après la Première Guerre mondiale pour désigner les femmes qui suivaient la mode androgyne des années 1920 en se coupant les cheveux et en portant des robes qui ne révélaient ni la poitrine ni les hanches ; terme inspiré du roman éponyme de Victor Margueritte publié en 1922.

Gazar
Gaze de soie rigide et lisse d'invention suisse.

Gibson girl
Personnage inventé par le dessinateur américain Charles Dana Gibson, apparaissant dans ses illustrations entre 1895 et 1910 et popularisant l'image de la fille en chemisier coiffée à la Pompadour.

Gilet
Vêtement d'homme sans manches arrivant à la taille, porté sous une veste et par-dessus une chemise, en général comme élément d'un costume trois-pièces.

Habit
Terme désignant les vêtements réservés à des fonctions, vocations ou rangs sociaux spécifiques, par exemple l'uniforme ecclésiastique ou la tenue d'équitation.

Habit à la française
Manteau d'homme ajusté arrivant au genou, porté avec un gilet, à la mode du milieu du XVIIᵉ à la fin du XVIIIᵉ siècle.

Habutae
Étoffe de soie douce et légère fabriquée au Japon, parfois appelée *hiraginu* en japonais.

Haute couture
Terme désignant les vêtements sur mesure de la plus haute qualité qui soit et le système unique de la mode parisienne. À la fin du XIXᵉ siècle, Charles Frederick Worth a établi les bases de l'industrie de la haute couture telle que nous la connaissons encore aujourd'hui. *Voir* CHAMBRE SYNDICALE DE LA COUTURE PARISIENNE

Hot pants
Terme d'argot anglais désignant les shorts de femme extrêmement courts ; le nom a été inventé par le magazine de mode *Women's Wear Daily* en 1971.

Hussard, à la hussarde
Soldat de la cavalerie légère de l'armée française, dont l'uniforme s'inspire de celui des unités de cavalerie hongroises. Le style « à la hussarde » était très à la mode à la fin du XVIIIᵉ siècle.

Impression au pochoir
Dessin obtenu en disposant sur le tissu des plaques en carton ou métal découpé, puis en vaporisant de la peinture ou en passant un rouleau par-dessus. Cette technique est la même que le *katagami-zome* japonais.

Impression cachemire, Paisley
Dans les années 1840, des simili-châles de cachemire sont fabriqués à l'échelle industrielle dans la ville écossaise de Paisley. Le nom Paisley a été si largement utilisé depuis qu'il est devenu synonyme, en anglais, de la feuille stylisée caractéristique de l'impression cachemire, inspirée de motifs d'origine perse et indienne.

Incroyable
Terme utilisé pour décrire les hommes qui portaient des tenues extravagantes sous le Directoire (1795–1799), avec revers de veste surdimensionnés, cheveux ébouriffés et cravates nouées négligemment.

Indienne
À l'origine, mousseline peinte ou imprimée fabriquée en Inde ; ce terme désigne aujourd'hui les tissus en coton français imprimés de petits motifs.

Jabot
Volant ou ornement en dentelle attaché à la base du col et déployé sur la poitrine. Créé pour les hommes, le jabot a été adopté par les femmes vers le milieu du XIXᵉ siècle.

Japonsche rock
Terme néerlandais désignant le KIMONO japonais en coton matelassé importé par la Compagnie des Indes et porté comme robe de chambre d'homme aux XVIIᵉ et XVIIIᵉ siècles. Face à la quantité limitée de kimonos japonais importés, des robes de chambre orientales en INDIENNE ont fait leur apparition pour satisfaire la demande.

Jaquette
Veste de cérémonie pour homme, ouverte à la taille sur l'avant et jusqu'aux genoux à l'arrière ; dans le dos, une longue fente part du centre de la taille en créant deux pans qui font penser à la queue d'une hirondelle.

Jumps

Corsage souple et sans baleines que les femmes du XVIIIᵉ siècle portaient chez elles ou pendant leur grossesse à la place du CORSET.

Jupe entravée

Jupe arrondie aux hanches et effilée jusqu'aux chevilles, si étroite que la marche s'en trouve entravée. Lancée par Paul Poiret en 1910.

Kimono

Vêtement traditionnel japonais. En forme de robe de chambre ample, de coupe droite, en coton ou en soie, avec ceinture à la taille et manches larges. Certains éléments du kimono, notamment ses manches et sa ceinture, ont été intégrés à la mode occidentale au cours du XXᵉ siècle.

Lappet

Draperie ou long rabat de tissu ressemblant à un ruban, souvent garni de dentelle, porté sur la coiffe ou le bonnet aux XVIIᵉ, XVIIIᵉ et XIXᵉ siècles.

Liage

Procédé textile permettant de coller deux tissus pour en former un seul en les recouvrant d'adhésif ou de mousse.

Lingerie

Terme générique désignant les sous-vêtements féminins. Dérivé du mot « linge », lui-même issu de « lin », principale matière entrant dans la confection des sous-vêtements du Moyen-Âge au XXᵉ siècle.

Look « Boro », Look « mendiant »

Nom donné au style des collections de Rei Kawakubo et Yohji Yamamoto en 1982. *Boro* signifie « effiloché » en japonais. Leurs vêtements monochromes, déchirés et dépourvus d'ornements introduisent le « look usé » dans la mode, exprimant délibérément non pas la présence, mais l'absence.

Lycra®

Voir SPANDEX

Manche à la mamelouk

Manche formée par une succession de ballonnements, larges en haut de la manche et de plus en plus petits jusqu'au poignet, finie par des falbalas. Utilisée sur les robes de jour au début du XIXᵉ siècle, et ainsi nommée d'après les Mamelouks, unité de cavaliers égyptiens formée par Napoléon Iᵉʳ.

Manche gigot

Manche volumineuse et ronde de l'épaule au coude, puis effilée jusqu'au poignet. Popularisée par la comédienne Sarah Bernhardt à la fin du XIXᵉ siècle.

Manche pagode

Manche en entonnoir évasée au poignet. Nommée d'après sa forme, qui rappelle un toit de pagode.

Manche raquette

Type de manche pour femme en forme de raquette, à la mode au XVIIIᵉ siècle.

Manche sabot

Manche de costume féminin du XVIIIᵉ siècle en forme de sabot, ajustée au niveau du coude puis évasée et garnie de volants.

Manchon

Fourreau cylindrique ouvert aux deux extrémités qui sert à protéger les mains du froid, souvent en fourrure.

Manteau de cour

Manteau à longue traîne. L'impératrice Joséphine a lancé la mode du manteau de cour à l'occasion du sacre de Napoléon Iᵉʳ.

Marchand de mode

Mercier français. Terme reconnu par la création d'une association en 1776.

Maroquin

Cuir souple en peau de chèvre, le plus souvent teint en rouge, originaire du Maroc.

Merveilleuse

Femme élégante et excentrique de l'époque Directoire (1795–1799).

Microfibre

Fibre textile synthétique extrêmement fine (généralement moins d'un décitex), mise au point au Japon en 1970 à partir du POLYESTER. Les tissus en microfibres sont doux au toucher, résistent à l'eau et laissent respirer la peau.

Mini

Terme désignant une jupe arrivant à mi-cuisse, à la mode depuis le début des années 1960.

Mitaines

Gants sans doigts recouvrant le poignet, généralement en dentelle ou en tissu transparent.

Mode unisexe
Style de vêtements pouvant être portés par les hommes comme par les femmes, lancé à la fin des années 1960.

Monokini
Maillot de bain sans soutien-gorge lancé par Rudi Gernreich en 1964. Terme inventé en référence au mot «bikini».

Mule
Chaussure d'intérieur légère laissant le talon découvert.

Muscadin
Nom donné sous la Révolution aux jeunes royalistes en rébellion contre le style vestimentaire des sans-culottes.

Nankin
Étoffe solide en coton de couleur ocre brun, faite de brins filés à la main. Produite à l'origine à Nankin en Chine.

Netsuke
Petit objet japonais de 3 à 4 centimètres de long accroché à l'obi (ceinture de kimono) et qui servait à porter l'inro (boîte à sceaux) ou un étui à cigarettes. À la mode de la fin de l'époque Edo à l'époque Meiji, également exporté en Occident.

New Look
Terme désignant le style lancé par Christian Dior en 1947. Le «New Look» marquait un retour à la silhouette féminine, avec une jupe ample et bouffante et une taille cintrée qui soulignait la poitrine et les hanches grâce à des sous-vêtements à baleines.

Norfolk jacket
Veste ceinturée à double pli creux allant des épaules à l'ourlet sur le devant et dans le dos. Portée dans la seconde moitié du XIXe siècle comme vêtement de sport ou de voyage masculin.

Nylon
Terme générique désignant une fibre synthétique en polyamide à longue chaîne aux groupes d'amides récurrents. Inventé en 1937, le nylon est produit industriellement en 1939 par l'entreprise DuPont, qui commercialise les premiers bas en nylon en 1940. Depuis, cette matière est largement utilisée pour la confection de vêtements et de sous-vêtements.

Ouvrage à fils tirés
Broderie à jours où des fils sont retirés des deux côtés du tissu et où les fils restants sont entrelacés par des points de broderie.

Panier
Structure rigidifiée par des cerceaux d'osier ou des baleines, destinée à élargir la jupe des femmes au niveau des hanches, à la mode au XVIIIe siècle.

Pantalon
Pantalon long porté par les révolutionnaires français à la place des CULOTTES.

Patchwork
Méthode de fabrication où plusieurs petites pièces de tissu sont cousues ensemble pour former une plus grande étoffe ou une courtepointe. À la mode pour les vêtements dans les années 1970.

Patins
Protections portées sur les souliers pour les préserver de la boue.

Peacock revolution
Terme désignant les changements radicaux de la mode pour homme à la fin des années 1960.

Pékin
Étoffe de soie à rayures de largeur égale, autrefois fabriquée à Pékin.

Pèlerine
Cape courte de femme recouvrant les épaules, portée du milieu du XVIIIe à la fin du XIXe siècle.

Percale
Tissu de coton fin et serré.

Perles de verre
Fabriquées depuis les temps anciens en divers lieux, notamment Venise. Fortuny les utilisait en abondance dans ses créations.

Pet-en-l'air
Vêtement pour femme à la mode du milieu à la fin du XVIIIe siècle. Composé d'un corsage ajusté descendant jusqu'aux cuisses avec manches s'arrêtant aux coudes, et porté sur de longs jupons.

Petite robe noire
Apparue dans les années 1920, l'expression «petite robe noire» désignait une robe s'inspirant des lignes simples de la chemise et coupée dans un tissu intégralement noir, couleur autrefois strictement

réservée aux vêtements de deuil. Largement promue par Gabrielle Chanel et Edward Molyneux.

Pièce d'estomac
Plastron en forme de V porté avec la robe ouverte du XVIIIᵉ siècle et épinglé sur le buste pour cacher les seins. Souvent décoré de perles et de broderies complexes.

Pierrot
Petit corsage ajusté porté avec une jupe coordonnée, à la mode du milieu des années 1780 jusqu'aux années 1790.

Poche
Petit sac servant à transporter de menus objets sous les robes pendant la période rococo. Remplacée par le RÉTICULE avec l'avènement de la mode de la ROBE-CHEMISE à la fin du XVIIIᵉ siècle. Depuis la fin du XIXᵉ siècle, les poches sont cousues à l'intérieur
des robes et des corsages.

Point de France
Type de DENTELLE À L'AIGUILLE inventé en France à la fin du XVIIᵉ siècle. *Voir* DENTEL-LE À L'AIGUILLE

Polyester
Nom générique des fibres synthétiques composées d'éthylène glycol et d'acide téréphtalique. Commercialisé pour la première fois en 1946 par la société Imperial Chemical Industries (ICI).

Prêt-à-porter
Vêtements produits en série et en tailles standard ; l'alternative aux vêtements sur mesure ou faits maison. Le prêt-à-porter a gagné en popularité et en qualité après les années 1960.

Pyjama
Vêtement de nuit d'une ou deux pièces.

Pyjama de plage
PANTALON large et très long que les femmes portaient pour faire du sport dans les années 1920 et 1930.

Quille
Pièce recouvrant toute l'ouverture frontale des robes de femme au XVIIIᵉ siècle.

Ramoneur
Tissu imprimé marron foncé à la mode à la fin du XVIIIᵉ siècle.

Raphia
Fibre extraite d'une espèce de palmier de Madagascar, utilisée dans la fabrication de chapeaux, sacs et tissus.

Rayonne
Terme général désignant les fibres synthétiques obtenues à partir de cellulose végétale. Produite pour la première fois par le Comte Hilaire de Chardonnet en 1889. Tissu largement utilisé en raison de son faible coût.

Redingote
Pardessus pour homme porté aux XVIIIᵉ et XIXᵉ siècles. Également robe ou manteau de femme imitant la redingote masculine. Le *riding coat* anglais porté par les militaires de l'armée française a été traduit en français par « redingote » vers la fin du XVIIIᵉ siècle.

Réticule
Petit sac à main de femme apparu à la fin du XVIIIᵉ siècle en remplacement de la poche.

Retroussée dans les poches
Style de robe à la mode en France tout au long du XVIIIᵉ siècle, où les pans de la jupe étaient relevés dans les ouvertures de poche des deux côtés de la robe, créant de volumineux drapés dans le dos.

Robe à la française
Robe en vogue en France au XVIIIᵉ siècle. Elle se composait d'un corsage avec ouverture sur le devant, d'une jupe, d'une PIÈCE D'ESTOMAC et de larges pans à plis creux dans le dos descendant des épaules jusqu'à l'ourlet. Tenue de cérémonie sous la Révolution.

Robe à l'anglaise
Vêtement féminin sans PANIER en faveur à la fin du XVIIIᵉ siècle, composé d'un corsage fermé sur le devant avec pointe dans le dos, et d'une jupe. Mode importée en France dans les années 1770.

Robe à la polonaise
Style de robe de la fin du XVIIIᵉ siècle, composé d'un corsage et d'une jupe d'une seule pièce ; l'arrière de la jupe était relevé par des cordons, puis divisé en trois drapés.

Robe-chemise
Robe en mousseline de l'époque Empire, caractérisée par une taille haute, un décolleté plongeant et une jupe étroite, portée sans CORSET ni PANIER. Plus tard, ce terme décrira un type de robe à la mode après la Première Guerre mondiale et

devenu la silhouette signature des années 1920.

Robe de chambre d'indienne, banyan

Manteau informel pour homme porté en Angleterre aux XVIIe et XVIIIe siècles. Généralement ample et arrivant au genou ; ainsi nommé en référence au vêtement porté par les banyans, membres d'une caste de commerçants hindous en Inde.

Robe d'hôtesse

Robe simple et confortable que les femmes portaient chez elles pour recevoir.

Robe Empire

Style à la mode sous le premier Empire en France (1804–1815). Pour les femmes, la robe Empire était caractérisée par une taille haute, une jupe droite et des manches bouffantes.

Robe princesse

Robe à la mode dans les années 1870, composée de plusieurs pans verticaux coupés dans le biais, sans couture à la taille.

Robe-sac

Robe droite à taille non cintrée et peu de pinces, lancée en 1957 par Hubert de Givenchy.

Robe tube

Terme désignant une robe en forme de tube, à la mode dans les années 1920.

Robe tunique

Robe de deux pièces avec tunique (longue surchemise) portée sur une jupe longue.

Robe volante

Style de robe aux lignes fluides du début du XVIIIe siècle, caractérisée par de larges plis et une jupe ronde. Dérivé du déshabillé porté vers la fin du règne de Louis XIV.

Round gown

Robe d'une seule pièce, sans traîne ni jupon, ouverte sur le devant, à la mode à la fin du XVIIIe siècle.

Sabot

Chaussure faite d'une pièce de bois évidée, portée à l'origine par tous les paysans d'Europe.

Sans-culottes

Nom donné aux révolutionnaires français et aux Jacobins pour les distinguer des aristocrates. Allusion au fait que ces hommes portaient des PANTALONS, et non des CULOTTES comme les aristocrates.

Sarouel

Pantalon très ample resserré aux chevilles par un ruban, semblable aux culottes de harem.

See-through

Vêtement en tissu transparent porté à même la peau. Largement promu par Yves Saint Laurent dans les années 1960.

Seigaiha

Motif de vague bleue au Japon ou en Chine. En Occident, on trouve qu'il ressemble à des écailles de poisson.

Shocking Pink

Coloris rose vif ainsi baptisé par Elsa Schiaparelli.

Silhouette en S

Terme désignant une silhouette féminine à la mode vers 1900, obtenue grâce à certain type de CORSET qui comprimait la taille, remontait les seins et projetait les hanches vers l'arrière, moulant ainsi la partie supérieure du corps en forme de S.

Smoking

Version anglaise de ce que les Américains appellent *tuxedo*. Comprend une veste de soirée à revers en satin ; adapté pour les femmes par Yves Saint Laurent à la fin des années 1960.

Soie artificielle

Terme utilisé avant 1925 pour désigner la RAYONNE.

Soie de Chine

Soierie légère à surface brillante tissée en armure toile, fabriquée en Chine ou au Japon.

Soie dite « Bizarre »

Étoffe de soie inspirée des textiles orientaux et tissée de dessins exotiques combinant souvent des motifs floraux asymétriques avec des lignes dentelées ou des détails architecturaux, à la mode de la fin du XVIIe au début du XVIIIe siècle.

Spandex

Terme générique désignant une fibre synthétique légère et extensible à base de polyuréthane. Commercialisée par DuPont sous le nom de « Lycra ».

Spencer

Veste d'homme croisée s'arrêtant à la taille, ainsi nommée d'après Lord Spencer (1758– 1834). À la mode pour les femmes de la fin du XVIIIe siècle aux années 1820.

Tailleur
Ensemble pour dame composé d'une veste et d'une jupe confectionnées par un tailleur et non par un couturier ; apparu dans la seconde moitié du XIXe siècle.

Tailleur-pantalon
Tailleur pour femme où le PANTALON remplace la jupe. Popularisé à la fin des années 1960 quand Yves Saint Laurent et André Courrèges ont lancé ce modèle comme tenue de ville ou de soirée à la mode.

Tarlatane
Étoffe de coton transparente rappelant le tulle, généralement apprêtée et teinte de couleurs unies ; à la mode pour les costumes de théâtre au XIXe siècle.

Tartan
Étoffe de laine à texture serrée originaire d'Écosse, où ses différents motifs servaient à identifier les clans. Avec motif composé de bandes de couleur se coupant à angle droit. Très populaire vers le milieu du XIXe siècle, époque à laquelle la reine Victoria séjournait fréquemment dans son château écossais de Balmoral.

Tea gown
Robe d'hôtesse longue, ample et informelle portée sans CORSET, à la mode de la fin du XIXe au début du XXe siècle.

Teddy
Sous-vêtement composé d'une CULOTTE et d'une chemise, d'une combinaison courte ou d'un gilet transparent. Apparu dans les années 1920.

Theater coat
Manteau ample porté pour les sorties au théâtre, à la mode au début du XXe siècle. Certains *theater coats* copiés sur les robes de mandarin chinoises ont été fabriqués au Japon.

Tissu de Marseille
Étoffe à double face à motifs en relief, fabriquée à l'origine à Marseille.

Toile de Jouy
Imprimé textile représentant des motifs floraux ou des scènes pastorales. Invention de Christophe P. Oberkampf, fondateur de la manufacture de Jouy près de Versailles ; principalement utilisé en décoration intérieure, mais parfois aussi en mode.

Toque
Chapeau sans bord très ajusté sur la tête. À la mode dans la seconde moitié du XIXe siècle, puis remis au goût du jour dans les années 1950.

Tournure
Coussinet, coussin ou ensemble de ressorts en acier porté sous une jupe pour créer l'illusion d'un derrière en saillie, à la mode sous diverses variantes dans la seconde moitié du XIXe siècle, notamment la tournure des années 1870.

Trapèze
Silhouette de robe aux épaules étroites et très évasée vers le bas ; conçue par Yves Saint Laurent pour la maison Dior en 1958.

Tricorne
Chapeau à trois cornes formées par les bords relevés de chaque côté.

Turban
Couvre-chef sans bord pour homme, originaire du Proche Orient, créé en enroulant une longue pièce de tissu autour de la tête. À la mode chez les femmes à divers moment du XXe siècle.

Ungen
Technique de mise en couleurs originaire de Chine permettant de créer un effet de relief en plaçant des bandes de différentes couleurs horizontalement les unes après les autres.

Utility garment
Vêtements fonctionnels conçus au Royaume-Uni dans le cadre de l'*Utility Clothing Scheme,* programme de rationnement des textiles élaboré par le British Board of Trade pendant la Seconde Guerre mondiale. De nombreux couturiers célèbres ont dessiné ce genre de vêtements « économiques ».

Valenciennes
Dentelle aux fuseaux faite à la main, nommée d'après la ville française de Valenciennes.
Voir DENTELLE AUX FUSEAUX

Velventine
Tissu velouté en coton ou en rayonne à doublure unie ou sergée ; tissées une à une, les boucles sont coupées pour obtenir une surface veloutée.

Visite
Terme générique désignant un manteau de femme semblable à une cape, porté dans la seconde moitié du XIXe siècle.

INDEX DES NOMS

REMERCIEMENTS ET CRÉDITS PHOTOGRAPHIQUES

De très nombreuses personnes et institutions ont apporté une aide précieuse à la réalisation de cet ouvrage. Nous tenons ici à les remercier de façon collective et individuelle : Comme des Garçons Co., Ltd. / Fashion Institute of Technology, SUNY. / Mr. Maurizio GALANTE / Mr. Yoshitaka HASHIZUME / Mr. Tokutaro HIRANO / Ms. Shoko HISADA / Mr. Martin KAMER / Ms. Sumiyo KOYAMA / Maki Hiroshige Atelier Co., Ltd. / Masaki Matsushima Japan Co., Ltd. / Miyake Design Studio / Ms. Mona M. LUTZ / Ms. Fusako NISHIBE / Ms. Yoshiko OKAMURA / Ms. Yoko OTSUKA / UNDER COVER Co., Ltd. / Mr. Hiroshi TANAKA / Teijin Limited / Mr. Richard Weller / Yohji Yamamoto Inc. / Ms. Mari YOSHIMURA

h = haut, b = en bas, c = au centre, g = à gauche, d = à droite, hg = en haute à gauche, bg = en bas à gauche, bd = en bas à droite

Photo : AKG Berlin : 29, 42/43, 67
Photo : AKG Berlin / Erich Lessing: 219 d
Peter Willi – Artothek : 82 g
Westermann – Artothek : 198
UK/Bridgeman Images : 26 g, 32 g, 44, 64 g, 92/93, 193, 256
Jean Pagès © Vogue The Condé Nast Publications Ltd : 428
© Naoya Hatakeyama / © KCI : 176 b, 181, 386, 562
© Takashi Hatakeyama / © KCI : 9, 29, 34, 35, 46, 47, 52, 65, 87, 106, 107–109, 122, 123, 138, 139, 148, 162, 166, 167, 179, 182, 183, 186, 192, 202, 203, 210–213, 216, 221, 228, 229, 232, 233, 236, 243, 244, 246–247, 250, 252–255, 280, 286 d–289, 298, 302, 303, 305, 306, 309, 311, 313 g, 325, 335, 346, 347, 349, 351, 354, 355, 357, 360, 361, 363, 370, 377, 390, 393, 395 t, 399–400, 404–406, 408, 409, 412, 413, 415, 416, 417, 420, 421, 427, 429, 430, 434, 436, 440–443, 452, 455, 458, 459, 462 g, 463 d, 465–472, 474, 476–481, 484–487, 489–492, 495, 496, 497, 500, 501, 502–507, 509, 510–513, 518–523, 525, 528–536, 538–544, 546–551, 554, 556, 557, 559, 561, 563, 564, 565, 569 g, 570–575, 576–581, 584, 590, 591, 593, 594, 596–599, 601–605, 608, 609, 610, 612–613, 614–617, 618, 619
© Richard Haughton / © KCI : 242, 257, 258 g, 260, 261, 266, 267, 269, 274, 275, 278, 279, 312, 323, 328–330, 331 d, 364–366 g, 378 d, 379 g, 380–384, 389, 398 d, 401 d, 402, 406
© Masayuki Hayashi / © KCI : 58 b, 160, 161 d, 170, 177, 259 d, 310 c, 310 b, 394 b, 398, 425, 438, 460 h, 456 b, 498, 514, 515, 552, 553
© Taishi Hirokawa / © KCI : 2, 6, 11, 25 g, 51, 58 h, 79 g, 102 g, 106 b, 124–127, 161 g, 164, 165, 168–169, 170–175 h, 184–185, 188–191, 194, 195, 195, 199, 200, 201, 204–208, 214, 217–219 g, 222–225, 230, 231, 234, 235, 237–241, 248, 249, 263, 266, 277, 280, 282–284, 299–301, 304 d, 307, 310 h, 313 d, 324, 326, 327, 332, 338, 339, 340, 348, 352, 353, 358, 359, 369, 372–375, 377, 392, 394 h, 395 b, 397, 410, 411, 414 h, 418, 419, 428, 432, 433, 435, 439, 454, 456 c, 464, 473, 475, 476, 499, 508, 516, 517, 545, 555, 582, 595, 606
© Taishi Hirokawa / © Yoshitaka Hashizume : 611
© Tohru Kogure / © KCI : 22–24, 25 d, 27, 30, 31, 32, 36–38 h, 39, 40–42 g, 43 d, 46, 48–51, 54, 56–58 h, 59, 60 b, 62–63, 66, 67 d, 68–72, 75, 76, 78, 79 d, 80, 81, 83, 84, 87, 88 h, 89–91, 94, 95, 97–101, 103–105, 110, 114–115, 116–119, 121, 136, 140–145, 146 d, 147, 150–153, 154–157 g, 158, 178, 196
© Kazumi Kurigami / © KCI : 264, 270 h–272, 314 d, 315 d, 316 d, 318, 321, 361, 367, 388, 391, 403, 460, 461, 469, 476, 477, 583, 585, 587–589, 607
© Kyoto Costume Institute (KCI) : 60 bg, 64 bd, 96 h, 102 bd, 104 bd, 112 b, 120, 157 bd, 163, 180, 262, 315 bg, 317, 320, 331 bg, 362, 366 bd, 371, 537
© Francis G. Mayer, Picture Press Hamburg : 285
© Morimura Yasumasa : 568/569
© Musée d'art et d'histoire, Ville de Genève : 38 b
© Foto RMN – Gérard Blot : 154
Cecil Beaton Photograph/avec l'aimable autorisation de Sotheby's London : 437
Louise Dahl-Wolfe/avec l'aimable autorisation de Staley-Wise Gallery, New York, 482
© Steichen Carousel, New York, 368, 387
© Minsei Tominaga / © KCI : 335, 340/341, 343, 345

100 Contemporary
Architects

100 Contemporary
Houses

100 Interiors Around
the World

1000 Chairs

1000 Lights

Industrial Design A-Z

Decorative Art 50s

Decorative Art 60s

Decorative Art 70s

Design of the
20th Century

Modern Architecture
A-Z

Bookworm's delight:
never bore, always excite!

TASCHEN
Bibliotheca Universalis

Scandinavian Design

Small Architecture

domus 1930s

domus 1940s

domus 1950s

domus 1960s

The Grand Tour

Architectural Theory

Braun/Hogenberg.
Cities of the World

Byrne. Six Books
of Euclid

Piranesi.
Complete Etchings

The World
of Ornament

Racinet.
The Costume History

Fashion. A History from
18th–20th Century

100 Contemporary
Fashion Designers

20th Century Fashion

20th Century
Photography

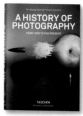

A History of
Photography

Photographers A–Z

André de Dienes.
Marilyn Monroe

Bodoni. Manual of
Typography

Logo Design

Funk & Soul Covers

Jazz Covers

1000 Record Covers

Steinweiss

100 Illustrators

Illustration Now!
Portraits

Modern Art

Chinese Propaganda
Posters

Film Posters of the
Russian Avant-Garde

1000 Tattoos

1000 Pin-Up Girls

Mid-Century Ads

20th Century
Classic Cars

20th Century
Travel

ACHEVÉ D'IMPRIMER

UN LIVRE TASCHEN, UN ARBRE PLANTÉ !
TASCHEN affiche un bilan carbone neutre.
Chaque année, nous compensons nos émissions
de CO_2 avec l'Instituto Terra, un programme
de reforestation de l'État du Minas Gerais,
au Brésil, fondé par Lélia et Sebastião Salgado.
Pour plus d'informations sur ce partenariat
environnemental, rendez-vous sur :
www.taschen.com/zerocarbon
Inspiration : illimitée. Empreinte carbone : nulle.

Si vous souhaitez être informé des prochaines
parutions TASCHEN, abonnez-vous à notre
magazine gratuit sur www.taschen.com/magazine,
suivez-nous sur Twitter, Instagram et Facebook,ou
contactez-nous par e-mail à l'adresse
contact@taschen.com pour toute question
concernant notre programme de publication.

© 2015 TASCHEN GmbH
Hohenzollernring 53, D–50672 Köln
www.taschen.com

Édition originale :
© 2002 TASCHEN GmbH
© 2002 The Kyoto Costume Institute
103, Shichi-jo Goshonouchi Minamimachi,
Shimogyo-ku, Kyoto
www.kci.or.jp

© 2012 pour les œuvres de Man Ray:
Man Ray Trust, Paris/VG Bild-Kunst, Bonn

Printed in China
ISBN 978-3-8365-5718-4

Editrice en chef : Akiko Fukai (KCI)
Photographes : Kazumi Kurigami, Naoya
Hatakeyama, Takashi Hatakeyama,
Richard Haughton, Masayuki Hayashi,
Taishi Hirokawa, Minsei Tominaga
Editrice : Tamami Suoh (KCI)
Coordination éditoriale : Ute Kieseyer und
Thierry Nebois (TASCHEN)
Assistantes d'édition : Naoko Tsutsui,
Yumiko Yata (KCI), Inka Lohrmann (TASCHEN)
Textes : Akiko Fukai, Tamami Suoh, Miki Iwagami,
Reiko Koga, Rie Nii, Junko Nishiyama
Traduction de l'anglais : Claire Le Breton
Design : Tsutomu Nishioka
Préparation et installation des costumes : Atsuko
Miyoshi, Keiko Goto, Reiko Goto, Yuchiko Ito,
Chiemi Tani
Mise en page or Couverture : Birgit Eichwede
(TASCHEN)
Production : Tina Ciborowius (TASCHEN)

Page 2
Dentelle, point de neige
Fin du XVIIe siècle, Italie
Dentelle à l'aiguille en fil blanc.

Page 6
Corsage, vers 1600, Angleterre.
Don de Wacoal Holdings Corporation.
Taffetas brodé de fils de métal et de soie ; motifs
végétaux et floraux ; probablement un
cadeau destiné à Elizabeth Ire (1533–1603).

Page 9
Casaquin, fin du XVIIe siècle, Italie
Coton et lin blanc, broderie en fils de laine
multicolores, motif floral, manche gigot basque.

Page 10
Corset, vers 1580–1600, France.
Don de Wacoal Holdings Corporation.
Armature à volutes en métal, une pièce sur le
devant et deux à l'arrière ; ouverture au milieu
du dos.